Mary Marantz

Aus dem Staub erhebst du mich

W0041784

Über die Autorin

Mary Marantz wuchs in einem Trailer im ländlichen West Virginia auf. Als Erste aus ihrer Familie besuchte sie das College, erwarb einen Masterabschluss in Ethik und studierte Rechtswissenschaften in Yale. Sie schlug Angebote von Anwaltskanzleien mit sechsstelligen Gehältern in London und New York aus und machte sich als Hochzeitsfotografin selbstständig. Zudem bauten sie gemeinsam eine erfolgreiche Online-Bildungsplattform für kreative Unternehmer auf. Mary ist als Autorin und Rednerin unterwegs und Gastgeberin des Podcasts *The Mary Marantz Show*. Gemeinsam mit ihrem Ehemann Justin lebt sie in einem immer noch renovierungsbedürftigen Haus am Meer aus den 1880er-Jahren in New Haven, Connecticut, das sie mit ihren beiden flauschigen Golden Retrievern Goodspeed und Atticus teilen.

MARY MARANTZ

AUS DEM STAUB

STAUB

erhebst du mich

Wie Versöhnung mit der Vergangenheit alles veränderte

Aus dem Amerikanischen von Karoline Kuhn

Für Papa, Mama und Goldie,
die das Mädchen *im* Trailer geliebt haben.

Für Justin, der das Mädchen *nach* dem Trailer liebte.
Ich wurde als ein neues Wesen wiedergeboren.
Dieses Mal eines mit Wurzeln und Flügeln.

Für die Menschen in West Virginia,
die ein unerschütterlicher Beweis für den
unbezähmbaren Willen sind,
der dort in den Bergen zu Hause ist.
Diese Geschichte gehört uns allen.

Inhalt

Anmerkung zur deutschen Übersetzung:
Das Wort „Trailer" bezeichnet in den USA eine Art überdurchschnittlich großen Wohnwagen, der oft als dauerhafte Behausung dient und von Aussehen und Größe her einer Hütte ähnelt. Solche Unterkünfte werden auch *mobile home* genannt, da es sich um transportable Wohneinheiten handelt, deren Inneneinrichtung mit einer Wohnung vergleichbar ist.

Prolog

Seine Hände sahen noch schmutziger aus, als ich sie in Erinnerung hatte, wie sie da auf den frischen weißen, sterilen Laken eines Bettes ruhten, das in einem Seitenflügel des Krankenhauses stand. In demselben Krankenhaus, in dem ich sechsunddreißig Jahre zuvor, im Frühjahr 1980, geboren worden war. Meine Eltern waren damals bereits seit drei Jahren verheiratet; Mama bekam mich zwei Monate vor ihrem einundzwanzigsten Geburtstag, und Papa hatte sich noch nicht an den Gedanken gewöhnt, Vater zu werden. Aber vom ersten Moment an, als er mich im Arm hielt, war ich das Kind meines Vaters, und das war sowohl unser größtes Problem als auch der gemeinsame Faden, der uns immer wieder zusammenhielt. Wir wussten sehr früh, was es heißt, sich gegenseitig anzubrüllen und anzuspucken und gegen unsere große Ähnlichkeit anzukämpfen, die der eigentliche Grund für unsere Differenzen war – mit all der Sturheit und Verbissenheit, die uns beide so sehr ausmachte. Wir wussten auch, was es heißt, miteinander – und füreinander – zu kämpfen. Wir hielten uns aneinander fest, als alle und jeder um uns herum losließ.

Und jetzt war das Piep-piep-piep der Maschinen, die ihr blassgrünes Licht auf alles warfen, was mittlerweile zwischen uns stand – mein Weggehen und mein Wegbleiben –, das lauteste Geräusch im Raum.

Es war fünf Jahre her, dass ich zuletzt zu Hause gewesen war.

Ich war nicht mehr dort, seit wir meine Großmutter Goldie im kalten September in die Erde gelegt hatten, als Papa und ich unter der billigen Zeltplane standen, die die frisch geöffnete Wunde ihres Grabes bedeckte – noch lange, nachdem alle anderen gegangen waren. Wir hielten uns aneinander fest und weinten stechende, beißende Tränen, während der Regen um uns herum stärker wurde und einen heiligen, eindringlichen Rhythmus auf das Plastikdach über uns trommelte.

Wenige Stunden vorher hatte ich in einem kleinen, mit rotem Samt dekorierten Raum in einem Beerdigungsinstitut gestanden und die Trauerrede für meine geliebte Großmutter gehalten; in einem Raum, der nur zur Hälfte mit Menschen gefüllt war, von denen einige es vielleicht lieber gesehen hätten, wenn ich gar nicht gekommen wäre. Ich hatte mir nicht die Mühe gemacht, da zu sein, als die starb, warum sollte also ausgerechnet ich das letzte Wort haben? Einen Tag später zog Papa aus unserem alten braunen Trailer in Goldies kleines rotes, plötzlich leer stehendes Haus nebenan – dasselbe Haus, in dem er geboren und viel zu schnell erwachsen geworden war –, während meine Mutter zurück in ihr Motel ging.

Ein Jahr später begann er, Blut zu spucken. Es kam so plötzlich und heftig über ihn, dass es nicht aus seinem Mund herauslief, sondern förmlich spritzte. Selten schaffte er es rechtzeitig ins Bad, und so war Goldies bislang makelloser, grüner Teppich – den sie fünfzehn Jahre zuvor ausgewählt hatte, weil er perfekt zu ihrer hübschen rosa-grün geblümten Couch passte – nun mit verschiedenen Schattierungen von dunklem, getrocknetem Karminrot überzogen. Kampfspuren, die perfekt zu den verstreuten Punkten an der Zimmerdecke passten. Wäre Goldie nicht schon tot gewesen, hätte der Anblick sie sicherlich umgebracht.

Mein Vater, ein Mann, der stets für seinen Glauben an Postkartensprüche wie „Was mich nicht umbringt, macht mich nur härter" und „Das wird schon wieder" bekannt war, hatte viel zu lange damit gewartet, zum Arzt zu gehen. Jetzt waren seine Eingeweide vom Krebs zerfressen: drei Tumore, die zu einem einzigen zusammengewachsen waren. Er hatte wegen der Schmerzen dreißig Kilo abgenommen. Die Krankheit hatte sein Gesicht so ausgehöhlt, dass er scheinbar über Nacht um zwanzig Jahre gealtert war und ich ihn kaum noch wiedererkannte. Mir stockte der Atem, als ich in das schummrige Licht des Krankenhauszimmers trat und ihn sah – einen Mann, der so viel älter war als an dem Tag, an dem ich ihn verlassen hatte. Ich musste den Blick abwenden, damit er das Entsetzen in meinen Augen nicht sehen konnte. Und so blieb mir nur, auf seine schmutzigen Hände zu starren, die Spuren auf den frischen, weißen Laken hinterließen.

Sie waren das Einzige an ihm, was ich noch erkannte.

Vom Flur aus konnte ich die Krankenschwestern reden hören – ihr Akzent klang fremd und vertraut zugleich, als könnten sich die zwei verschiedenen Versionen meiner selbst, die ich jetzt in mir trug, nicht einigen, welche dran war. Es gab das Ich, das das Mädchen *im* Trailer gewesen war ... und dann gab es das Ich, das danach kam. Und beide waren nun hier, um am Bett meines Vaters zu stehen, wohl wissend, dass sie schon viel früher hätten kommen sollen.

Es war fünf Jahre her, dass ich zuletzt in Nicholas County, West Virginia, gewesen war, aber ich hatte bereits achtzehn Jahre lang nicht mehr dort gelebt. Und in diesem Moment war ich zugleich ein Mädchen und eine Frau, die mitten hindurch geteilt waren: achtzehn Jahre zu Hause und achtzehn Jahre fort. Ich hatte soeben die unausgesprochene Schwelle einer Ziellinie überschritten, an der ich nun genauso viel Zeit meines Lebens außerhalb des Trailers verbracht hatte wie in ihm. Und wenn ich an diese ersten 18 Jahre zurückdachte, fühlte es sich weniger wie eine Erinnerung an als vielmehr wie ein völlig anderes Leben.

In der flackernden, grünen, piepsenden Dunkelheit bewegten sich die Augenlider meines Vaters – langsam, zuckend, als ob allein diese Anstrengung sein Ende bedeuten könnte –, blinzelten und öffneten sich dann.

„Hey, Kind. Wie geht's dir?"

Es war Jahre her, dass er mich „Kind" genannt hatte. Nicht mehr, seit ich zum Jurastudium nach Yale gegangen war und er endlich, zum ersten Mal in meinem Leben, angefangen hatte, mich Mary zu nennen. In den drei Jahren, in denen ich dort studierte, hatte er mich genau zweimal in New Haven besucht – einmal, um mir bei der Wohnungssuche zu helfen, und einmal bei meinem Umzug. Doch er kam nicht, um dabei zu sein, wie ich mein Abschlusszeugnis entgegennahm. Mein ganzes Leben lang hatte ich darauf hingearbeitet, aber er war nicht da, um es mitzuerleben. Immerhin hatte ich mich in seiner Wahrnehmung zu meinem Vornamen „hochgearbeitet", und das war schon etwas. Als er mich jetzt „Kind" nannte in der begrenzten, stillen Dunkelheit dieses unbekannten Raums, fühlte es sich an, als wäre mein Vater die ganzen Jahre über nicht so sehr an einem anderen *Ort*, sondern vielmehr in einer anderen *Zeit* gewesen.

Mein erster Gedanke war, dass sie ihm ein starkes Schmerzmittel verabreicht haben mussten, das dafür sorgte, dass er ziemlich verwirrt war. Ich verfolgte den Schlauch, der aus seinem Arm kam, bis zu einem durchsichtigen Beutel mit Flüssigkeit, der an einem Metallständer hing und im Takt vor sich hin tropfte – bis alle Tropfe und Piepser im Raum den gleichen Rhythmus zu haben schienen und ich das Gefühl hatte, dass ich durch die ständige Wiederholung den Verstand verlieren könnte. Es war, als würden Szenen aus einem Filmprojektor Schattenrisse unseres Lebens auf die sterilen weißen Wände werfen: Er und ich zusammen und er und ich getrennt. Die Bilder verschwammen und gingen ineinander über, bis die Zeit rückwärtslief und meine Vergangenheit, meine Gegenwart und meine Zukunft zu einer Einheit verschmolzen. Und ich konnte mich die ganze Zeit über nicht dazu durchringen, etwas anderes anzusehen als diese Hände, die dabei geholfen hatten, mich großzuziehen.

„Kind, Kind, Kindchen. Ich habe gebetet, dass du kommen würdest."

Jetzt war ich mir sicher: Die Zeit, sich Sorgen zu machen, war gekommen.

Die einzige Kirche, in der J. R. Bess sonntags jemals Gottesdienst gefeiert hatte, war die Kathedrale des Waldes. Seine Gemeinde war ein Baldachin aus Bäumen, die reif für die Abholzung waren. Sein Prediger war ein abgewrackter, heruntergekommener John-Deere-550-Bulldozer, der ihn immer wieder dazu antrieb, über sich selbst hinauszuwachsen. Mir war er nie als ein Mann erschienen, der viel mit Gott am Hut hatte. Und wenn man sich diesen ungeheuren Kampf anschaut, der sein Leben gewesen war, liegt es nahe anzunehmen, dass Gott mit diesem Arrangement ganz einverstanden war. Soweit ich wusste, hatte Papa noch nie in seinem Leben für etwas oder jemanden gebetet. Und ich hatte keine Ahnung, warum er jetzt damit anfangen sollte.

Teil 1
Das Mädchen im Trailer

1. Am Anfang war der Dreck

Am Rande eines unbefestigten Weges an der Airport Road, wo sich die Straße gabelt und weiter zum höchsten Punkt des Fenwick Mountain hinaufschlängelt, kann man anhalten und von dort oben zusehen, wie ein Sturm aus allen Richtungen aufzieht. Als ich klein war, haben wir das oft gemacht. Wir standen draußen unter dem hölzernen Dachüberhang der schäbigen Veranda, die aus zusammengewürfelten Resten von allem bestand, was man so finden konnte (die Nägel waren teils nur halb eingeschlagen, krumm und unter der Peitsche der glühenden Sommersonne verrostet), und sahen zu, wie die Blitze die heiße Dunkelheit des Juli-Himmels erhellten. Wir lauschten, wie der Donner grollte und die Berge erschütterte.

Papa stand neben mir in seinen schmutzigen Jeans und dem längst vergilbten weißen Unterhemd, die nackten, ramponierten Füße auf den Brettern der Veranda. Sein dunkles Haar stand wild in alle Richtungen, aufgeladen durch die Elektrizität.

„Das ist wirklich schön, nicht wahr, Kind? Weißt du, wenn du genau hinhörst und zählst, kannst du schätzen, wie weit das Gewitter von uns weg ist." Der nächste Blitz leuchtete auf und wir begannen, gemeinsam zu zählen. Wir waren nur bis „zwei" gekommen, bevor wir das Grollen des Donners wieder aufsteigen hörten. Dieses Gewitter kam nicht. Er war bereits über uns.

Als der Regen einsetzte, prasselte er in Strömen und Wellen über uns hinweg und hämmerte einen Johnny-Cash-Rhythmus auf das Blechdach unseres einachsigen Trailers. Er harmonierte perfekt mit dem einsamen Pfeifen des Sturmes durch das Windspiel, das Mama vor meinem Fenster aufgehängt hatte. Das wahre Schlaflied von West Virginia.

In dieser Nacht standen wir da und starrten dem Sturm ins Auge – es war die Art von erderschütternder Wildheit, die einem das Gefühl gibt, dass die Hand Gottes selbst nur ein paar Meter über dem Boden schwebt und mit dem Finger direkt auf einen zeigt. Wir erstarrten, als der Blitz nur zwei Häuser weiter einschlug und der Transformator aufleuchtete und Funken schlug wie ein Feuerwerkskörper. Das Haus blieb verschont, aber die Garage brannte nieder und mit ihr der Hund der Familie. Nun, um genau zu sein, starb er, als die Feuerwehrmänner ihn erschießen mussten, um ihn von seinem Elend zu erlösen, aber er wäre ohnehin verloren gewesen.

Der Berg, von dem ich stamme, war nie gut zu Tieren.

Ich war kein hübsches Kind.

Ich hatte eine klaffende Zahnlücke und wilde, braune Locken – die Art Frisur, die zum Synonym wurde für die Achtzigerjahre und die besondere Vorliebe dieses Jahrzehnts für billige Dauerwellen, Haarspray-Ponys und die Möglichkeit, alles, was einem an sich nicht passte, zu verändern. Meine Augen standen zu dicht beieinander, meine Lippen waren viel zu schmal, und – um dem Elend noch eins draufzusetzen – die Nase, die ich von meinem Vater geerbt hatte, saß genau in der Mitte und erinnerte alle anderen Teile meines Gesichts daran, dass sie viel zu klein waren.

Im Sommer 1989 traf man mich üblicherweise mit nackten Beinen an – leicht blutig von den letzten Kratzern im Gestrüpp –, wie ich über die Schulter eine Antwort auf die Aufforderung rief, vor Einbruch der Dunkelheit zurück zu sein. Währenddessen lief ich so schnell, wie meine schlaksigen, für meinen Körper viel zu langen Beine mich trugen, über die verwilderte Wiese hinter unserem Trailer. Immer weiter bahnte ich mir den Weg in die tiefen, dunklen Wälder, die gleich hinter dem Unkraut begannen und deren Sirenengesang mich unwiderstehlich anlockte.

Im Schutz und Schatten des Waldes konnte ich sein, wer immer ich wollte.

Es gibt eine Menge Dinge, die ich Ihnen über meine Kindheit erzählen werde, aber bevor wir dazu kommen, müssen Sie etwas wissen: Diesen Teil – der Teil mit den Wäldern – nun, den würde ich nicht ändern wollen.

Von meiner Geburt bis zu meinem Weggehen mit achtzehn Jahren wuchs ich auf dem Gipfel eines Berges im ländlichen West Virginia in einem einachsigen Trailer auf, der aus Holz und Aluminium zusammengezimmert war.

Jeden Winter knackte das Dach des Trailers unter dem Gewicht eines halben Meters Schnee, der üblicherweise in Nicholas County fiel. Die Abdeckung des alten Holzofens passte nie richtig, sodass die Flammen jedes Mal oben herausschlugen, wenn ein Holzscheit nachgeworfen wurde. Die orange-blauen Flammen tanzten gefährlich nah an den Fäden der Dämmwatte, die von der durchsackenden Decke herabhingen. Wenn der Frühling kam, regnete es dank des schadhaften Blechdachs drinnen genauso stark wie draußen, und der Geruch von Schimmel hing noch im Spätsommer in der Luft und klebte an meiner Kleidung und meiner Würde. Noch lange nach dem Ende eines Gewitters strömte dunkles Wasser von überall herab.

Die Fußböden bestanden aus aufgeweichten Spanplatten, die mehr oder weniger von dem fadenscheinigen braunen Teppichboden zusammengehalten wurden, der sich seinen Weg über den Wohnzimmerboden bahnte – ein Überbleibsel aus den Tagen, als der Trailer neu gewesen war. Jetzt war er mit einer Mischung aus altem Tierkot und neuen Dreckbrocken bedeckt, die jeden Abend von Papas Holzfällerstiefeln fielen, bis man nicht mehr sagen konnte, wo der braune Teppich endete und der Schmutz begann.

Und ... es war ein Zuhause.

Wenn ich den Leuten diese Dinge über mich erzähle, um ihnen zu erklären, wer ich bin, kann man sehen, wie sich Unbehagen schwer auf ihre Schultern legt. Wie eine Last, um die sie nicht gebeten haben. Sie schütteln sich und sind verunsichert und sagen Dinge wie: „Gott sei Dank bist du da rausgekommen! Zum Glück bist du *das* nicht mehr!" Aber genau das ist der Punkt, an dem sie sich irren.

Natürlich habe ich diesen Trailer gehasst, als ich aufwuchs. Ich hasste alles an ihm. Ich saß stundenlang mit einem Bleistift und einem blauen Spiralheft draußen und zeichnete Skizzen davon. Ich dachte mir aus, wie ich Wände um ihn herum errichten könnte. Ein Dach darüber bauen. Ich wollte ihn irgendwie verändern und damit mich und meine Zukunft, einfach über Nacht. Ich träumte jeden Tag davon, wie aus unserem Trailer ein richtiges Haus würde. Als ob mir das allein schon eine echte Chance im Leben geben würde.

„Wir könnten rund um den Anhänger Pfosten setzen, wie Spinnenbeine, direkt in den Boden", sagte ich zu Mama, als ich ihr meine Skizzen zeigte. „Man könnte Löcher graben und sie mit Beton ausgießen, wie bei der Schaukel, und das würde reichen, um ein richtiges Dach zu tragen."

Ich wusste: Wenn ich nur die richtigen Pläne hätte, eine Art Blaupause für das Leben, das ich aufbauen wollte, dann würden Mama und Papa meine Vision erkennen, und ich könnte sie dafür gewinnen. Ich könnte sie retten – vor der Welt, vor sich selbst und vor einer Reihe von unglücklichen Entscheidungen. Und dann könnten wir uns dieses gute Leben gemeinsam aufbauen, Seite an Seite.

Wenn sie nicht überzeugt werden konnten oder wollten, würde ich es eben einfach selbst machen.

Also, ja, ich habe von klein auf gewusst, dass ich auf die eine oder andere Weise aus diesem Trailer herauskommen und ein anderes Leben führen würde, was auch immer ich dafür tun müsste, um es zu schaffen. Aber zu sagen, das Mädchen von damals bin nicht mehr ich – nun, das wäre falsch. Alles, was ich bin, beginnt und endet mit diesem Trailer. Und wo auch immer ich hingehe, wer auch immer ich auf dem Weg geworden bin: Ich trage diesen Trailer in mir.

Für mich ist mein Leben – entkernt und von Grund auf neu aufgebaut – weniger eine Erfolgsgeschichte geworden als vielmehr ein Lied der Erlösung, eine Versöhnung mit den Wurzeln, die mich wachsen ließen, eine Melodie, die aus den schmutzigsten Winkeln meines Lebens geboren wurde.

Denn was mich und meine Geschichte betrifft: Am Anfang war der Dreck.

Das ganze Jahr über verfütterte ich Reste von braunen Bohnen und Maisbrot an die Streuner, die sich auf das Grundstück verirrten. Sie alle wurden von einer verwilderten, grau getigerten Katze in Schach gehalten, die mich als ihr Eigentum adoptierte, als ich gerade vier Jahre alt war und sie auf dem Schulhof der Grundschule in New Hope fand. Das Kätzchen kam schnurrend auf mich zu, mit seinen grünen Augen und dem markanten M im Fell auf der Stirn, was ich als Zeichen dafür nahm, dass wir zusammengehörten. Also wickelte ich das Kätzchen in meine Lieblingsdecke und schmuggelte es nach Hause, wo ich es vorläufig Thomas nannte ... bis es ein Jahr später Junge bekam und fortan Thomasina genannt wurde.

Als wir aufwuchsen, hatten wir ständig streunende Hunde und Katzen, die zu vorübergehenden Haustieren wurden, aber keines von ihnen nahm ein glückliches Ende. Sie liefen weg oder verschwanden, wurden von einem Lastwagen angefahren, der etwas zu schnell fuhr, wurden irgendwo ausgesetzt, wenn wir sie nicht behalten konnten, oder erkrankten an etwas, das vermutlich heilbar gewesen wäre, wenn wir sie jemals zum Tierarzt gebracht hätten. Stattdessen starben sie dort, wo sie lagen, oder Mama rief unseren Nachbarn an – den mit der Schrotflinte – und das war's.

„Ich hasse es, ein Tier leiden zu sehen", war alles, was sie zu diesem Thema sagte.

Das waren die willkommenen Haustiere, die ich kannte, als ich aufwuchs. Aber in unserem Trailer gab es auch viele unwillkommene Hausgenossen. Im Winter wimmelte es von Mäusen und im Sommer von Kakerlaken, die überall herumflitzten. Und oft fand ich sogar die zappelnden, sich windenden, blanchierten Körper von Maden in der Küchenspüle, die sich am Abendessen der letzten Woche labten. Ich war neun Jahre alt, als ich herausfand, dass sich die Maden, wenn man Bleichmittel direkt auf ihre winzigen weißen Körper schüttete, zu einem Ball zusammenrollten und starben. Die Magie von Clorox.

Da wir mitten in der Wildnis von West Virginia lebten, gab es jede Menge Schlangen. Nattern, Boas und auch die eine oder andere Klapperschlange. Einmal, als Papa und ich auf der Couch saßen und gemeinsam eine Sendung ansahen, kam eine große, fette, zischende Schlange direkt über dem Fernseher auf uns zugeschossen und unterbrach unser Programm auf unbestimmte Zeit. Ich vermute, dass sie nur einen anderen Sender sehen wollte, aber ich war trotzdem ziemlich erschrocken.

Ich kann dir sagen, dass ich nie traurig war, wenn einer von diesen ungeladenen Gästen ein unglückliches Ende fand. Aber die Hunde und Katzen waren eine andere Geschichte.

Ich glaube, das schlimmste Erlebnis war, als unsere schwarze Labradorhündin gerade Welpen bekommen hatte. Einer unserer Nachbarn stellte ihr eine Schale mit Frostschutzmittel hin – zur Strafe dafür, dass sie sich einmal zu oft in seinen Garten verirrt hatte –, und bevor wir es bemerkten, hatte sie es getrunken und an ihre säugenden Welpen weitergegeben. Innerhalb eines Tages haben wir sie alle verloren. Sie rollten sich zusammen und starben. Einen nach dem anderen legten wir sie ins Gras, still und regungslos, bis keine Hoffnung mehr bestand. Das war das erste Mal, dass ich Papa weinen sah. Als er die Hündin in seinen Armen hin und her schaukelte und sein Gesicht in ihrem glatten, schwarzen Fell vergrub, während sich der Schaum aus ihrem Maul mit seinen Tränen vermischte, konnte ich ihn flüstern hören: „Geh nicht, geh nicht, geh nicht."

Und da begriff ich, dass einem diese Welt Verletzungen zufügt.

Das waren die Karten, die von dem entschieden zu gleichgültigen Gott ausgeteilt wurden, den ich damals zu kennen glaubte. Ein Gott, der Leid zuließ und anscheinend nichts dagegen hatte, dass es diesem Haus gut ging und jener Familie alles gelang, während er die nächste ohne Vorwarnung niederschlug. Er war der Gott, der danebenstand und zusah, wie die Unschuld weggespült wurde ... wie der Regen eines Sommergewitters die Hitze wegspült.

Und ich war mich sicher: Als Nächstes würde ich dran sein.

Bis dahin hatte ich Gott nie gefürchtet.

Die früheste Erinnerung, die ich an Gott habe, ist die, dass ich nachts im Bett lag und durch die Fenster in meinem Zimmer mit ihm sprach, während er zwischen den Sternen saß.

Mein Schlafzimmer befand sich am hinteren Ende des Trailers, und die Wand bestand aus drei nackten Aluminiumfenstern, die auf Goldies kleines rotes Haus hinausgingen. Ich sage nackt, weil damals kein einziges dieser Fenster eine Gardine oder ein Rollo besaß. Ich schätze, dass ich damals noch in einem Alter war, in dem die Dinge nicht versteckt werden mussten.

Gott konnte also direkt in mein Leben schauen und alles sehen.

Wenn die Dunkelheit hereinbrach und es draußen heller war als drinnen, dann war es so, als ob der ganze Himmel wie ein silbernes Tuch voller Sterne leuchtete. Die Fenster waren halb geöffnet, und die warme Sommerluft kroch herein und kuschelte sich neben mich. Sie strich über meine nackten Beine, weich wie Fell, seufzte und ließ sich dort nieder. Ich schätze, ich war noch in einem Alter, in dem man Dinge auch nicht draußen halten musste.

Wenn die Sommerluft nicht schlafen konnte, tanzte sie Pirouetten auf den Laken und wirbelte im ganzen Zimmer herum, schwebte frei und ohne Angst auf einem Strom der Unschuld und Sicherheit. Ich wandte mein Gesicht dem Himmel zu und sprach mit Gott, als wäre er ein Freund. Und er schien seinerseits herunterzukommen und direkt vor meinem Fenster zu schweben. Sein Atem war so nah, dass die Scheibe beschlug.

In Goldies kleinem roten Haus brannten immer noch ein paar Lichter. Und in manchen Nächten konnte ich sie drinnen herumlaufen sehen. Ihr sanftes Gesicht leuchtete in der Dunkelheit. Alle benachbarten Häuser auf unserem Berg waren bereits finster – wir waren nur ein Glühwürmchen in einem weiten, fernen Himmel –, sodass es in diesen Nächten schien, als gäbe es niemanden auf der Welt außer mir und Gott. Und manchmal Goldie.

Ich kann mich nicht erinnern, dass mir jemals jemand von diesem Gott erzählt hätte. Er war nicht der zornige Gott, dem ich später in der Kirche begegnete; jemand, vor dem man Angst haben musste. Und es war auch nicht der exklusive Gott, den einige Leute später aus ihm machen würden; jemand, der manchen Menschen sagt, dass sie nicht zu ihm gehören. Es war der Gott, den ich anscheinend immer als besten Freund gekannt hatte, der mich an meinem Fenster besuchte. Von Angesicht zu Angesicht und frei von Angst. Er war der Gott, der nahe genug herankam, um Spuren in meinem Leben zu hinterlassen.

Lange bevor mir jemand sagte, wie er sein *sollte*.

Bald fing Gott an, mir auch bei Tageslicht draußen im Garten zu begegnen. Wenn er nicht bei den Sternen war, war er überall. Er war im Grün des Grases, bis hin zu den einzelnen Pigmenten. Er war in den Vögeln, die sich mit weit ausgebreiteten Flügeln der Schwerkraft trotzend in die Lüfte erhoben, weit weg von der Begrenztheit ihrer Äste. Er war in der Sonne, die mir ins Gesicht schien, im Gold des Feuers, von dem man weiß, dass es noch da ist, selbst wenn man die Augen schließt. Er war in der Art und Weise, wie dünne Schlammschichten, die man einmal aus dem kalten, harten Boden gegraben hat, an den Händen trocknen und den Rest des Tages an einem haften bleiben. Als ob man das Gefühl nicht mehr vergessen könnte, wenn es einmal seine Spuren hinterlassen hat.

Er war Farbe und Freiheit und Feuer und Dreck. Und er war die Stimme, die mir sagte, dass all dies eines Tages sehr viel Sinn machen würde. Er würde das alles nutzen. Das Unordentliche, das Harte, das Zerbrochene, das Schöne. Eines Tages würde er es in Worte fassen. Und dann würde ich es sehen: Meine Geschichte wäre nicht umsonst.

2. Man muss tief graben, um an den guten Teil zu kommen

Wir teilten uns ein Grundstück mit Goldie. Oder besser gesagt, unser Trailer war auf einem achtzehnrädrigen Sattelauflieger herbeigeschafft und auf dem hinteren Teil ihres Grundstücks abgestellt worden – nur als vorübergehende Lösung, die dann aber irgendwie dauerhaft wurde. Wenn man die Airport Road hinauffuhr und die erste Straße rechts abbog, sah man zuerst Goldies rotes, holzverkleidetes Zweizimmerhäuschen und dann unseren Trailer, der auf einem wackelig aussehenden Sockel aus Schlackenbetonblöcken stand – eine unangenehme Überraschung, die hinter dem Haus wartete. Irgendwann bauten Mama und Papa eine Veranda an und verkleideten den Sockel mit Brettern, um dem Ganzen ein solideres Aussehen zu geben. Aber sie wohnten einfach zu nah an den Schwiegereltern; eine Situation, die alle Beteiligten gleichermaßen unglücklich zu machen schien.

Der Hof zwischen unseren beiden Häusern war übersät mit „Zeug“: Ein Pick-up, der ohne Räder auf Blöcken stand, ein Pick-up, der tatsächlich funktionierte, ein Firebird Trans Am aus den 1970er-Jahren – goldfarben mit einem riesigen Adler auf der Motorhaube, der tatsächlich zu fliegen schien, wenn Aerosmith im Radio lief. Es gab einen Frontlader und gelegentlich eine Planierraupe, die bis zum Schaufelblatt im Schlamm steckte. Und ein paar Jahre lang (bevor die Bank kam und es uns wegnahm) stand da ein Boot, das meinem Großvater Bill gehört hatte. Es gab einen undefinierbaren Haufen Metallschrott, eine Feuerstelle – die eigentlich nur ein verbrannter Fleck im Gras war, der nie zu rauchen aufhörte – und alte Reifen, die Mama weiß angestrichen hatte und in denen sie Wildblumen an zufälligen Stellen auf dem Grundstück pflanzte. Es gab einen Werkzeugschuppen, einen Holzschuppen und eine alte Garage. An den Wochenenden parkten unsere großen Mack- und Kenworth-Laster genau dort auf der Wiese.

Um zu verhindern, dass der Mack und der Kenworth zu weit in den Hof hineinrollten, wenn die Handbremsen nicht angezogen waren, brachte Papa einen Haufen Erde mit, die bei Straßenarbeiten übriggeblieben war, und formte daraus eine Art Wall – eine fast einen Meter hohe Barriere an einem Ende, die am anderen Ende sanft abfiel. Wenn die Lastwagen dort geparkt waren, stießen sie direkt an die Kante. Aber im Frühjahr, wenn das Gras alles überwuchs, die Lastwagen Baumstämme transportierten und der Regen die Rampe zum Glänzen brachte, fuhren wir Kinder aus der Nachbarschaft mit unseren Fahrrädern so schnell wir konnten die Steigung hinauf und flogen dann über die Kante wie die Superhelden, für die wir uns hielten. Wir brüllten „Bei der Macht von Grayskull!", während unsere Fahrräder durch die Luft sausten.

Man musste sich auf die Rampe einlassen.

Ich nannte den Schlammhügel „Mountain Spring" und ernannte mich selbst zu seiner rechtmäßigen Erbin: Königin Mary, Herrscherin über den Dreck.

Selbst als die Bank kam und sowohl den Kenworth als auch den Mack mitnahm und wir keine großen Lastwagen mehr hatten, die gestoppt werden mussten, lebte Mountain Spring auch ohne sie weiter. Ein paar Jahre später planierte mein Vater den Erdhügel, um Platz für einen Schotterhaufen zu schaffen.

Und dann wurde ich Königin Mary, Herrscherin über die Steine.

Man muss eben bereit sein, sich anzupassen, wenn sich die Geschichte ändert.

Jedes Jahr im April, wenn der dicke Teppich aus verrottetem Laub in den Wäldern rund um unser Zuhause einem leuchtenden Grün wich, schickte mich Goldie mit einem Spaten und einem leeren Eimer los und sagte mir, ich solle erst wiederkommen, wenn er voll sei.

„Schneide nicht nur die Blätter an der Oberfläche ab, Mary Ellen. Du musst tief graben, um an den guten Teil zu kommen."

Ich kannte den Weg in- und auswendig. Von der Spitze unseres Berges aus gab es in jede Richtung Wald, also nannten wir ihn der Einfachheit halber „den Wald vor unserem Trailer" und „den Wald hinter unserem Trailer". Mein Weg führte mich in den vorderen Wald. Schnell über den Hügel und drei Serpentinen der Holzfällerstraßen hinunter, am ersten Wasserfall (der mit dem umgestürzten Baum) scharf links abbiegen, den Hang hinunter, wo der Boden nur aus Steinen besteht (es geht am besten, wenn man auf dem Hintern herunterrutscht), und dann, an der Stelle, wo der Hügel zu einer steilen, schroffen Klippe abfällt, konnte ich es sehen: ein geheimes Bärlauchfeld, das nur mir und Goldie gehörte.

Bärlauch ist eine Wildzwiebel, die dort, wo ich herkomme, tief in den Wäldern wächst. Die Stadt Richwood am Fuße des Fenwick Mountain ist sogar so bekannt für sie, dass sie als „Bärlauch-Hauptstadt der Welt" bezeichnet wird, und jedes Jahr findet dort das Bärlauch-Festival statt. Doch wir machten unser eigenes Bärlauchfest zu Hause.

Wenn ich zurückkam, war Goldie schon fleißig dabei, braune

29

Bohnen und Maisbrot zu machen und Speck in der Pfanne zu braten. Sie nahm den Eimer mit dem Grünzeug von mir entgegen, wusch die Erde mehr oder weniger ab und brutzelte den Bärlauch dann in der Pfanne mit dem Speckfett.

Wenn du Bärlauch isst, solltest du eines wissen: Du wirst hinterher drei Tage lang danach riechen. Nicht nur dein Atem. Der Geruch wird direkt aus deinen Poren sickern. Die einzige Möglichkeit, damit umzugehen, besteht darin, dass alle im Haus Bärlauch essen, damit alle gleich stinken.

Man muss sich auf den Bärlauch einlassen.

Jahre später, als ich in New Haven Jura studierte, ging ich einmal in ein schickes Restaurant mit weißen Leinentischdecken und echten Stoffservietten. Und siehe da, sie hatten wilden Bärlauch auf der Speisekarte! Sie titulierten ihn als „französisch" und ergänzten es noch durch das Wort „Gourmet". Ich habe ihn natürlich bestellt, aber ich kann dir sagen: Die Köche dieses schicken französischen Restaurants hatten *nichts* drauf im Vergleich zu Großmutter Goldie aus West Virginia und ihrem schmutzigen Speckfett.

Als wir aufwuchsen, gab es alle möglichen interessanten Mahlzeiten dieser Art. Zum Beispiel das Hirschfleisch, das uns die Männer, die für Papa arbeiteten, in jeder Jagdsaison brachten. Papa war selbst nie ein Jäger – ich glaube, ihm fehlte der Spaß am Töten –, aber er wollte das Fleisch auf keinen Fall verkommen lassen. Also brutzelte Goldie es in der Pfanne und kochte grüne Bohnen mit noch mehr Speck, und es schmeckte wie eine zähe Frikadelle, die etwas zu lange gebraten worden war. Aber es war Essen auf dem Tisch, also beschwerten wir uns nicht.

Manchmal war Jagdsaison auf Eichhörnchen, also aßen wir auch das. Goldie machte eine dicke Soße mit großen Stücken

Eichhörnchenfleisch darin – es schmeckte wie dunkles, fettiges Huhn – und goss sie über Weißbrot. Diese Mahlzeit habe ich immer am meisten gehasst. Ich glaube, das liegt daran, dass wir mal ein Eichhörnchen als Haustier hatten.

Papa fand es verletzt in einem Baum, den er gefällt hatte, und brachte es nach Hause, um es wieder aufzupäppeln, und wir nannten es Hector. Es setzte sich auf meine Schulter und versteckte sich in meinem Haar, und wir fütterten es mit geknackten Walnüssen und altem Popcorn. Als es ihm besser ging und es anfing, wie verrückt durch das Haus zu rennen, brachte Papa es zurück in den Wald und ließ es wieder frei.

Und das gerade rechtzeitig, denn kurz darauf fand er ein Nest mit Flughörnchenbabys, deren Mutter verletzt oder getötet worden sein musste oder sie einfach verlassen hatte, wie es manchmal passiert. Auch die brachte er mit nach Hause, und wir fütterten sie mit Kondensmilch aus einer Augentropfen-Pipette, bis sie stark genug waren, um ebenfalls freigelassen zu werden.

Es war, gelinde gesagt, verwirrend.

Wir liebten sie als unsere Haustiere. Aber wenn die Eichhörnchensaison kam, gab es immer noch diese Soße mit Fleischbrocken.

Man muss auch bereit sein, sich anzupassen, wenn sich die Situation ändert.

Die Namen, die wir Dingen geben, haben Macht.

Goldie Philistine King war das mittlere von den insgesamt dreizehn Kindern ihrer Eltern.

Außer ihr gab es noch Lee und Gerald, Bernell und Harold, Lena und Edith und Ann. Dann gab es noch die Zwillinge Dora Lee und Ora Lee. Die eine starb bei der Geburt, die andere verbrachte die meiste Zeit ihres Erwachsenenlebens im Rollstuhl sitzend in einem Pflegeheim, weil sie an einer Krankheit litt, die man heute ohne Weiteres behandeln könnte. Dann war da noch Hilbert, der nur einen Arm hatte, und ein weiteres Geschwisterchen, von dem ich nicht weiß, wie es hieß. Und natürlich Goldies Schwester Tressie, die nach Kalifornien abhaute, als sie alt genug dafür war, und nie mehr zurückkam.

Wenn Sie wissen wollen, wie Goldies Vater über sie dachte, brauchen Sie nur auf ihren zweiten Vornamen zu achten. „Philistine" bedeutet so viel wie „Spießerin" oder „Banausin". Ich habe mich immer gefragt, was das für Eltern sind, die ihr Kind *so* nennen, bevor es überhaupt die Chance hat, etwas anderes zu werden. Ich nehme an, sie sahen nur wenig Wert in weiblichen Kindern. Und Goldie hat bei mehr als einer Gelegenheit angedeutet, dass sie eine derjenigen war, an denen ihr Vater es am meisten ausließ, wenn er zu viel Zeit mit der Flasche verbracht hatte.

Aber eines hat sie nie verraten, nämlich wie sehr sie diesen zweiten Vornamen hasste.

Was mich betrifft, so kannte ich sie immer nur als Großmutter Goldie.

Sie war eine Mischung aus Feuerwerkskörper und Nelkenzimtbaum.

Sonntags in der Kirche trug sie ein rosa Kostüm, eine hochgeschlossene Spitzenbluse und Damenparfüm von *White Shoulders*. Aber zu Hause, in Jeans und T-Shirt, konnte sie eine Tür zuknallen wie ein Bierkutscher.

Ihre Lieblingssprüche waren „Ich mache das selbst!" und „Es gibt nur eine richtige Art, das zu tun, und zwar meine!".

Mit einer „Größe" von nur 1,55 Metern war sie dennoch eine überragende Kraft in unserem Familienstammbaum. Eine unerschütterliche Frau, die aus einer zähen schottisch-irischen Familie stammte und ein brutales Leben geführt hatte. Sie hatte keine Angst davor, sich die Hände schmutzig zu machen. Ständig arbeitete sie im Garten, bis zu den Ellenbogen im Dreck, und pflanzte ihre geliebten Schmetterlingssträucher, als ob sie damit eine Verwandlung ihres Umfelds herbeibeschwören könnte.

Statt auf irgendeinen Mann in unserer Familie zu warten, um etwas zu reparieren, ging sie hin und reparierte es selbst. Mindestens einmal pro Woche sah man sie mit einer Schaufel in der Hand fluchend über den Hügel marschieren, um unseren Abwasserkanal freizugraben, der eigentlich nur ein Rohr war, das direkt in den Wald mündete und dazu neigte, einen Rückstau zu bilden.

Goldie hatte kurzes, weiches, ehemals braunes, später graues Haar, das sie sich einmal im Monat im Schönheitssalon zu winzigen Locken legen ließ. Zwischen den Friseurbesuchen verwandelte sich ihre Frisur in eine wilde Mähne, die aussah wie eine Pusteblume – egal, wie oft sie es kämmte. Sie trug eine große runde Brille mit selbstverdunkelnden Gläsern in ihrem noch runderen Gesicht. Aber wenn man genau hinsah, konnte man dahinter ihre graublauen Augen lachen sehen. Und wenn sie lächelte, hatte sie diese Apfelbäckchen, die über ihren Wangenknochen strahlten.

Apfelbäckchen, die sie mir vererbt hat.

Sie trug eine Zahnprothese, die sie jeden Abend herausnahm und in einem Glas Wasser auf den Wohnzimmertisch stellte, wo sie bis zum Morgen Wache hielt. Irgendwann bekam sie einen Anflug von Hautkrebs am Ende ihrer Nase, also schnitt der Arzt die Nasenspitze ab, um ihr Gesicht zu retten. Danach konnte man jedes Mal, wenn sie sich zur Seite drehte, sehen, dass die

Nase in einer abrupten harten Kante endete, wo früher eine Rundung gewesen war.

Wenn sie sich etwas in den Kopf gesetzt hatte, war sie nicht zu bremsen. Wie zum Beispiel in jenem Sommer, als ich neun war und sie beschloss, dass die alte Garage, die zwischen ihrem Haus und unserem Trailer stand, wegmusste. Sie sagte, sie würde sie selbst abreißen, Stein für Stein, wenn es sein müsste. Also hängte sie eine rostige Kette an das Fenster im zweiten Stock der Garage und band das andere Ende an ihren alten silbernen Chevy Pick-up, eigentlich in der Absicht, nur den Fensterrahmen herauszuziehen. Aber als sie das Gaspedal betätigte, trat sie wohl etwas zu fest drauf, sodass das gesamte Gebäude mit Getöse in sich zusammenstürzte, die Fensterscheiben in ihrem Haus klirrten und der ganze Berg erschüttert wurde.

Als sie aus dem Wagen krabbelte und sah, was sie getan hatte, starrte sie mich schockiert an, die Augenbrauen so hochgezogen, dass sie aussahen wie zwei Bienen, die in ihrem Löwenzahnhaar schwirrten.

Und dann sagte sie: „Nun, Mary Ellen, das ist *eine* Möglichkeit, die Sache zu erledigen!"

Den Rest des Sommers verbrachte sie damit, das Gebäude Stein für Stein zur Müllhalde zu schleppen. Aber im Herbst war die Arbeit dann getan. Sie war die Erste, die mir gezeigt hat, dass man, wenn man etwas will in dieser Welt, nicht darauf warten sollte, dass jemand anderes es einem gibt. Man macht es selbst.

Ja, Goldie Bess war eine Urgewalt. Und sie war auch meine beste Freundin.

Es gibt da diese Szene in dem Film „Magnolien aus Stahl".

Sally Field ist auf dem Friedhof, nachdem sie gerade ihre

Tochter Shelby verloren hat, und sie spricht mit den anderen Frauen darüber, wie schön es ist, ein ganzes Leben zu erleben, von Anfang bis Ende. Dabei zu sein, wenn jemand in dein Leben tritt, und immer noch seine Hand zu halten, wenn er wieder aus dem Leben scheidet. Ich weiß, dass es dabei um Tod und Verlust geht, aber ich glaube, es sagt uns auch etwas sehr Wichtiges darüber, wie wir unser eigenes Leben betrachten sollten.

In jedem Leben wird es einige Szenen geben, die wir löschen möchten. Einige, die wir vor- oder zurückspulen wollen, um sie anders zu machen. Es gibt Szenen, von denen wir annehmen, dass sie für andere Menschen zu schwer zu ertragen sind. Szenen, von denen wir befürchten, dass sie jemanden verletzen, wenn wir sie in die Endfassung aufnehmen.

Aber wir vergessen dabei, wie schön es ist, ein ganzes Leben zu erleben, von Anfang bis Ende.

Ich weiß Folgendes: Die Teile von uns, die wir verstecken wollen; die Teile von uns, die wir am liebsten unter der Oberfläche begraben würden, wo kein Licht hinfällt, und um deren Veränderung wir beten; die Dinge, von denen wir glauben, dass sie die Menschen dazu bringen werden, sich in einer Art mitfühlender Scham von uns abzuwenden ... genau diese Dinge tragen im Guten wie im Schlechten dazu bei, uns zu dem zu machen, was wir sind.

Wir müssen die Ärmel hochkrempeln und uns an die Arbeit machen, diesen Dingen nachzugraben. Wir müssen unsere Hände tief hineinstecken. Wir müssen spüren, wie der harte Boden aufbricht und nachgibt angesichts unseres hartnäckigen Willens, nicht aufzugeben. Wir müssen genau hinsehen, um zu erkennen, was wir vorher nicht gesehen haben.

Goldie hatte recht: Manchmal muss man tief graben, um an die besten Teile zu gelangen. Wenn ich auf mein Leben zurückblicke, muss ich eine Entscheidung treffen: Werde ich nur den Schlamm an der Oberfläche sehen oder werde ich auch das Wunder darunter erkennen? Werde ich glauben, dass ich die ganze Zeit allein war und es wirklich immer nur an mir lag, für mich selbst zu sorgen? Oder werde ich glauben, dass jemand anderes immer da war und meine Hand gehalten hat? Ein Gesicht, das sich dem meinen näherte und sich nie abwandte – ganz gleich, wie weit ich mich entfernte ...?

3. Eine winzige Verschiebung, die alles verändert

Wenn ich an meine Mutter denke, denke ich an ihre schmutzigen, nackten Füße.

In den ersten Jahren meines Lebens ging mein Vater zur Arbeit, und meine Mutter blieb mit mir zu Hause. Sie briet mir Fischstäbchen und servierte mir rosa Limonade in einem Einmachglas. Sie setzte mich vor den Fernseher, wo ich mir im Schlafanzug *Winnie Puh* anschaute, bis das warme Nachmittagslicht durch die Fenster hereinfiel. Dann drehte sie das Radio auf, und ich sah ihr zu, wie sie in einem langsamen Tanz zu einem Countrysong die Hüften wiegte, während sie, den Besen in der Hand, über unseren Küchenboden glitt, wobei sie unregelmäßige Zickzackmuster in den Dreckspuren aus Papas Stiefeln vom Vorabend hinterließ.

Der ganze Raum begann golden zu leuchten, als würde er von unten angestrahlt und in gleißendes Licht getaucht. Der vom Besen aufgewirbelte Staub wurde zu Glitterteilchen, die auf einer unsichtbaren, atmenden Strömung schwebten, die niemals zu verebben schien. Einen Moment lang hatte ich das Gefühl, dass wir alle drei – Mama, ich und Thomasina, die Katze – auf einer Wolke aus glitzerndem Schmutz schwebten. Unsere nackten Füße berührten den Boden nicht. Und Mama wiegte sich immer noch zu der Musik um uns herum.

Das waren die goldenen Tage meiner Kindheit. Alles war

warm. Alles war langsam. Alles war leicht. Und ich war sicher, sicher, sicher.

Wenn Papa von der Arbeit nach Hause kam, wuschelte er mir gerne durch die Haare und nannte mich „Kind".

„Wie geht's dem Kind heute?"

„Was hat das Kind heute angestellt?"

„Hey, Kindchen, komm her und sprich mal kurz mit deinem alten Vater." Kind, Kindchen. Ich kann mich nicht erinnern, dass mein Vater mich während meiner gesamten Kindheit jemals bei meinem Vornamen genannt hat, es sei denn, er sprach mit einem Lehrer oder einem anderen Erwachsenen. Für ihn war ich „das Kind".

Das Kind war ich.

Was besonders verwirrend war, da er auch derjenige gewesen war, der meinen Namen ausgesucht hatte.

Papa hatte nie Kinder gewollt, zumindest nicht in den ersten dreiundzwanzig Jahren seines Lebens. Mama hat mich oft daran erinnert, dass sie diejenige war, die mich gewollt hatte und dafür gekämpft hat, eine Familie zu gründen.

„Weißt du, wenn es nach deinem Vater gegangen wäre", sagte sie, „wärst du jetzt nicht hier."

Papa verstand Kinder nicht. Er mochte sie auch nicht besonders. Sie weinten, sie brauchten dauernd etwas, sie waren nicht wirklich interessant. Er war bereits sehr jung zum Ehemann geworden, und jetzt wurde er dazu gedrängt, auch noch Vater zu werden. Und er wollte eigentlich nichts damit zu tun haben. In den ersten neun Monaten hatte er jedes Mal, wenn Mama ihn bat, ihren Bauch zu streicheln oder auch nur ein bisschen Interesse an dem jungen Leben zu zeigen, nichts zu bieten.

Im Krankenhaus, wo alles voller rosa Luftballons und rosa

Decken war, lief Papa los, um zur Feier des Tages Zigarren zu kaufen. Nicht, weil er gern rauchte, und auch nicht, weil er sich besonders feierlich fühlte, sondern weil man das in den 1980er-Jahren nun mal tat, wenn ein Baby auf die Welt kam: Zigarren rauchen mit den anderen Männern im Wartezimmer des Krankenhauses.

Während er weg war, beschloss Mama, mich „Renata Ann" zu nennen. Sie sagte es der Krankenschwester und machte es offiziell. Aber als JR Bess mit seinen Zigarren zurückkam, fand er, dass Renata Ann wie „Ramada Inn" klang. Und, bei Gott, kein Kind sollte nach einer Hotelkette benannt werden. Und seines schon gar nicht.

Also änderte er auf der Stelle meinen Namen.

Er wählte Mary, nach seiner Lieblingstante, und als zweiten Namen den seiner Großmutter. Und das war's: Mary Ellen. Er benannte mich nach zwei anständigen, ehrlichen Frauen, die keine harte Arbeit scheuten. Denn er wusste, dass das Leben, das er sich für mich vorstellte, eine Menge davon erfordern würde.

Goldie hat mir den nächsten Teil der Geschichte immer gerne erzählt.

Sie nahm meinen Vater am Arm, und die beiden gingen langsam den Flur hinunter, wo alle Neugeborenen in ihren winzigen Plastikbettchen hinter einer Glasscheibe aufgereiht waren. Noch bevor sie um die Ecke kamen, hörte Papa ihr Weinen.

Er rollte mit den Augen. „Hör dir den Krach an. Ich wette, dieses Kind da von uns ist das, das am lautesten schreit und die ganze Bande anführt."

„Also, Junior, das weißt du doch gar nicht."

Und tatsächlich: Als sie um die Ecke kamen – zumindest laut Großmutter Goldies Version der Wahrheit –, war ich das einzige

39

Baby im ganzen Raum, das keinen Ton von sich gab. Ich schaute mich nur mit großen Augen um und fragte mich wohl, was die ganze Aufregung sollte.

Und genau in diesem Moment erwärmte und bewegte sich der kalte, harte Boden unter dem Herzen meines Vaters. Und von da an war ich nicht mehr „dieses Kind", sondern „das Kind".

Eine winzige Veränderung, die bedeutete, dass sich in seinem Herzen alles verändert hatte.

Als ich vier Jahre alt war, nahm Goldie mich jede Woche mit in die Kirche zur Sonntagsschule.

An sechs Tagen in der Woche war ich in T-Shirt und Shorts unterwegs und kletterte mit blutigen Knien auf den Apfelbaum oder hing kopfüber an der oberen, wackeligen Querstange der gelb-braunen Schaukel in unserem Garten. Ich stellte mich auf das Schaukelpferd, das den Sitz bildete – wenn ich es nicht gerade benutzte, um She-Ra, die Rebellenprinzessin, zu spielen –, und zog mich an den Seilen hoch. Dann warf ich meine Beine mit Schwung hoch über die Querstange und ließ meine Arme in Richtung Boden baumeln. Manchmal hing ich – gefühlt – stundenlang so kopfüber, während das Blut in mein zunehmend violettes Gesicht schoss und das T-Shirt mir weit über den Kopf rutschte. Ich lachte wie im Delirium, ohne ersichtlichen Grund, nur weil ich etwas tat, was angeblich unmöglich war.

„Kind, komm da runter!" Papa hasste es, wenn ich das tat. „Du wirst dir noch das Genick brechen."

Aber dann ging er wieder rein und überließ mich meinem Schicksal.

An sechs Tagen in der Woche war ich ein wildes Ding, mein Leben eine ineinander verschwimmende Abfolge aus erkletterten Bäumen, aufgeschürften Knien und Dingen, die ich nicht tun sollte. Ungezähmt.

Doch am siebten Tag sorgte Goldie dafür, dass ich das rüschigste rosa Kleid trug, das sie finden konnte. Sie zwang mich, einen weißen Hut und Handschuhe anzuziehen, auch wenn es ein ganz normaler Sonntag war.

Und wir gingen in die Kirche, wie die anständigen, prüden Damen, als die wir uns ausgaben.

Wenigstens einen Tag in der Woche.

„Gott schaut gerade jetzt auf dich herab, Mary Ellen."

Goldie sagte das immer, wenn ich dagegen protestierte, in die Kirche zu gehen. Oder wenn ich versuchte, mich gegen was auch immer aufzulehnen. Offensichtlich war ihre Version von Gott recht leicht zu verärgern.

Meine Anwesenheit im Gottesdienst war Pflicht. Nicht verhandelbar. Aber Papa musste am Sonntag nie mit uns in die Kirche gehen. Er ging entweder zur Arbeit oder legte sich auf die Couch, um den ganzen Tag fernzusehen, ohne sich zu rühren. An diesen Tagen nahm er den Sabbatgedanken sehr ernst. Aber auch wenn er nie zur Kirche ging, wollte er doch, dass ich in der Schule die Beste war, auch wenn es nur die Sonntagsschule war.

Wie an jenem Weihnachten, als sich alle von unserem Berg einen Abend lang in die Macedonia-Methodistenkirche quetschten, um das jährliche Krippenspiel der Kinder zu sehen. Ich war noch keine fünf Jahre alt und sollte erst in neun Monaten in die Vorschule kommen, aber mein Vater hatte sich in den Kopf gesetzt, dass ich vor der ganzen Gemeinde aufstehen und – auswendig! – das gesamte Gedicht „In der Nacht vor dem Christfest" aufsagen sollte. Auf der Bühne. Ganz allein. Vor einer vollen Kirche.

Wenn Papa sich etwas in den Kopf gesetzt hatte, hatte es keinen Sinn, sich dagegen zu wehren. Ich habe es einfach gemacht.

Also übten wir wochenlang dieses Gedicht. Er saß mit mir am Küchentisch, seine riesigen Hände um das Buch gelegt. Der Dreck rieselte aus den Falten seines Flanellhemdes und hinterließ überall Spuren. Ich hörte mir die Worte immer und immer wieder an und sprach sie nach. Und jedes Mal, wenn ich auch nur über eine Silbe stolperte, musste ich wieder ganz von vorne anfangen.

„Mach das noch mal", sagte er.

Für ihn reichte es nicht aus, dass ich es auswendig lernte. Es reichte auch nicht aus, dass ich es allein aufsagte – es musste perfekt sein.

Am Abend des Krippenspiels steckte mich Mama in ein kleines rotes Samtkleidchen mit Spitzenkragen, das sie wahrscheinlich im Sommer zuvor auf irgendeinem Flohmarkt gefunden hatte. Der Schorf an meinen aufgeschlagenen Knien zeichnete sich durch die weiße Strumpfhose ab, die dazugehörte, und meine schwarzen Schnallenschuhe reichten nicht einmal bis zum Boden, als ich in der vordersten Kirchenbank nervös mit den Füßen wippte und mich zu Tode fürchtete. Die Kirche war dunkel, bis auf einen hellen Scheinwerfer, der von hinten die Bühne anstrahlte. Aber selbst in der Dunkelheit konnte ich sehen, dass es im ganzen Haus keinen einzigen leeren Sitzplatz gab, und im hinteren Teil der Kirche standen mehrere Reihen von Menschen.

Die älteren Kinder spielten Szenen mit Maria und Josef, einer Krippe und einigen Engeln und sangen dann Weihnachtslieder. Ich wollte immer ein Engel sein, weil sie silberne Lametta-Heiligenscheine und weiße Chorroben tragen durften und so erwachsen aussahen. Aber stattdessen steckte ich in rotem Samt – ein kleines Kind, das darauf wartete, an die Reihe zu kommen.

Als sie mich auf die Bühne riefen, war es totenstill. Es gab nur mich, den Scheinwerfer und einen Abgrund von 56 Gedichtzeilen zwischen diesem Moment und dem Wunsch, meinen Vater stolz zu machen. Weil das Licht mich blendete, konnte ich keine Gesichter in der Menge ausmachen, außer einem. Sein Rücken war kerzengerade, seine riesigen Hände waren im Schoß gefaltet. Seine Augen waren geradeaus gerichtet, mit einem Blick, der alles aussagte:

„Zappel nicht herum und versau es nicht."

Und so trug ich im Alter von vier Jahren dieses Gedicht von Anfang bis Ende vor der Macedonia-Methodistengemeinde vor, ohne über ein einziges Wort zu stolpern!

Schon allein deshalb, weil es Papa gefiel, wenn unsere Familie etwas tat, was andere für unmöglich hielten.

Es lief so gut, dass mein Vater im darauffolgenden Jahr beschloss, dass ich es noch mal machen sollte, aber diesmal mit einem noch längeren Gedicht namens „In der Nacht, bevor Jesus kam". (Das gibt es wirklich!) Nur habe ich dieses Mal nicht so viel geübt. Ich hatte keine Lust, mich hinzusetzen und es auswendig zu lernen. Und als ich dann auf der Bühne stand, musste die Dame, die für die Show verantwortlich war, mir zweimal helfen.

Mit anderen Worten: In meinen Augen hatte ich versagt. Zweimal!

Nach der Vorstellung öffnete jedes der Kinder ein Geschenk, das die Eltern von zu Hause mitgebracht und unter den Baum gelegt hatten. Aber ich nicht. Ich saß allein am Rande der Bühne und starrte auf meine glänzenden schwarzen Schnallenschuhe, aus denen ich gerade herausgewachsen war, mit hängendem Kopf. Ich hatte Angst, meinem Vater in die Augen zu schauen.

„Na, Kind, willst du dein Geschenk nicht auspacken?" Hoch überragte er mich in seinem einzigen grauen Anzug.

„Das sollte ich nur kriegen, wenn ich es nicht vermassele. Und das habe ich. Zweimal."

Schweigend reichte er mir die letzte Schachtel unter dem Baum. „Nun, ich sage dir was: Dieses Geschenk bekommst du nicht, weil du irgendwas gemacht hast oder auch nicht. Dieses Geschenk bekommst du, weil dein alter Vater dich liebt."

Obwohl ich es erst Jahre später begreifen sollte, war dieser Abend in der Methodistenkirche das erste Mal, dass ich einen Blick auf den Gott erhaschte, den ich eines Tages kennenlernen würde: nicht den, der alles kritisch anschaut, was ich tue, und schnell verärgert ist. Kein Gott, der seine Liebe zurückhält und erst mal sehen will, ob ich alles einigermaßen gebacken kriege. Sondern ein guter Vater.

Wir brauchen keine Angst zu haben, zu ihm aufzublicken, auch wenn wir das Gefühl haben, dass wir versagt haben. Denn seine Geschenke sind nie davon abhängig, wie gut wir sind oder wie viel wir leisten, sondern er gibt sie uns, weil er uns liebt.

Und kein noch so großes Versagen kann das jemals ändern.

Wie ich schon sagte, sollte ich viele Jahre brauchen, um das vollständig zu verstehen.

Das hielt JR Bess aber nicht davon ab, in der Zwischenzeit dafür zu sorgen, dass ich in der Schule immer mein Bestes gab.

Denn in seinen müden Augen war das mein einziger Ausweg.

Als die Schule am Horizont auftauchte, war Papa vor allem darauf bedacht, dass ich nicht die Schwächste in der Klasse sein würde.

Dieses Gefühl kannte er nämlich nur zu gut aus der Zeit, als er selbst in die New-Hope-Grundschule ging – auf denselben Schulhof, auf dem wir die Katze Thomasina gefunden hatten, und auf dieselbe Schule, die ich in diesem Herbst besuchen würde. Es war eine kleine Schule, gerade groß genug, dass immer zwei Klassen zusammengelegt werden mussten. Die Vorschule und die erste Klasse waren in einem Raum untergebracht, die dritte und vierte Klasse in einem anderen, und die fünfte und sechste Klasse belegten den Raum gegenüber der Pausenhalle, die in eine Turnhalle umgewandelt worden war. Die zweite Klasse bekam aus unerklärlichen Gründen einen Raum für sich allein.

Und da stand sie nun und wartete auf mich, diese Schule, unverändert – genau so, wie sie für ihn gewesen war. Dieses Erbe der begrenzten Bildung.

Die Schule lag auf einem Hügel, direkt neben der Methodistenkirche. Dieselbe kleine Kirche mit dem Kirchturm, in die Goldie Papa jede Woche zur Sonntagsschule gebracht hatte, als er noch ein Junge gewesen war. Dieselbe Sonntagsschule, zu der sie mich jetzt schleifte.

In einer Generation hatte sich auf unserem Berg nicht viel verändert.

Aber Papa war fest entschlossen, dass sich eine Sache sehr wohl ändern würde.

Als er dort zur Schule gegangen war, war er in der Klasse ständig ausgelacht und gehänselt worden, weil er so schlecht vorbereitet war und nicht mithalten konnte. Und das hat ihn für immer geprägt. Es brannte sich in sein Gehirn ein, wie ein Beweis dafür, dass er es in diesem Leben nicht weiter bringen würde als zu einem – in seinen Worten – „dummen, alten Holzfäller".

Aber, bei Gott, seine Tochter würde mehr sein!

Also begann er, Übungsbücher mit nach Hause zu bringen, die damals gleich neben der Kasse im Lebensmittelgeschäft verkauft wurden. Ich erinnere mich, dass ich sie jedes Mal anstarrte – gleich neben den Kaugummis –, wenn ich mit meiner Mutter in den Laden ging, weil sie das Bild eines Kindes auf der Vorderseite zeigten, das – die Achtziger ließen grüßen! – ganz aus Punkten und Symbolen und Buchstaben in einer Art Bildpunktematrixstil bestand. Die Bücher waren nach Schulstufen und Fächern geordnet, und das übliche Vorgehen war, dass man seinem Kind das Übungsbuch für die jeweilige Klasse besorgte.

Aber Papa war nie ein Freund des Üblichen.

Er hat zwar mit den Übungsbüchern für die Vorschule angefangen, aber er hat es nicht dabei belassen. Jeden Abend, wenn er nach Hause kam, musste ich mich nach dem Essen an den Küchentisch setzen und stundenlang Mathe- und Leseaufgaben lösen, während aus dem anderen Zimmer fröhlicher Fernsehlärm hereinwehte.

Wenn ich ein Arbeitsheft fertig hatte, versetzte er mich einfach in die nächste Klasse. Als ich dann im Herbst in die Vorschule zu Mrs Oliver kam, hatte Papa das Gefühl, dass ich relativ gut vorbereitet war. Ich war in Mathe auf dem Niveau der fünften und im Lesen auf dem der sechsten Klasse.

Wenn wir nicht gerade an den Übungsbüchern arbeiteten, ließ mein Vater mich die Enzyklopädie studieren. Sie war eine dieser dreißigbändigen Ausgaben, die früher an der Tür verkauft wurden, und wenn man sich nicht das ganze Set auf einmal leisten konnte, zahlte man Buch für Buch auf Raten. Ich kann mich noch gut daran erinnern, wie meine Mutter jeden Monat ein neues Buch mit der Post bekam und es in das Regal neben seinen alphabetischen Nachbarn stellte. „Metamorphose bis New Jersey" kam direkt neben „Livingstone bis Metallarbeiten".

Mein Vater wusste, dass Bildung für arme Leute ein Luxus war, der nur widerwillig und zu einem hohen Preis vergeben wurde. Aber er sah darin auch den Schlüssel für meinen Aufstieg, verpackt in den Seiten eines Buchs mit Goldschnitt.

Wir standen zusammen auf der Veranda, traten aus dem Schatten des brüchigen Dachs heraus und blickten hinauf zu einem indigoblauen Himmel, der mit Sternbildern bestickt war. (Von unserem Berg aus kann man jeden Stern sehen!)

Stundenlang ließ er mich die Namen der Sterne und Sternbilder und die Daten der Rotation des Mondes um die Erde auswendig lernen, die sich ihrerseits wild um die Sonne drehte. Wenn ich etwas falsch wiedergab, was oft der Fall war, verlor er schnell die Geduld mit mir. Er schimpfte dann und fragte, wie schwer es denn sein könne, sich das zu merken.

„Kind, wie oft muss man es dir noch sagen, bis du es weißt?"

Aber ich glaube, die eigentliche Frustration bestand für ihn darin, dass er mir etwas anbot – und ich nahm es als selbstverständlich hin –, was ihm selbst nie gewährt worden war: eine Ausbildung. Zeit und Raum, um zu studieren und zu lernen und meine Grenzen nur im Himmel zu suchen. Die Möglichkeit, mehr zu sein als nur ein Punkt auf der Landkarte des Gebirges, aus dem ich stamme.

Papa war in einer Zeit aufgewachsen, als ein Junge aus Ohio namens John Glenn dreimal die Erde umkreiste und Präsident Kennedy jeden Amerikaner mit dem Wunsch ansteckte, einen Menschen auf den Mond zu bringen. Und dann sah er voller Ehrfurcht zu, wie sie es taten. Von diesem Moment an war er wie besessen von der Raumfahrt.

Ich glaube, das war der Augenblick, in dem er erkannte, dass wir mehr sein können als das, was unsere Herkunft uns vorzugeben scheint. Er realisierte, dass es möglich ist, weit über den Ort hinauszukommen, an dem wir angefangen haben. Und es war auch das erste Mal, dass er erkannte, dass es in seinem

Leben niemanden gegeben hatte, der ihn herausgefordert oder ermutigt hätte, genau das zu tun. Er hat sich immer gefragt, was passiert wäre – also, wie sein Leben wohl verlaufen wäre –, wenn es so jemanden gegeben hätte.

An Herausforderungen, etwas zu erreichen, so hatte er sich geschworen, sollte es in meinem Leben nie fehlen.

Also arbeitete ich jeden Abend an unserem winzigen Küchentisch in dicken Übungsbüchern. Und so wurde ich die Erbin der verlorenen Bildung meines Vaters, lange bevor ich überhaupt eingeschult wurde. Als ich in jenem Herbst mit mindestens fünf Klassen Vorsprung in die Vorschule kam, benutzten die Lehrer dort Worte wie „klug", „aufgeweckt", „den anderen weit voraus" für mich. Sie sprachen sogar davon, mich eine Klasse überspringen zu lassen.

Ein paar Jahre später schickten sie meine Lehrerin, Mrs Barrett, zu uns nach Hause, um mit meiner Familie über ein spezielles Hochbegabtenprogramm zu sprechen. Aber als sie es Goldie erklärte, verstand die alles genau falsch.

„Hören Sie, Mary Ellen ist nicht dumm!", sagte sie. „Sie sollte doch wenigstens in der Lage sein, in ihrer Klasse zu bleiben. Sie wird schon zu den anderen aufschließen."

Die Appalachen, in denen Goldie aufgewachsen war, hatten etwas an sich, das sie immer mit dem Schlimmsten rechnen ließ, wenn es an die Tür klopfte.

Aber nachdem Mrs Barrett es noch einmal erklärt hatte, gab es eine Woche lang Interviews und IQ-Tests und Rätselspiele mit geometrischen Formen, die ich lösen sollte, während ein Mann mit einem Klemmbrett zusah und sich Notizen machte. Und danach verließen ich und sechs andere Kinder an einem Tag in der Woche unsere reguläre Klasse, um das Geschenk einer höheren Ausbildung zu erhalten.

Dieses Etikett „hochbegabt" wurde zu einer Rettungsleine. Eine Linse, durch die ich anfing, mein Leben als das zu sehen, was es sein *könnte*, und nicht nur als das, was es *war*. Das veränderte alles.

Worte haben die Macht, über Leben und Tod zu entscheiden. Wenn Menschen dich klug nennen, verhältst du dich auch klug. Man tut das, was von einem erwartet wird, oder man tut es nicht. Und was meinen Papa anging, gab es nie eine Frage:

Es wurde viel von mir erwartet.

Aber wenn es etwas gibt, was mich diese frühen Tage des Studiums der Enzyklopädie gelehrt haben, dann ist es das: Lange vor meiner Verwandlung gab es diesen Holzfäller und sein Vermächtnis. Und diese Abende, die ich damit verbrachte, mir die Bildung anzueignen, die mein Vater immer hatte haben wollen, sollten in den kommenden Jahren Bände über die Veränderung in meinem Leben sprechen.

4. Für schwierige Dinge ausgewählt

JR Bess wurde an einem Tag im Dezember Mitte der 1950er-Jahre irgendwann gegen Mitternacht geboren.

Er hatte es so eilig, auf die Welt zu kommen, dass eine Krankenschwester sich über Goldies Beine legen musste, um sie lange genug vom Gebären abzuhalten, bis der Arzt aus dem Bett und ins Krankenhaus geeilt war. Goldie erzählte mir diese Geschichte – die Krankenschwester, die Beine, der abwesende Arzt – so oft, dass ich sie auswendig aufsagen konnte. Und jedes Mal, wenn sie es tat, dachte ich nur: *Wie um alles in der Welt konnte dieser überlebensgroße Riese von einem Mann jemals in einem so winzigen Frauenkörper stecken?*

Vermutlich war genau das der Punkt gewesen.

Papa erlebte in den ersten Jahren eine typische Kindheit für einen Jungen, der in den 1950er-Jahren geboren wurde. Fast so, als ob es damals einen Bausatz gegeben hätte, der von den Krankenhäusern verteilt wurde – zusammen mit kleinen blauen Decken und einer Notiz, auf der stand: „Hier, das wirst du in den nächsten fünf oder sechs Jahren brauchen." Und so blättere ich in einem kastanienbraunen Leder-Fotoalbum jener Zeit und sehe die üblichen Schwarz-Weiß-Fotos vor mir.

Und ich schaue in das Gesicht einer Version meines Vaters, die ich nie gekannt habe.

Seite um Seite ist mit Fotos eines sommersprossigen Jungen gefüllt, dessen Ohren zu groß für seinen Kopf sind, der wiederum zu groß für seinen kleinen Körper ist. Zwischen seinen beiden Vorderzähnen klafft eine Lücke – die gleiche Lücke, die ich eines Tages erben würde –, gerade groß genug, um Ärger hineinzulassen. Und er lächelt, ohne dass die Sorge oder Müdigkeit, die ich so gut an ihm kenne, seine grau-grünen, inzwischen verblassten Augen trübt. Hier trägt er ein kariertes, kurzärmeliges Hemd und einen Cowboyhut mit einer Schnur unter seinem Kinn. Hier ist er in Gatlinburg. Hier ist er vor einem Cherokee-Reservat zu sehen.

Mein Vater war einst jemand, der große Dinge in dieser Welt sah.

Während ich die Seiten umblättere, erzählen die Bilder seine Geschichte: Im Alter von zwölf Jahren beginnt er aus dem Album zu verschwinden. Nur noch sein jährliches Schulfoto – derselbe Bürstenhaarschnitt, derselbe graue Hintergrund – zeigt, wie die Zeit vergeht.

Papa war gerade zwölf Jahre alt, als er anfing, zur Arbeit in den Wald zu gehen.

Ich schätze, das Leben auf dem Berg, von dem ich komme, war für niemanden einfach.

Die fünfundzwanzig Bergleute in der Mine *Saxsewell Nr. 8* sehen keinen Ausweg.

Es sind die frühen Morgenstunden eines Maitags, der sich eher wie März anfühlt. Obwohl die Sonne draußen hell auf die feucht glitzernden Felsen fällt, ist es tief im Bauch und in den Eingeweiden des Berges, wo das Licht nie hinfindet, immer finstere Nacht. Nur wenige Sekunden zuvor hat sich der Bohrkopf der riesigen Tunnelbohrmaschine – eine mechanische Heuschrecke mit Zähnen aus Stahl – in einen stillgelegten und gefluteten Nebentunnel gefressen. Sofort ergoss sich ein Schwall schwarzen Wassers in einem Sturzbach durch die Hauptschlagader der Mine, ein schlammiges Gemisch aus Kohlenstaub, Schweiß und gebrochenen Versprechen.[1] Von einem Augenblick auf den anderen füllen die Wassermassen den einzigen Ausweg der Arbeiter.

Ihre brennenden Lungen ringen nach Luft und betteln um eine letzte Gnadenfrist. Vier der Männer sind auf der Stelle tot. Einundzwanzig weitere sitzen in der stillen, eisigen, kohlschwarzen Dunkelheit und warten auf ein Rettungsseil, das vielleicht nie kommt.

Im Frühjahr 1968, als Papa elf, fast zwölf Jahre alt war, arbeiteten sowohl mein Opa Bill als auch sein Bruder, Papas Onkel Cleon, in den Kohleminen von West Virginia. Für Großvater Bill war es eine zusätzliche Arbeit zu seinem Job als Waldarbeiter. Er stand jeden Morgen um fünf Uhr auf, fällte zehn oder zwölf Stunden lang Bäume, kam nach Hause, um schnell zu Abend zu essen und sich umzuziehen, und ging dann wieder los, um die Abendschicht in den Minen zu arbeiten, und das alles vor dem Schlafengehen. Und dann wachte er auf und machte das Ganze am nächsten Tag wieder. Opa Bill brachte zwei harte Arbeitstage in der Zeit hinter sich, die die meisten Männer brauchen, um an einen zu denken.

Eine starke Arbeitsmoral ist das einzige Erbe in unserer Familie, bei dem wir uns nie fragen mussten, ob wir ein Anrecht darauf haben.

In *Hominy Falls* auf der Südseite windet sich die Straße in so engen Serpentinen den Berg hinauf und hinunter, dass man

---

1 Die Informationen stammen zum Teil aus: „May 6, 1968: Incident at Hominy Falls Traps 25 Miners for Days", West Virginia Public Broadcasting, 6. Mai 2019, https://www.wvpublic.org/post/may-6-1968-incident-hominy-falls-traps-25-miners-days#stream/0

sich bei jeder Kurve umdrehen und die eigenen Rücklichter küssen kann. Wenn man der Straße lange genug folgt, weicht der Steilhang schließlich einem offenen Steinbruch. Dort, in diesem gespenstisch weißen Kalksteinfriedhof – dem ausgehöhlten Unterbauch der Erde –, befindet sich die *Gauley Coal and Coke Saxsewell No. 8*-Mine.

Bewacht wurde sie von einer Legion antiquierter, eiserner Dinosaurier – teils Relikt aus vergangenen Tagen, teils noch in Betrieb – mit Förderbändern an den Stellen, an denen bei den Urzeittieren Stacheln und Schuppen saßen. Rund um die Uhr beförderten diese Bänder einen stetigen Strom von Kohle aus den Eingeweiden des Berges, immer weiter hinauf, bis sie das schwarze Gold in die wartenden Kohlewagen fallen ließen.

In weiteren fünf oder zehn Jahren würde die nächste Phase der maschinellen Revolution etwa 70 Prozent der Bergarbeiter nach Hause zu ihren abgehärmten Frauen und hungrigen Kindern schicken und damit eine der größten Abwärtsspiralen in die allgemeine Armut auslösen, die die Region je erlebt hatte. Ihre einzige Entschädigung: ein Händedruck, ein Dankeschön und wahrscheinlich eine schwarze Lunge von all dem Staub, den sie zuvor jahrelang eingeatmet hatten. Aber bis dahin war der Berg ein unterirdisches Königreich mit reich gefüllter Schatzkammer, und der Bergmann war sein treuer Untertan.

Opa Bill arbeitete damals in einer anderen Mine in einem anderen Teil des Bezirks. Er gehörte daher nicht zu der Kolonne von Männern mit Schutzhelmen und Stirnlampen, die an jenem Morgen des 6. Mai in den Stollen fuhren wie marschierende Ameisen, die bereit sind, den Boden zu bearbeiten.

Er war also nicht dabei, als die Hölle losbrach.

Am Morgen des Unglücks war es kalt – so kalt, dass man seinen Atem in weißen Dampfwolken sehen konnte, als die Mannschaft der Frühschicht über ihren blechernen Lunchboxen und heißen Thermoskannen mit Kaffee kauerte und sich darauf vorbereitete, dass es beim Abstieg in den Berg noch kälter werden würde. So tief in der Erde machte es keinen Unterschied, welches Wetter draußen war. Wo sie hingingen, warteten nur Dunkelheit, Feuchtigkeit, Staub und Kälte auf sie. Es war ein undankbarer Job, der achtzehnjährige Jungen lange vor der Zeit zu alten Männern machte. Wenn er sie nicht vorher umbrachte. Die *Saxsewell*-Mine Nr. 8 am *Big Sewell Mountain* war es gewohnt, erwachsene Männer komplett zu verschlingen. Die Frage war nur, ob sie sie am Ende des Tages auch wieder ausspucken würde oder nicht.

In der Schicht zuvor hatte Cleon, der den Bohrer bediente, sich gefährlich nahe an den gefluteten Hilfsschacht herangearbeitet. Doch dann ertönte die Trillerpfeife und die Schichten wechselten, und an jenem Montagmorgen betätigte ein anderer Mann die Maschine, während Cleon in einem Teil des Bergwerks eingesetzt wurde, der näher an der Oberfläche lag. Und so kam es, dass die Zufallslotterie von Zeitkarten und Schichtzuteilungen dazu führte, dass es ein anderer Mann und nicht Cleon war, der über einen Kilometer tief im Berg steckte, als sich die Schleusen der Hölle öffneten. Dieser Mann war einer der vier, die auf der Stelle starben. Und Cleon war einer der einundzwanzig, die keine andere Wahl hatten als zu sitzen, zu warten ... und zu beten.

Zehn Tage lang pumpten die Retter – darunter auch Opa Bill, der seinem Vorarbeiter sagte, dass er nicht mit seiner Rückkehr zu rechnen brauche, bevor sein Bruder in Sicherheit und wieder zu Hause sei – das Wasser ab und drangen immer weiter in die Mine ein.

Die einundzwanzig eingeschlossenen und betenden Männer

waren durch die Flut in zwei Gruppen aufgeteilt worden. Fünfzehn von ihnen, darunter auch Cleon, kauerten in einer Blase aus Luft und Hoffnung viel näher an der Oberfläche, wo sie die Geräusche der laufenden Rettungsmaßnahmen hören konnten. Die übrigen sechs – die zu diesem Zeitpunkt bereits als tot galten – waren den tiefsten Windungen der Mine geopfert worden. Zehn Tage lang litten diese Männer mit nur sehr wenig zu essen und schmutzigem Wasser. Sie saßen im Dunkeln und in der Kälte neben den noch kälteren Körpern der vier Männer, die nicht so viel Glück gehabt hatten. Sie kauerten sich aneinander, um sich zu wärmen, machten sich Decken aus ihren Arbeitsmänteln und sprachen leise über ihre Familien, die sie vielleicht nie wiedersehen würden.

Zehn Tage lang wachte die bald zwölfjährige Version meines Vaters über diese Rettungsbemühungen. Er wartete. Er hoffte. Und er tat, was er konnte, um zu helfen. Das Rote Kreuz war vor Ort und lieferte einen stetigen Strom von Sandwiches, die sie auf die Förderbänder der eisernen Dinosaurier legten, die sich nun im Rückwärtsgang bewegten und kostbare Ware zurück in die Mine schickten. Papa bekam die Aufgabe, Behältnisse aus alten Aluminiumrohren zu basteln, um die Sandwiches zu schützen und sie zu beschweren, damit sie nicht vom Band fielen. (Warum können uns die Dinge, die wir am meisten brauchen, manchmal nur erreichen, wenn sie schwer genug sind?)

Er half, die Pumpschläuche zu bewegen, und rannte hin und her, um Dinge zu holen, wenn die Retter etwas brauchten. Aber meistens stand er nur da. Er beobachtete. Er wartete. Und er hielt die Hoffnung am Leben. Tagelang sah er zu, wie andere Männer aus dem Loch krochen, komplett mit schwarzem Schlamm bedeckt, und sich blinzelnd ihren Weg ins blendende Licht bahnten, draußen auf den gespenstisch weißen Friedhof.

Am sechsten Tag gelang den Rettern der Durchbruch zu den ersten fünfzehn Eingeschlossenen. Als Cleon schließlich an die Oberfläche kam, fast unkenntlich unter der Schicht aus Kohlenstaub, die ihn überzog, war Papa der Erste, der auf ihn zustürzte, um ihn zu umarmen. Und als Cleon die Umarmung erwiderte, gegen die Tränen ankämpfend, hinterließ er einen schwarzen Kohle-Handabdruck auf der Rückseite der Jacke eines kleinen Jungen.

Am zehnten Tag, als sie die Hoffnung schon fast aufgegeben hatten, entdeckte einer der Retter zufällig einen frischen Fußabdruck – ein Beweis für Leben –, und die Bemühungen wurden noch einmal verstärkt. Als sie die sechs Männer fanden, die gerade noch so am Leben waren, wurde dies als das „Wunder von *Hominy Falls*" bezeichnet.

Goldie liebte es, mir diese Geschichte zu erzählen. Ihre graublauen Augen leuchteten auf, wenn sie das Wort „Wuuunder" eine Sekunde länger dehnte, als sie es musste. Sie behauptete sogar, dass sie die Jacke mit dem perfekt erhaltenen Handabdruck immer noch irgendwo in einem Schrank versteckt hatte. Ich glaube, für sie war es, als hätte sie eine Art Reliquie im Haus: ein Leichentuch, von einem Mann gezeichnet, der einst begraben wurde und auferstand.

Für sie war es der Beweis dafür, dass es einen Gott gibt und dass er gut ist und dass er sich darum kümmert, ob wir nach Hause finden oder nicht, und auch um die schweren, schweren Dinge, die wir mit uns herumtragen.

Aber insgeheim habe ich mich immer gefragt, ob das nicht der Tag war, an dem Papas Schicksal besiegelt wurde. Als wäre er – wie durch eine Art Osmose – von den schmutzigen Arbeiterhänden seines Onkels Cleon auf seiner hellbraunen Jacke markiert worden – für ein Leben voller harter Arbeit, hartem Glück und harten Erlebnissen.

Und wenn das tatsächlich so war, dann wusste ich eins ganz genau: Ich wollte nicht, dass diese Hände mich berührten.

Immer wenn Papa diese Geschichte erzählte, wurden seine Augen weich, zogen sich in ihre Höhlen zurück und entfernten sich irgendwie, als ob er nicht mehr mich ansähe, sondern eine Szene, die sich in monochromem Sepia irgendwo in einem Raum abspielte, der zwischen dem lag, wo er gewesen war, und dem, wo ich hingehen würde.

„Ich erinnere mich nur daran, dass es so schrecklich kalt war und ich so schrecklich hungrig." Ich fragte ihn nach den Details: wie lange die Rettung dauerte. Was für Aufgaben sie ihm gaben, um zu helfen. Aber egal, wohin das Gespräch ging, es kam immer wieder dorthin zurück: „SoHungrigSoKaltSoHungrigSoKalt."

Während er es sagte, konnte man förmlich spüren, wie er bei den Worten zitterte. Als ob es nicht so sehr etwas war, an das er sich erinnerte, sondern etwas, das er von Neuem *erlebte*. Ich lehnte mich zu ihm. Wie war das mit der Kälte, wie war das mit dem Hunger? Und warum ist das der Teil, an den er sich am deutlichsten erinnert?

„Nun, das Rote Kreuz verteilte dort oben Sandwiches an alle. Aber da ich noch ein Junge war, verstand ich nicht, dass sie kostenlos waren. Und mein Vater hat mir immer beigebracht: ‚Junge, du nimmst nur das, was du bezahlen kannst.'"

„Klar. Okay." Ich wartete und ließ ihn die Stille ausfüllen.

„Ja, also, alle um mich herum essen und ich habe seit fünfzehn Stunden oder so keinen Bissen mehr zu mir genommen.

Und es ist kalt, es ist so kalt. Und mein Vater ist irgendwo tief unten in der Mine und versucht, seinen Bruder Cleon auszugraben. Keiner weiß also, dass ich da oben bin, keiner weiß, dass ich noch nichts gegessen habe."

Daraufhin nickte ich, obwohl er mich gar nicht ansah.

„Also überlegte ich mir, ich könnte mir doch eines dieser Sandwiches nehmen. Nur eins. Ich könnte es später bezahlen und niemand würde es merken. Aber dann dachte ich: ‚Wenn ich auch nur eines dieser Sandwiches esse, ist es so, als würde ich es einem der eingeschlossenen Bergleute aus der Hand nehmen.'"

An dieser Stelle stockte er und schluckte mühsam die Worte hinunter, als hätte er den Mund voller Dreck und Steine. „Und mir war so kalt und ich hatte solchen Hunger. Und alles, woran ich denken konnte, war, wie viel kälter und wie viel hungriger all diese Männer sein mussten. Gefangen da unten wie Tiere. Mein Papa. Und Cleon."

Wir starrten uns lange an, diese Worte hingen in dem Raum zwischen uns. Zwischen dem, was er erlebt hatte, und dem, was ich erleben würde. Wir kämpften beide mit allem, was wir hatten, um eine Flut von Tränen zurückzuhalten. Dann sagte er: „Und ich wusste es einfach: Ich wollte nicht dort unten enden, gefangen in den Minen wie sie."

5. Es lag uns immer im Blut

Für Papa waren die zehn Tage rund um die Ereignisse in *Hominy Falls* ein Wendepunkt in seinem Leben. Jungs in seinem Alter, die im ländlichen West Virginia aufwuchsen, hatten damals meist zwei Möglichkeiten, was sie nach der Highschool machen konnten: in die Minen oder in die Wälder gehen. Eine höhere Bildung war nicht einmal denkbar. Und man braucht nur einen Blick auf die Nachrufe derer zu werfen, die an jenem Tag *nicht* Teil des Wunders gewesen waren, um zu sehen, wie sich das auswirkte. „Mr Dodd war 42 Jahre alt und hatte 24 Jahre Erfahrung im Bergbau ...", „Mr McClung war 46 Jahre alt und hatte 27 Jahre Erfahrung im Bergbau ...". Sie alle hinterließen eine Witwe und zwei, drei oder fünf unterhaltsberechtigte Kinder. Diese Männer – achtzehn oder neunzehn, als sie zum ersten Mal in die Minen krochen – hatten bereits ein ganzes Leben lang gearbeitet, als sie in ihren Vierzigern waren. Und wie sich herausstellte, war das alles, was sie an Lebenszeit zur Verfügung hatten.

Ungefähr zu der Zeit, als sich die Katastrophe in *Hominy* ereignete, bot sich für Opa Bill die Möglichkeit, eine Bergbauausrüstung zu pachten und sein eigenes Unternehmen zu gründen. Doch nachdem er seinen Bruder aus dem Bauch des Berges gezogen hatte, lehnte er das Angebot ab und kaufte stattdessen einen Bulldozer. Seine neue Firma nannte er „Bess Logging Company".

In jenem Sommer, noch bevor er zwölf Jahre alt war, begann Papa also, mit seinem Dad im Wald zu arbeiten.

Als ich noch klein war, hatte ich immer angenommen, dass mein Vater nie eine Wahl hatte, was die Waldarbeit anging. Dass er in so jungen Jahren einfach dazu gezwungen worden war und ihm Dinge gesagt wurden wie: „Jetzt gehst du arbeiten. Dein Platz ist in den Wäldern. Vergiss die Zukunft. Vergiss das College. Vergiss alles andere, was du geplant hattest. Das ist jetzt dein Platz. Du musst die Familie unterstützen!" Und all das, als er erst zwölf Jahre alt war, als sein Schicksal für ihn besiegelt worden war.

Aber wie sich herausstellte, fühlte sich die Arbeit als Holzfäller für ihn wie eine Wahl an. Wie ein Ausweg.

Wenn er draußen im Wald war und Zeit mit seinem Vater verbringen konnte, wenn er mit seinem übergroßen Baggerspielzeug hantieren konnte, wenn er nach oben blicken und den blauen Himmel über sich sehen konnte, wenn er frische, saubere Luft atmen konnte ... dann war das für ihn nicht wie eine lebenslange Strafe. Auch nicht wie eine Falle.

Es fühlte sich nach Freiheit an.

Er war glücklich, zur Arbeit nach *draußen* zu gehen.

Eine von Papas allerersten Aufgaben war es, die Holzgreifer – zwei riesige Haken an einem scherenartigen Scharnier – in die gerade gefällten Stämme zu rammen, damit sie von den Pferden aus dem Wald gezogen werden konnten. (Pferde! Als ob es noch 1869 wäre!)

Jedes Mal, wenn mein Vater mir diesen Teil der Geschichte erzählt, muss ich ihn dazu bringen, langsam zu reden und ihn zu wiederholen. Die Holzfällerei ist einer dieser Industriezweige, die sich im Laufe der Jahre kaum verändert haben. Zumindest nicht die Art und Weise, wie Papa es machte: ein Mann, eine

Säge und immer ein Baum nach dem anderen. Für ihn besteht die größte Schande, die man als Holzfäller begehen kann, darin, dass einer dieser hundert Jahre alten Giganten in tausend Splitter zerbirst, wenn er auf der Erde aufprallt.

Mein Vater ist ein Baumflüsterer. Er spricht mit ihnen. Fragt sie, was sie brauchen, um sicher zu landen. Und die Bäume antworten. Dad hört das Flüstern seiner Vorfahren, wenn der Wind durch ihre Blätter weht. Acht Generationen lang ist unser Stammbaum genährt worden vom Blut, dem Schweiß und den Tränen derer, die dem Ruf der Wälder West Virginias gefolgt sind.

Wenn sie also reden, hört er zu.

Einmal, als er allein da draußen war und seine Kettensäge den Stamm eines Baumes halb durchtrennt hatte, gab es plötzlich einen heftigen Ruck, als Metall auf Metall traf. Und tatsächlich, in der Mitte des Baumes befand sich ein Hufeisen, das vollständig von Holz umschlossen war. Ein alter Holzfäller musste es vor drei Generationen in die Gabelung eines Bäumchens fallen gelassen haben, nachdem sein Pferd es verloren hatte. Und dort blieb es, bis ein anderer Holzfäller, der ebenfalls mit Pferden arbeitete, es hundert Jahre später fand.

Wie ich schon sagte, ist das Holzfällen eine dieser Traditionen, die sich im Laufe der Zeit kaum verändert haben.

Es ist also klug, auf die zu hören, die vor einem kamen.

Meistens ist es jedoch die Stimme seines eigenen Vaters, die er hört: „Junge, mach lieber langsam, sonst bist du schneller tot."

Und wenn es jemanden gibt, der sich damit auskennt, dann Opa Bill.

Auf fast jedem Foto, das ich je gesehen habe, trägt Opa Bill ein weißes geripptes Unterhemd, ein John-Deere-Käppi und eine schwarz umrandete Brille, die seine dunklen Augen irgendwie noch dunkler erscheinen lässt. Er hat immer diesen Gesichtsausdruck, als würde er gerade einen Witz reißen, aber hinter seinem Lächeln verbergen sich auch Gewitterwolken. Ein sich zusammenbrauendes, unheilvolles Grollen, das jeden Moment die Atmosphäre verändern kann.

William Eugene Bess sen. war ein Bergmann der zweiten Generation, der zum Holzfäller wurde, genau wie sein Vater vor ihm, mein Urgroßvater Harry Curl Bess (das ist tatsächlich sein richtiger Name –so etwas kann man sich nicht ausdenken!). Wenn du jetzt die Staatsflagge von West Virginia vor Augen hättest, sähest du zwei Männer – einen mit einer Axt, einen mit einer Spitzhacke –, die sich beide gegen einen Felsen in der Mitte lehnen. Und so war es auch in meiner Familie: Drei zeitgleich lebende Generationen mussten sich zwischen zwei gleichermaßen harten Berufen entscheiden. Zwischen Holzfällerei und Bergbau. Zwischen Axt und Spitzhacke. Und egal, welchen Weg du einschlägst, er könnte dich umbringen.

Großvater Bill liebte Fischen, Jagen und Zelten. Er liebte auch ein rundliches, hübsches Mädchen namens Goldie, das er eines Tages in einem Restaurant kennenlernte, in dem sie kellnerte. Er schwor sich auf der Stelle, dass sie seine Frau werden würde. Wenig später heirateten sie in einer standesamtlichen Zeremonie, nur mit zwei Trauzeugen und vier Schwarz-Weiß-Fotos als Beweis. Die Männer in Anzügen, die Frauen mit Pillbox-Hüten, und Goldies und Bills Hände ruhten stolz auf der Bibel.

Ja, Bill liebte Goldie. Er liebte auch rotes Fleisch und rauchte wie ein Schlot.

Und er starb mitten in der Nacht an einem Herzinfarkt, als er erst neunundvierzig Jahre alt war.

Goldie fand ihn am nächsten Morgen um fünf Uhr, als sie aufstand, um seine Lunchbox für die Arbeit zu füllen, und im Dunkeln über seine Leiche stolperte.

Papa klopfte bereits an die Hintertür, damit die beiden Männer, die denselben Namen und dieselbe Berufung hatten, gemeinsam zur Arbeit fahren konnten. Als er sah, was passiert war, stürmte er herein, hob seinen Vater vom Boden auf, wiegte ihn in seinen massiven Armen hin und her und vergrub sein Gesicht leise schluchzend an Opa Bills Brust.

„Oh Gott, er ist schon kalt! Er ist schon weg, Mama, er ist schon weg, er ist schon weg, er ist schon weg!" Eine Flut von Tränen brach los und überschwemmte den Küchenboden.

Und er konnte nur noch flüstern: „Geh nicht, geh nicht, geh nicht."

An diesem Punkt beginnt alles in Zeitlupe abzulaufen und mit meiner Erinnerung zu kollidieren, da sich meine und die Geschichte meines Großvaters überschneiden, wenn auch nur für einen Moment.

Ich war erst zwei Jahre alt, als Goldie Opa Bill tot auf dem Küchenboden fand, also hatten wir mathematisch gesehen zwei Jahre Überschneidung. Aber sosehr ich mich auch bemühe, die einzige richtige Erinnerung, die ich an meinen Großvater habe, ist der Morgen, an dem er starb. Zwei Jahre sind ein furchtbar junges Alter, also überlasse ich es dir zu entscheiden, ob dies meine tatsächlichen Erinnerungen sind oder nur eine Reihe von Bildern, die ich im Kopf habe, weil andere Leute mir davon erzählt haben.

Aber ich kann dir sagen, dass es sich für mich sehr real anfühlt.

Erstens: Goldie lässt Papa herein, und einer von ihnen muss Mama im Trailer nebenan angerufen haben.

Zweitens: Mama ist so geschockt, dass sie zum Haus hinüberrennt und ganz vergessen hat, mich zuerst ins Bett zu legen, daher bin ich auf ihrem Arm.

Drittens: Wir kommen durch die Hintertür herein, und ich sehe Menschen, die auf dem Boden kauern. Jemand sagt: „Das Kind sollte nicht hier sein", und dann werden mir Hände über die Augen gelegt und wir bewegen uns schnell durch das Haus.

Viertens: Einige der Männer, die für Papa und Opa Bill arbeiten, klopfen ebenfalls in der Dunkelheit an die Haustür.

Fünftens: Ich werde durch die Vordertür einem von ihnen übergeben, und er streichelt und schaukelt mich, während ich trotz seiner Bemühungen weine und weine.

Zähl die Sekunden zwischen Blitz und Donner. Dieses Gewitter war nicht im Anmarsch. Es war bereits über uns.

Die Verandalampe vor dem Haus brennt.

Ich bin in etwas Warmes eingewickelt – vielleicht ein rotes Flanellhemd –, obwohl es Anfang Juli ist. Die Luft ist frisch und feucht vom Nebel, aber man kann schon erahnen, dass es ein heißer Tag werden wird.

Mein Schluchzen verebbt zu einem leisen Wimmern.

Und irgendwo drinnen, jenseits des gleißenden Lichts auf der Veranda und der Glasscheibe der eilig zugeschlagenen Tür, kann ich es hören: Eine neue Witwe weint in der Dunkelheit.

Die Tage danach sind verschwommen, aber ich weiß, dass wir ihn irgendwann begraben haben. Nicht weil ich mich daran erinnere, sondern weil ich dieses Grab in den kommenden Jahren oft mit Goldie besuchte.

In meiner Familie hielt man große Stücke auf die eigenen Grabsteine. Die Häuser, in denen sie lebten, waren meinen Leuten offensichtlich nicht wichtig, aber die Gräber, die mussten erstklassig sein. Meine Großeltern zum Beispiel hatten auf beiden Seiten ihres Grabsteins zwei Rosenranken mit einer Menge Blüten eingraviert. Über dem von Goldie befand sich eine große Rose, die für sie stand, eine mittelgroße für Papas Schwester, meine Tante Lynn, und eine winzige abgebrochene Knospe für das Baby, das sie dazwischen verloren hatte. Auf dem Stein des frisch ausgehobenen Grabes von Opa Bill stand eine große Blüte für ihn, eine mittelgroße für Papa und eine kleine Knospe für mich. Das war unsere eigene adelige Rosenblutlinie.

Um nicht dagegen abzufallen, gab sich Papa große Mühe mit dem Grabstein, der einst auf seiner letzten Ruhestätte stehen sollte. Mehrere Entwürfe der Grabsteinfirmen lehnte er ab, bis er sich schließlich hinsetzte und selbst ein Design entwarf. Darauf war ein großer Holzlaster zu sehen, der auf einer unbefestigten Straße fuhr (seine Lieblingsstraße) und eine volle Ladung Baumstämme transportierte. Neben der Straße befand sich ein Bach, an dem sich ein Hirsch, eine Hirschkuh und ein Kitz – Papa, Mama und ich – ausruhten. Zu diesem Zeitpunkt war noch nicht klar, was mit einer Hirschfamilie passiert, wenn die Hirschkuh verschwindet, aber für den Moment waren sie dort glücklich – für die Ewigkeit in Stein gemeißelt und still angesichts des Unbekannten.

Da sie nicht wussten, was sie mit sich anfangen sollten, gingen Vater und seine Mitarbeiter noch am selben Tag, an dem Opa Bill starb, wieder zur Arbeit.

Nachdem der Krankenwagen den Leichnam ohne Sirenen abtransportiert hatte – es gab keinen Grund zur Eile mehr –, hatte Papa angeboten, allen den Tag freizugeben. Aber jeder von ihnen war mit dem Hut in der Hand nach vorne getreten und hatte gesagt: „Wir haben noch Aufträge von Bill bekommen, und wir würden diese Arbeit gern zu seinen Ehren zu Ende bringen." Und das taten sie dann auch.

Es gab Nachbarn auf dem Fenwick Mountain, die davon Wind bekamen und danach monatelang nicht mehr mit Papa sprachen, weil sie es für respektlos hielten, dass er und diese Männer arbeiten gingen, während sein eigener Vater noch nicht einmal unter der Erde war.

Aber das ist eben die Art der Holzfäller.

Sie wussten, dass es für einen Mann wie meinen Opa Bill, der sein ganzes Leben lang zwei Jobs gemacht hat, keine bessere Anerkennung gab, als zu arbeiten, wie er es getan hatte; anzutreten, auch wenn man sich nicht danach fühlte, sich durch den Schmerz hindurchzuwühlen und genau das zu tun, was man zugesagt hatte.

Bill wurde in einem nagelneuen Anzug beerdigt, den Papa vorher anprobieren musste, um sicherzugehen, dass Bill hineinpasste. Er musste in eine Silhouette schlüpfen, die er nie hätte ausfüllen sollen.

Der darauffolgende Montag kam, und es gab Bäume zu fällen und ein Team von Männern zu bezahlen, die am kommenden Freitag auf einen Gehaltsscheck warten würden, außerdem gab es jetzt auch noch Goldie und Lynn, um die man sich kümmern musste. Und so wurde mein Vater – der Kronprinz der Nackenschläge und amtierende Erbe der *Bess Logging Company* – zum künftigen König ernannt.

Und als würde erneut ein Handabdruck auf seinem Rücken erscheinen, war er wieder einmal für harte Dinge auserkoren. Aber anders als bei dem Minenunglück hätte er sich diese Wendung der Ereignisse niemals ausgesucht.

Diese neue Arbeit bedeutete nicht Freiheit. Diese neue Arbeit war Verlust.

„Jetzt gehst du arbeiten. Dein Platz ist in den Wäldern. Vergiss die Zukunft. Vergiss das College. Vergiss alles andere, was du geplant hattest. Das ist jetzt dein Platz. Du musst die Familie unterstützen."

Es war Heiligabend, nachdem Bills Geist von uns gegangen war, und ich war noch keine drei.

Im Trailer war es dunkel, und ich war das Mädchen, das nicht schlafen konnte, weil ich so aufgeregt auf den nächsten Morgen wartete. Ich kroch aus dem Bett, der Wind pfiff durch die dünnen, aluminiumgerahmten Fensterscheiben, auf deren Innenseite sich eine dicke Eisschicht gebildet hatte. Ich benutzte meine kleine Hand, um eine Öffnung zur Außenwelt in das Eis zu schmelzen, und sah eine frische Schneedecke auf dem Boden unter dem Fenster. Es war die Art von Schnee, die in einer einzigen dicken Schicht herabzufallen scheint, wie ein Laken, das sich über einen schlafenden, seufzenden Planeten legt.

Ich spähte durch das Glas, auf der Suche nach einem Beweis für den Zauber, den dieser Heiligabend doch aufweisen sollte. Aber ich sah nur eine einsame Reihe von Pfotenabdrücken, die sich durch unseren Garten schlängelten – ein kleines, zaghaftes Zögern in der Nähe unserer Tür, ein kurzes Innehalten in der Hoffnung auf etwas Wärme, bevor das Tier aufgab und in den nächsten Garten weiterzog. Das war alles, was es zu sehen gab. Nun, das und Goldie, die mitten in der Nacht aufstand und in ihrem plötzlich so leeren kleinen roten Haus herumlief.

Auf der Suche nach einer Antwort, die sie nie bekommen würde.

Ich schlich durch mein Zimmer ins Wohnzimmer, nur mit einem Nachthemd bekleidet – meine dünnen nackten Beine zitterten, und meine Gänsehaut war der eisigen Kälte ausgesetzt.

Ich hielt den Atem an und wartete darauf, dass die Heizung lärmend ansprang, bevor ich durch das Fenster kletterte, das den Trailer mit dem Anbau verband. Es war ein Manöver, das ich schon tausendmal gemacht hatte, und ich wusste genau, wie ich hindurchschlüpfen konnte, ohne ein Geräusch zu machen.

Das Haus lag still und schlafend da. Die Lichter des künstlichen Tannenbaums fühlten sich warm auf meinem Gesicht an, trotz der Kälte, die durch die dünne Stoffbahn zwischen dem Winter und einem Mädchen schnitt, das eigentlich schlafen sollte. Unter dem Baum lagen mehr Pakete als zu der Zeit, als ich ins Bett gegangen war.

Mitten in der Nacht hatte sich etwas verändert.

Als ich von einem Geschenk zum nächsten ging – schüttelnd, lauschend, abwägend –, muss das Knistern des Papiers Papa aus einem tiefen Schlaf geweckt haben. Er schrak im Bett hoch, überzeugt davon, dass ein Einbrecher im Haus war, und als er nachschauen wollte, sah er mich zunächst nicht. Als ich aus der Dunkelheit in das Licht des Baumes trat, erschrak er so sehr, dass er sofort in den Kampfmodus überging, ohne an Flucht zu denken. Er packte mich mit seiner starken Hand und hielt mich hoch, während er mir mit der anderen kräftig den Hintern versohlte. Meine nackten Beine baumelten und strampelten in der Luft.

Als er mich mit einem dumpfen Aufprall absetzte, berührten meine Füße kaum den Boden, bevor sie in die Sicherheit meines Bettes zurückeilten. Mein Hintern war glühend heiß, und ein einzelner Handabdruck zeichnete sich bereits ab. Ich weinte so heftig, dass jeder zweite Schluchzer zu einem Schluckauf wurde. Ich rannte so schnell, dass ich das Blut nicht einmal bemerkte, das mir die Rückseite meiner Beine hinablief.

Aber das Blut war nicht von mir.

Ein paar Wochen zuvor hatte sich Papa mit einer Säge in die Handfläche geschnitten, und die Wunde war noch kaum verheilt. Als er mir in diesem Anfall von Angst den Hintern versohlte, ging die Wunde wieder auf, doch im Eifer des Gefechts bemerkte er es gar nicht.

Als er wieder in sein Zimmer ging, schaute er nach unten und sah Blut an seinen Händen. Und er dachte, es sei meins. Das erschreckte ihn so sehr, dass Mama den Rest der Nacht zwischen unseren beiden Zimmern am einen und am anderen Ende des Trailers – den beiden Extremen in unserem Haushalt – hin- und hergehen musste, um uns beide zu beruhigen. Sie sagte dem einen immer wieder, dass es dem anderen gut ginge, dass alles wieder in Ordnung käme und dass kein bleibender Schaden geschehen sei.

Aber es war etwas Bleibendes. Nicht die Tracht Prügel, nicht die Tränen, nicht die Weihnachtsnacht. Aber die neue klaffende Wunde in unserer Familie, die gerade erst zu heilen begonnen hatte: Opa Bills Verlust.

In jenem Jahr hat unsere Familie gelernt, dass sich alles in nur einer Nacht ändern kann. Und wenn ich zurückblicke, weiß ich jetzt, dass es in unserer Familie nicht nur die Handabdrücke von Kohlenstaub oder Schmutz waren, die uns für schwere Dinge gekennzeichnet haben. Es war auch immer etwas, das uns irgendwie im Blut lag.

6. Fühlen, was man nicht sehen kann

Eineinhalb Jahre später, als ich vier Jahre alt wurde, fing Mama wieder an, für andere Leute zu putzen, so wie sie es getan hatte, als sie Papa kennenlernte.

Nur dass ich dieses Mal mit ihr ging.

Sie und Goldie taten sich zusammen, und wir drei hatten unsere regelmäßigen Arbeitsrunden mit zahlenden Kunden. Meistens handelte es sich um Privathäuser, die wir tagsüber putzten, während die Bewohner bei der Arbeit waren. Aber es gab auch ein paar Geschäfte – ein Bürogebäude und einen Schönheitssalon –, in die wir nachts gingen, und ich durfte dann weit über meine Schlafenszeit hinaus aufbleiben, um mitzuhelfen.

Der Schönheitssalon befand sich in der Oakford Avenue, die mitten durch Richwood verläuft und die Hauptstraße in eine Ost- und eine Westseite teilt. Der Salon war in einer dieser kleinen Ladenzeilen, wo sich die Pächter eine Wand mit einem Diner oder einer Bar auf der anderen Seite teilten. So konnte man am selben Ort essen, sich die Haare machen lassen und hinterher den Ärger über einen misslungenen Haarschnitt gleich mit einem Drink vertreiben. Die Einrichtung war ein Relikt aus den 1950er-Jahren. Sie wirkte wie eingefroren in der Zeit mit ihren türkisfarbenen Vinyl-Salonstühlen, den verchromten Armaturen und den schwarz-weißen Fliesenböden.

Der Raum stank nach Dauerwellenlösung und Zigaretten.

Sobald wir die Tür aufgeschlossen hatten, machten wir uns an die Arbeit. Mama wischte die Theken ab, Goldie fegte alle Haare vom Boden, und ich bekam die Aufgabe, das schmutzige Geschirr im Hinterzimmer zu spülen, wo sich eine winzige Küchenzeile befand. Ich kann mich noch gut an das Geschirr erinnern, das mit der fettigen roten Spaghettisoße verschmiert war. Die Salonbesitzerin mit ihrem blauen Lidschatten konnte ich mir bildlich vorstellen, wie sie mit einer Gabel in der einen und einem übergroßen Löffel in der anderen Hand die Nudeln futterte, während ihr eine Marlboro aus den geschminkten Lippen hing.

Ich muss Folgendes zugeben: Mit vier Jahren war ich nicht die fleißigste Arbeiterin.

Ich wollte es einfach nur hinter mich bringen und nach Hause gehen. Also schmiedete ich einen Plan, um Zeit zu sparen, und beschloss, das Geschirr nur unter den Wasserhahn zu halten, um die Reste der roten Soße loszuwerden, es jedoch nicht mit Spülmittel und Schwamm zu säubern. Rein optisch funktionierte das sogar, aber natürlich blieb auf den Tellern ein Fettfilm zurück. Der war zwar nicht zu sehen, aber sehr wohl zu spüren.

Goldie ließ mir das natürlich nicht durchgehen.

„Mary Ellen, willst du etwa behaupten, dass du jeden einzelnen dieser Teller gründlich abgewaschen hast?"

Meine Buße bestand darin, dass ich alles noch mal abwaschen musste, während Mama und Goldie warteten. Obwohl der Rest des Jobs bereits erledigt war und wir nach Hause hätten gehen können, warteten die beiden eine ganze Stunde, während ich jedes einzelne Teil ordentlich abwusch. Alleine. Mit dem heißesten Wasser, das ich ertragen konnte, und ellenbogentief in Spülschaum.

Wie Gott es vorgesehen hatte.

Goldie war es, die mir beibrachte, dass Geschirr nur dann wirklich sauber wird, wenn man so heißes Wasser verwendet, dass die Hände knallrot werden. Das war das Erkennungszeichen, an dem man ablesen kann, dass die Arbeit gut gemacht wurde.

Da war ich also, vier Jahre alt, weit über meine Schlafenszeit hinaus wach, mit knallroten Händen und bis zu den Ellbogen im Schaum. Und es war das erste von vielen Malen in meinem Leben, dass meine Familie mir eine Lektion über Arbeitsmoral beibrachte: Man hört niemals auf, bevor etwas nicht richtig erledigt ist. Hierbei geht es um Integrität, einer Eigenschaft, die man oft nicht sieht, aber immer spürt. Sie brachten mir bei, dass es darauf ankommt, was man tut, wenn niemand hinsieht. Und dass man immer wieder neu anfangen muss, obwohl es viel einfacher wäre, aufzugeben.

Die Art und Weise, wie man *etwas* tut, ist die Art und Weise, wie man *alles* tut.

Mag sein, dass wir in meiner Familie vielleicht nicht viel hatten. Aber wir haben immer unser Bestes gegeben.

Als ich größer wurde, übernahm ich mehr und mehr Aufgaben auf dem Fenwick Mountain.

Mit fünf war ich dafür zuständig, die Lkw-Ladungen Brennholz zu stapeln, die mein Vater aus dem Wald nach Hause brachte. Er blieb noch lange draußen, wenn seine Angestellten längst fort waren, und schnitt zusätzliches Holz, um es uns nach Hause zu bringen. Nicht einen Gedanken hätte er darauf verschwendet, das zu tun, während die anderen noch da waren. Denn das war seine Arbeitszeit. Für die Firma zu arbeiten, bedeutete, so viele Stämme wie möglich in die Sägemühle zu bringen, damit die Männer bezahlt werden konnten, an denen auch ganze Familienexistenzen hingen. Anderer Leute Tische mussten auch gedeckt werden. Wenn die anderen Arbeiter erschöpft nach Haus gefahren waren, blieb mein Vater länger, um sich um seine eigene Familie zu kümmern.

Wenn er weit nach Einbruch der Dunkelheit nach Hause kam, sah man den Lastwagen die Auffahrt hinauffahren, einen großen Berg frisch geschnittener Pappel-, Birken- und Weißeichenstämme geladen. Und ich wusste schon, dass ich den ganzen nächsten Tag dafür brauchen würde, die Scheite in unserem Holzschuppen zu stapeln. So verbrachte ich meine Sommer und den frühen Herbst: Ich bereitete mich auf den Winter vor, der mit Sicherheit kommen würde. Wenn das Holz geschnitten wurde, nannte Papa es immer „grün", was bedeutete, dass es innen noch feucht war und nicht brennen würde. Es musste in den warmen Monaten gehackt und gestapelt werden, damit es Zeit zum Trocknen hatte, um dann im Dezember Wärme zu produzieren, statt nur zu qualmen.

Das war eine Herausforderung, die unter den Bedingungen, unter denen es gelagert wurde, doppelt schwer war. Der riesige Holzschuppen bestand aus einem bunten Ensemble längst verwitterter Bretter, die nie irgendwie gestrichen worden waren und keineswegs dafür geeignet waren, den Elementen standzuhalten. Er war drei Meter hoch und doppelt so lang und hatte ein Pultdach aus einigen langen Rollen Teerpappe, die direkt auf das Holz getackert waren. Das „Dach" war natürlich immer undicht, aber es hielt das Brennholz zumindest teilweise und zeitweise trocken.

Direkt an die linke Seite des ergrauten Holzschuppens schloss sich unser viel kleinerer Geräteschuppen an, der mit roter Farbe angestrichen war, die von Goldies Haus übrig geblieben war. Dort waren ein Rasenmäher, ein paar rostige Harken und Schaufeln sowie eine Vielzahl kleinerer Werkzeuge untergebracht. Und in einem besonders unglücklichen Jahr hatten wir auch jedes einzelne unserer Lieblings-Weihnachtsbaumschmuckstücke – einschließlich all derer aus meiner Kindheit – in diesem ebenfalls undichten Geräteschuppen untergebracht. Als wir den Weihnachtsschmuck vor der Adventszeit holen wollten, fanden wir nur noch eine matschige Pampe aus Pappe, Filz und Fäden vor. Also ging meine Mutter in den Gemischtwarenladen in der Stadt und ließ sich deren fertig dekorierten Baum aus der Schaufensterauslage für uns zurücklegen.

Am besten gefiel mir an dem Geräteschuppen, dass ich, wenn ich die Tür offenhielt, die Regale an der Wand hinaufklettern und die Oberkante der Tür als letzten Schubsgeber benutzen konnte, um mich auf das Dach des knarrenden Gebäudes zu hieven. Von dort aus war es ein Leichtes, hinten, wo die Dachschräge niedriger war, auf den benachbarten Holzschuppen hinaufzuklettern, wo ich dann bis zur höchsten Vorderkante rannte und wie auf einem Hochseil über die gesamte Länge des Gebäudes balancierte.

Am Rand der Katastrophe schwebend, lachte ich über den Boden unter mir.

Auf der rechten Seite des Holzschuppens verschwand die Dachlinie in den obersten Ästen eines alten Red-Delicious-Apfelbaums, auf den ich immer gerne geklettert war und der sich in den vergangenen Jahren nie die Mühe gemacht hatte, auch nur ein einziges Stück Obst zu tragen. In den Wintern schabten die nackten Finger der Äste über das raue Teerpappdach des Holzschuppens und erzeugten das schrecklichste Kreischen, das man je gehört hat. Es war wie das einsame Wehklagen einer weißhaarigen Frau, die, nur mit einem Nachthemd aus wehendem, wogendem Schnee bekleidet, herumirrte – verzweifelt auf der Suche nach etwas, das fehlte. Na, jedenfalls stellte ich mir das so vor.

Aber in dem Sommer, in dem ich sechs Jahre alt wurde, überraschte uns der alte Baum mit einer so reichen Ernte, dass sich die Äste bogen und der Boden mit den schönsten Äpfeln übersät war, die man je gesehen hat. Goldie konnte gar nicht mit all den Äpfeln mithalten, die ich in meinem Hemd sammelte und auf ihren türkisfarbigen Formica-Küchentisch purzeln ließ – den mit der Chromleiste, den sie bei ihrem Einzug ins Haus 1967 gekauft hatte und nie zu ersetzen gedachte. Sie kochte die Äpfel ein, und ein ganzes Jahr lang aßen wir zu allem Apfelmus.

Steak mit Apfelmus. Schweinekoteletts mit Apfelmus. Hirschfleisch mit Apfelmus.

Heute würde man das wohl als „gehobene experimentelle Fusion-Küche" bezeichnen. Goldie nannte es einfach „Notwendigkeit".

„Menschen, die es nötig haben, lernen, die überraschenden Geschenke, die Gott ihnen in den Weg legt, nicht zu verschwenden, Mary Ellen."

Offensichtlich war ihre Version von Gott ein Wesen, das auch rasch bereit war, gute Dinge wieder zurückzunehmen. Er verteilte die Wohltaten in kleinen Portionen, um diese dann unerwartet wieder einzuziehen, zu einem Preis, der mit der Zeit sehr hoch wurde. Und es war unsere Aufgabe, gerade so über die Runden zu kommen, einfach irgendwie zu überleben, bis er es für angebracht hielt, wieder etwas herauszurücken.

Die Aufgaben, die ich auf dem Fenwick Mountain zu übernehmen begann, waren tatsächlich gefährlich.

Das Holz musste auf eine bestimmte Art gestapelt werden:

eine Reihe nach oben gerichteter Keile, gefolgt von einer Reihe nach unten gerichteter Keile, die alle wie bei einem riesigen Tetris-Spiel ihren perfekten Platz finden mussten. Andernfalls würde der Stapel instabil werden und einen unter sich begraben. Ich weiß das, weil es oft passiert ist.

Im Bemühen um den perfekten Stapel verging kein Tag, ohne dass ich mir einen Finger zwischen den Holzstücken einklemmte und mindestens ein Fingernagel dabei war, schwarz und blau anzulaufen. Wenn Papa das Holz hinten aus dem Lastwagen ablud und alles auf einen Haufen auf dem Boden warf, tat man gut daran, sich im richtigen Moment zu ducken, sonst bekam man ein Holzscheit an den Kopf oder in den Bauch, und das verschlug einem den Atem. Und mehr als einmal, wenn ich ein Scheit aufhob, fand ich darunter eine fette, zischende Schlange, die mich beschimpfte, weil ich ihr Mittagsschläfchen gestört hatte. Meistens waren es nur harmlose Nattern, aber einmal stieß ich auf eine Klapperschlange. Danach lernte ich, das Holzstück erst mit dem Fuß umzustoßen, bevor ich mich bückte, um es aufzuheben.

Manchmal, wenn Papa Brennholz nach Hause brachte, hatte er keine Zeit gehabt, es vorher in Stücke zu hacken. Dann musste ich die riesigen Stämme festhalten – meine kleinen Hände in seinen riesigen, übergroßen Arbeitshandschuhen, die immer nach Öl und Benzin rochen – und mein Gesicht sicherheitshalber wegdrehen, während er die Kettensäge auf Touren brachte und loslegte. Die Säge war so nah an meiner Wange, dass ich die Hitze des rauchenden Kettenlaufs spüren konnte, während sie sich mit ihren Zähnen durch das Holz fraß, als wäre es halb geschmolzene Butter. Wenn ich dann später im Bett lag, hatte ich die ganze Nacht das dröhnende Brüllen der Säge im Ohr.

„Halte es an den Rändern fest", sagte er. „Und wenn du spürst, dass es anfängt zu zappeln, musst du loslassen."

Als die Klinge auf den Baumstumpf traf, sprühte eine Kanonade aus Sägemehlkonfetti, erdig, nass und sauer, in die Luft und regnete auf mich herab. Und wieder füllten sich meine Lungen und mein Herz mit dem Nervenkitzel, am Rande der Katastrophe zu balancieren, auf einem messerscharfen Drahtseil zwischen Sicherheit und Gefahr. Und wenn ich wieder einmal unbeschadet davongekommen war, verbrachte ich den Rest des Abends damit, mir feierlich die Beweisstücke dieses Abenteuers aus dem Haar zu klauben.

Wenn der Winter kam, war es meine Aufgabe, jeden Tag zwischen unserem Trailer und dem Holzschuppen hin- und herzustapfen – eine Strecke von etwa dreißig Schritten – und so viele Holzscheite hereinzuschleppen, wie meine kleinen Arme tragen konnten, was meist nur zwei oder drei waren. Ich zog meine Stiefel und einen Wintermantel an und watete durch den Schnee, der mir manchmal bis zu den Hüften reichte. Hin und her, hin und her, bis das runde Brennholzregal neben dem alten Holzofen voll war.

Und am nächsten Tag machte ich das Ganze wieder.

Zu meinen Aufgaben gehörte es auch, mit einem langen schmiedeeisernen Schürhaken die leuchtend orangefarbene Glut des Feuers vom Vorabend so lange zu schüren, bis genug Platz und Luft war, um ein weiteres Holzscheit nachzuschieben. Wenn ich ein besonders trockenes Stück Holz fand, das beim Kontakt mit der Glut blitzartig Feuer fing, loderten oben aus dem Ofen, wo die Abdeckung nicht richtig schloss, orange-blaue Flammen heraus. Das dauerte nur eine Sekunde, aber es reichte aus, dass die Trockenbauwand um den Ofen herum in alle Richtungen völlig schwarz verkohlt war.

Ich weiß nicht, warum, aber wir sind nie auf die Idee gekommen, die Abdeckung zu reparieren.

Aber von allen Aufgaben, die ich in jenem Winter hatte, als ich sechs oder sieben Jahre alt war, hasste ich es am meisten, Papa jeden Abend, wenn er nach Hause kam, die schlammigen Arbeitsstiefel auszuziehen.

Er kam immer erst lange nach Einbruch der Dunkelheit herein.

Wenn ich ihn fragte, welche Holzfällarbeiten denn nach Sonnenuntergang erledigt werden könnten, schüttelte er den Kopf. „Kind, was glaubst du, wozu Bulldozer Scheinwerfer haben?" Mein Vater war kein Mann der vielen Worte, wenn es um seine Arbeit ging.

Abends, wenn er dann endlich durch die Hintertür kam, die in den Anbau unseres Trailers führte, waren seine Beine immer von den Knien abwärts in eine zehn Zentimeter dicke Schicht aus halb getrocknetem Schlamm gehüllt. Eine Art Lehmüberwurf, ein fester Griff von Mutter Erde um seine Beine, der es unmöglich machte zu erkennen, wo seine Waden aufhörten und die Stiefel begannen.

Er setzte sich auf unsere alte orange-braune Couch, die meine Eltern mit Sicherheit von Goldie geerbt haben mussten, als sie den Trailer anschafften und weder Möbel noch Geld hatten. Sie war ein Meisterwerk aus den 1970er-Jahren, dessen Bezug aus großen Blumenranken bestand, die eine gemalte Bauernhofszene in der Mitte jedes Polsterteils einrahmten. In der Schlammschicht auf Papas Jeans bildeten sich sofort Falten und Risse wie in verbrannter Erde, und ein Netz von Linien zog sich an seinen Beinen hinunter, während harte Dreckbrocken wie kleine Bomben in das grüne Linoleum des Fußbodens einschlugen. Wenn wir fertig waren, sah man vor lauter Dreck den

Boden nicht mehr, und Fegen war total vergeblich gegen diesen schmutzigen Dauerbeschuss.

Ich kniete mich vor ihn auf den Boden – meine nackten Knie schmerzten in den harten, knirschenden Klumpen – und begann, den Rest des Drecks abzubrechen. Ganze Placken lösten sich unter meinen Händen, als wären sie ein Abdruck, wie ein harter Arbeitstag aussieht, und ich warf sie einfach neben mich auf den Boden. Wenn ich schließlich die Schnürsenkel seiner Stiefel freigelegt hatte, waren sie festgefroren. Und wenn ich versuchte, sie zu entwirren, wurden meine Finger so rot wie an den Tagen, wenn wir zu lange mit dem Schlitten unterwegs waren. Es waren gekreuzte Schnürsenkel, die von Metallzacken gehalten wurden. Und wenn ich sie endlich weit genug gelockert hatte, musste ich beide Arme um den eiskalten, dreckigen, nassen Stiefel schlingen, damit ich genug Kraft hatte, um ihn von Papas geschwollenem, ramponiertem, knallrotem Fuß zu ziehen. Und hinterher war der einzige Beweis meiner Anstrengung ein einsamer Stiefelabdruck aus Schlamm auf meinem Hemd, der dort eingefroren war wie ein Fossil.

Und dann kam die andere Seite.

Ich habe diesen Job gehasst.

Damals fühlte es sich an, als wolle Papa mir einen ebenso schrecklichen, niederen, schmutzigen Job geben, wie er ihn hatte. Als wolle er mich zu einem Teil dieser Holzfällerexistenz machen, von der er immer sagte, das sei nichts für mich. Ich verstand nicht, warum ich mich auf diese Weise der Arbeit beugen musste, obwohl Papa sich doch selbst die Stiefel hätte ausziehen und mich in Ruhe lassen können.

Warum musste ich auch seinen Dreck an meinen Händen haben?

Es kam mir nicht einmal in den Sinn, dass er nach zwölf

langen Arbeitsstunden einfach nicht mehr in der Lage war, seine Stiefel eigenständig auszuziehen. Er hatte all seine Kraft draußen im Wald gelassen.

Aber das hielt ihn nicht davon ab, sie jeden Morgen wieder anzuziehen. Wie in jenem Winter, als sie an einer besonders steilen Böschung Holz fällten und er gerade noch rechtzeitig vom Bulldozer sprang, um nicht von ihm erschlagen zu werden, aber sich dabei beide Knöchel brach. Als er an diesem Abend nach Hause gebracht wurde, sagte er, dass der Arzt ihm beide Beine hatte eingipsen wollen. Aber Papa wusste, was das bedeutete: dass er sechs bis acht Wochen lang nicht arbeiten konnte, was für uns und die anderen zehn Familien, die von ihm abhingen, sich wie ein ganzes Jahr anfühlte. Das Einzige, was er dem Arzt zugestand, waren Orthesen zur Stabilisierung des Sprunggelenks, weil sie so dünn waren, dass sie noch in seine Stiefel passten.

In der Welt meines Vaters konnte man überleben und noch einen weiteren Tag kämpfen, solange man nur seine Stiefel anziehen konnte.

Monatelang stand ich eine Stunde früher auf als sonst, damit ich Papa helfen konnte, seine Kunststoffschienen und die gebrochenen Knöchel in seine noch vom Vortag feuchten Arbeitsstiefel zu zwängen. Jeden Abend stellten wir die Stiefel direkt an den alten Holzofen, aber sie waren nie trocken, wenn wir am nächsten Morgen wieder von vorn anfingen. Ich glaube, sogar sie fragten sich, wozu das Trocknen gut sein sollte.

Ich schob und winkelte und drückte die ledernen Schraubstöcke über seine gebrochenen Knochen, und Papa zuckte bei jeder Bewegung zusammen. Aber in der ganzen Zeit hörte ich ihn nur ein einziges Mal stöhnen. Dann half ich ihm auf seine beiden Krücken und weg war er. Durch die Hintertür hinaus in das Schneetreiben und den peitschenden Wind der Fünf-Uhr-Dunkelheit, erhellt von nur einer einzigen, seitlich angebrachten Verandalampe, die einige Jahre zuvor irgendwie locker geworden und nie wieder richtig eingestellt worden war.

Einen Moment lang schaute ich ihm von meinem Platz neben der orange-braunen Couch aus nach. Er stand in der Tür, als Silhouette gegen die fast völlige Dunkelheit, der einsame Lichtstrahl von der Veranda beleuchtete eine Million hektischer, rasender, sprühender Flocken, die umherschwirrten wie in einer Schneekugel, die jemand heftig geschüttelt und achtlos zu Boden geworfen hatte. Gebrochen, ramponiert, auf zwei Krücken humpelnd, sah er für mich in diesem Türrahmen immer noch überlebensgroß aus.

Es war, als ob der Mythos und der Mann irgendwie zu einer einzigen Existenz verschmolzen wären, eingeläutet durch das Brechen seiner Knochen. Von diesem Moment an wurden alle Männer, die sich krankmelden wollten, auf meinen Vater verwiesen, der schon zu Lebzeiten eine Legende war: „Wenn JR Bess es mit zwei gebrochenen Knöcheln und an Krücken schafft, wer bist du dann, dass du zu Hause bleibst?"

Bei Regen, Schnee und Sturm ging er hinaus, um die Bäume zu fällen, aus denen meine Zukunft gebaut wurde.

Es war die Art von generationenübergreifendem Opfer, das man nicht oft erlebt, aber immer spürt.

Daran denke ich oft.

Ich denke an die Stiefel und die Knochen und daran, dass es mir als Kind demütigend vorkam, hinzuknien und einem anderen Menschen dabei zu helfen, seine Dreckschicht abzuklopfen. Und dann mit seinem Schmutz an meinen Händen dazustehen.

Ich glaube, das liegt daran, weil ich lange Zeit geglaubt habe, Freiheit bedeute, an einen Ort zu kommen, an dem niemand schmutzig ist. Ein Ort, wo alle schön und sauber sind und sich um ihre Vorgärten kümmern. Überall, wo man hinsieht, gibt es weiße Gartenzäune und perfekt gepflegte Stiefmütterchen, die den Gehweg säumen. Wenn Freiheit ein Zuhause wäre, würde meines wohl so aussehen wie die Häuser in alten Hollywoodkomödien. Es wäre im Winter warm, im Sommer kühl und hätte ein Treppengeländer, das ich auf dem Weg zur Schule herunterrutschen könnte. Nachmittags würde ich im Hinterhof Basketball spielen, in makellosen neuen Turnschuhen, und dann zum Abendessen eine Perlenkette anlegen.

Wer Perlen trägt, bückt sich definitiv nicht.

Und dann denke ich über Gott nach und darüber, in welchem Stadtviertel er heute leben würde.

Ich denke daran, wie Jesus den Jüngern die Füße wusch. Diese staubigen, von den offenen Sandalen blutig geriebenen Füße, mit denen sie zu seinem Abendmahlstisch kamen. Ich denke daran, wie der Erlöser der Welt bei seiner letzten Mahlzeit niederkniete, bevor sein Leib gebrochen und sein Blut vergossen wurde, und zuerst dafür sorgte, dass keiner von seinen Leuten mit schmutzigen Füßen essen musste.

Und dann stelle ich mir Jesus vor, wie er zu den Füßen meines Vaters kniet.

Ich denke an das Gespräch, das die beiden führen. Ich denke an die zärtliche Sorgfalt, mit der Jesus diese schweren Gewichte von Papas Knöcheln entfernen würde. Wie er die zerbrochenen Teile in seinen lichterfüllten Händen halten und mit Papa über all den Schmerz weinen würde, mit dem er herumlief. Ich glaube, er würde ihm sagen, dass er sieht, wie sehr er gekämpft hat, um alles zusammenzuhalten, und dass er all die Opfer sieht, die mein Vater gebracht hat. Ich glaube, Jesus würde sich eine Weile zu ihm in den Dreck setzen und sich kein bisschen darum scheren, dass Papas Stiefel überall auf seinem weißen Gewand Spuren hinterlassen.

Es kommt der Zeitpunkt, an dem jeder Mensch, der gläubig ist, sich entscheiden muss, was für einen Charakter sein Gott hat.

Ist er ein kalter und distanzierter Gott, der alles Gute zurückhält und nur darauf wartet, dass er das Wenige, das er gegeben hat, wieder zurücknehmen kann?

Ist er ein Gott, der nur zähneknirschend ein paar Brocken Freude verteilt, nachdem er dich zuerst in sehr heißes Wasser geworfen hat, um sicherzugehen, dass du auch sauber bist?

Lässt er dich im Stich, wenn du am Rande der Katastrophe stehst und das Leben dir immer wieder den Atem raubt, nur zu seiner eigenen Unterhaltung?

Oder ist er ein Gott, der mit dir im Dreck sitzt und der sich vor seiner Opferung noch bückt, um anderen zu dienen?

Ich dachte immer, dass Freiheit bedeutet, unter Menschen zu sein, die keine Flecken haben.

Mittlerweile ist mir klar, dass wir alle ziemlich schmutzig und vielleicht auch ein bisschen kaputt sind – ganz egal, was für einen Ort wir unser Zuhause nennen.

Und wenn es letztendlich darauf ankommt, den Dreck des anderen an den Händen zu haben – Sie wissen schon, diese Geschichte mit „Dient einander in Liebe!" –, dann ist es genau das, worum es bei der wahren Freiheit ohnehin immer ging.

Denn wie bei der Liebe geht es auch bei der Integrität um das, was wir tun, wenn niemand zuschaut.

Und wie wir *eine* Sache tun, so tun wir *alles*.

7. Die Narben, die wir tragen

Am Rand der Wiese hinter unserem Trailer, wo das hohe Milchkraut nahtlos in die Kiefern überging, befand sich ein rostiger Drahtzaun, der Menschen fernhalten sollte. Aber das offensichtliche, klaffende Loch – das lange vor meiner Zeit von jemandem geschaffen worden war, der die schützenden Grenzen gedehnt hatte, bis eine Öffnung entstand, die gerade groß genug war, dass ein Achtjähriger hindurchschlüpfen konnte – war für mich ein Zeichen, dass sowohl der Zaun als auch das „Betreten verboten"-Schild eher eine Anregung als ein Erlass waren.

Direkt hinter dem Zaun fiel der Boden abrupt ab. Es ging hinunter und hinunter, bis die Sonne hinter einem Vorhang aus Grün verschwand. Der kühle Moschusgeruch des Waldbodens – dicht und lebendig mit einem ganz eigenen Pulsschlag – erfüllte die Luft und jeden Winkel meiner Lungen mit Schmutz und Erde und dem Gefühl von Freiheit. Manchmal war der Weg mehr eine vertikale Begrenzung als ein allmähliches Gefälle, und man musste sich von Baumstamm zu Baumstamm hangeln und nach unten klettern.

Doch unten angekommen, atemlos und lebendig, stieß man auf die erste von vielen alten, verlassenen Holzfällerstraßen, die sich kreuz und quer durch die Wildnis schlängelten und wie eine unterirdische Stadt wirkten.

Hier begann das eigentliche Abenteuer.

Manchmal waren wir eine Gruppe und manchmal war ich

auch allein unterwegs. Wir waren nie vor Einbruch der Dunkelheit zurück.

Jede Straße bot die Möglichkeit, Geschichten voller Magie zu erfinden. Manchmal taten wir als echte 1980er-Jahre-Kinder so, als wäre jede Kurve der Straße ein weiteres Level in *Super Mario World*. Und hinter jeder Ecke gab es Drachen zu besiegen. Manchmal brauchten wir überhaupt keine Fantasie. Ein wild wachsender Schmetterlingsstrauch mitten auf einer Lichtung mit Tausenden von blauen Flügeln rund herum, die in Zeitlupe im Wind schwebten und nie zu landen schienen, war Magie genug. Oder ein umgestürzter Baumstamm über einem rauschenden Wasserfall, der vorher noch nicht da gewesen war – entstanden durch das Tosen eines Sommersturms am Tag zuvor –, bot mir erneut eine Gelegenheit, auf dem Drahtseil über den äußeren Abgrund der Gefahr zu balancieren, ohne auch nur einmal Angst vor dem Absturz zu haben. Manchmal befanden wir uns tatsächlich in echter Gefahr. So wie das eine Mal, als wir direkt in ein Wespennest traten und uns kreischend und brüllend den Weg aus dem Wald bahnten. Jeder von uns wurde nicht weniger als hundertmal gestochen und einer landete sogar im Krankenhaus.

Aber du kannst darauf wetten, dass wir am nächsten Tag gleich wieder dort waren.

Wenn wir nicht in den Wäldern waren, waren wir auf unseren Fahrrädern unterwegs. Unsere fröhliche Bande von Außenseitern mit aufgeschürften Knien – die Hände in die Luft gestreckt, um zu sehen, wer am schnellsten ohne Festhalten den ersten steilen Hügel hinunterfliegen konnte – raste zu dem alten Asphaltstreifen, der mit einem Flickenteppich aus Gras bedeckt war und einst der Flughafen war, der unserer *Airport Road* den Namen gab. Wenn die Tage im Sommer besonders lang waren, legten wir diese sechs Meilen hin und zurück nicht weniger als dreimal zurück. Zu Hause angekommen, liefen wir nur kurz hinein, um uns ein Getränk und etwas zu essen zu holen, und dann ging es wieder los.

Und wir sind kein einziges Mal heimgekommen, bevor es nicht schon dunkel war.

Die Regeln in meiner Kindheit waren locker, fließend und veränderten sich ständig. Im Allgemeinen lauteten sie: rausgehen, spielen und sich keinen Ärger einhandeln. Es gab die Regel, bei Dunkelheit zurück zu sein, aber sie wurde nicht ernsthaft durchgesetzt. Es war mehr ein Vorschlag als ein Befehl. Es konnten Tage vergehen, an denen meine völlige Missachtung dieser Regel unbemerkt blieb. Ich konnte sie ausreizen und ausdehnen, wie die Lücke im Zaun, indem ich an sechs von sieben Tagen hintereinander weit nach Einbruch der Dunkelheit durch die Hintertür des Trailers schlüpfte und gerade noch rechtzeitig zum Abendessen kam, ohne dass ich auch nur ein böses Wort hörte.

Aber am siebten Tag, ohne irgendeine Vorwarnung oder Erklärung, was diesen Tag von den anderen unterschied, zog eine Art Gewitterwolke über Mamas Augen, und es war klar: Alles hatte sich verändert. Sie kam mir am Rande der Schotterstraße entgegen, als ich als Silhouette durch die Dunkelheit glitt, die gerade die Dämmerung ablöste. Ich tauchte zwischen den Bäumen auf, die unser Grundstück von dem der Nachbarn trennten, und sie ließ mich meine eigene Birkenrute aussuchen. Es waren dieselben dünnen, elastischen Zweige, die meine Freunde und ich als Spielschwerter benutzten, die ein Flitsch-Geräusch machten, wenn sie die Stille der statischen Luft durchschnitten. Oder sie brachte einfach den Gürtel mit. So oder so, selbst in der Schwärze der Nacht konnte ich die roten Striemen sehen, die sich auf den Rückseiten meiner Beine zeigten, wenn wir zum Trailer zurückgingen.

„Sei froh, dass du die Schläge von mir bekommst und nicht von meiner Mutter", sagte sie später zu mir. „Sie hat mehrere Zweige miteinander verflochten."

Es war nicht so, dass ich fand, ich hätte es nicht verdient. Ich verstand nur nicht, was es mit dieser einen Nacht auf sich hatte, dass ich es plötzlich mehr verdiente als in den anderen.

Wie gesagt: Die Regeln in meiner Kindheit waren locker, fließend und veränderten sich ständig.

Und ich wurde richtig gut darin auszutesten, wie weit ich sie dehnen und über ihre Grenzen hinaustragen konnte.

Ich war ein Kind, das gern mit dem Feuer spielte.

Es gab eine Sache, die bei allen Leuten auf unserem Berg passierte. Ich nenne es den Lagerfeuer-Effekt: Eine Familie ging in ihren Garten und warf ein paar Stöcke, Gestrüpp und altes Holz – vielleicht auch etwas Müll, der sich schon zu lange angesammelt hatte – auf einen Haufen direkt vor dem Haus. Sie stapelten alles auf die schillernde Asche, die vermutlich vom letzten Mal noch tief innen glühte.

Dann goss jemand Benzin darüber und zündete ein Streichholz an.

Wenn der Haufen Feuer fing, ging er hoch wie ein Zunderfass. Die Flammen schlugen drei Meter hoch in die Luft – wie ein Leuchtfeuer in der Nacht. Ein brennender Aufruf zum Handeln für jede Familie im Umkreis von zehn Häusern, die es sehen konnte, bis eine nach der anderen herbeigezogen wurden, wie Motten zum Licht.

Wenn sie kamen, brachten sie Hotdogs und Marshmallows, Krautsalat und Wassermelonen mit, die in zwei Hälften geschnitten war. Und jeder nahm eine Plastikgabel und aß direkt aus der Mitte, wobei der rote Saft uns am Kinn herunterlief, ohne dass es uns kümmerte. Manchmal gab es eine ganze Kühlbox voller Eis am Stiel, das eigentlich nur gefrorenes und gefärbtes Zuckerwasser war. Wir Kinder aus der Nachbarschaft wechselten uns ab, um heimlich alle aufzuessen, wenn die Eltern nicht hinsahen, und dann rannten wir alle wie wild herum und probierten, wer dem Feuer am nächsten kommen konnte, ohne hineinzufallen – aufgepeitscht durch den euphorischen Rausch von offenen Flammen und flüssigem Zucker.

Unweigerlich brachte irgendwer Feuerwerkskörper mit, die eigentlich verboten waren. Und die zündeten sie dann auch gleich an, direkt neben dem Lagerfeuer. Papa war dabei immer der Rädelsführer. Manchmal steckte er sie in alte Cola-Glasflaschen. Manchmal hielt er sie in seinen großen Bärenhänden und richtete sie in Richtung der Sterne, wie eine Rakete, die abhebt. Papa hatte vor nichts Angst.

Wenn diese Explosionen dann den Himmel erhellten, regnete es in alle Richtungen Farbe auf uns herab. Und das wiederholte sich den ganzen Sommer über ein- oder zweimal pro Woche.

In vielerlei Hinsicht war meine Kindheit ein Traum.

Einige dieser Feuerwerkskörper beinhalteten winzig kleine Fallschirmmännchen, die nach der Detonation vom Firmament herabschwebten – sie waren immer mein Lieblingsfeuerwerk –, und wir Kinder rannten herum und sammelten sie auf, während sie noch heiß waren. Dann steckten wir Marshmallows an Stöcken direkt in den Bauch der Flammen, bis sie Feuer fingen. Wir fuchtelten mit ihnen herum, wobei wir Streifen in der Dunkelheit hinterließen und unsere Namen in die Luft schrieben.

Einmal, als niemand hinsah, ging einer von uns – ich sage

immer noch nicht, wer es war – hin und stahl ein lauwarmes Budweiser direkt aus der Kiste, die einer der Nachbarn mitgebracht hatte. Und wir teilten diese eine Dose unter sechs oder sieben Kindern auf, bis wir alle völlig davon überzeugt waren, betrunken zu sein. Dann stolperten wir herum und fielen auf den Rücken ins Gras, um es zu beweisen, lachten aus vollem Halse und starrten hinauf zu den Sternen, die am dunklen Himmel über uns zu Supernovas explodierten.

Wie ich schon sagte, waren die Regeln in meiner Kindheit locker, fließend und veränderten sich ständig.

Und ich war ein Kind, das gern mit dem Feuer spielte.

Die Haut schmilzt bei Verbrennungen dritten Grades bis ins Gewebe.

Mama und Papa waren bei der Arbeit, das weiß ich noch. Es gab eine Babysitterin, aber die lag bäuchlings auf dem Bett und war eingeschlafen.

So war ich mehr oder weniger mir selbst überlassen, nur bewacht von einem endlosen Strom von Filmen auf VHS-Kassetten. Eine Kindertagesstätte aus Kinofilmen, adaptiert für den kleinen Bildschirm.

Das war für mich total in Ordnung.

Ein Kind aus der Nachbarschaft hatte mir vor Kurzem gezeigt, wie man Plastikteile mit einer Flamme erwärmen kann, bis sie weich sind, und sie dann zu allem Möglichen formen kann. Schmuck. Schlüsselanhänger. Puppenzubehör. Vielleicht konnte ich sogar ein Geschäft daraus machen. Ausziehen. Mir eine eigene Wohnung suchen. Die Möglichkeiten waren endlos. Also klaute ich ein Feuerzeug aus der Tasche der Babysitterin.

Ich hatte mir vorgenommen, die Dinge zu verändern.

Mit einem Schnippen des Daumens und einem Funken aus

dem Metallrad verdampfte ein Schwall Butan zu einer weiß-glühenden Flamme. Und ein lautlos schreiendes Stück Plastik verwandelte sich in ein saphirfarbenes Juwel, als es sich dem Schmelzen, Tropfen und Blubbern hingab. Manchmal kann Verwandlung wunderschön sein.

Ich bemerkte erst, als es zu spät war, wie nah die Flamme an meine Finger herankam. Also warf ich in Panik das ganze Ding – Feuerzeug und alles – in die Luft. Eine Sekunde lang konnte ich nicht feststellen, wo das Plastik gelandet war.

Und dann spürte ich, wie sengende Hitze an meinem Bein hochschoss.

Ich roch es, bevor ich es sah: den widerlichen Geruch von verbranntem Fleisch, der mir in die Augen biss, und ich begann zu würgen. Der Schmerz war so weißglühend, dass mein Gehirn nicht registrierte, woher er kam. Als ich das heiße und schmelzende Plastik in die Luft warf, zerriss es in zwei Teile, die beide auf meinem Oberschenkel landeten – ein großer Klumpen beim Knie und der andere etwas höher, in Form eines perfekten V.

Ich wusste nicht, was ich sonst tun sollte, also habe ich sie beide heruntergerissen.

Und mit ihnen mehrere Hautschichten.

An ihrer Stelle blieb nur schillernde Asche zurück. Noch heiß und schwelend.

Das größere Stück hinterließ eine klaffende Wunde. Sie war so tief, dass sie nicht blutete. Ich konnte mit dem Finger an meinem Oberschenkel entlangfahren und spüren, wie er in das weiße, blasse Tal meiner Verbrennung hinabfiel, und doch spürte ich gar nichts. Es war fast so, als wäre diese eine Stelle an meinem Bein eingeschlafen, aber nicht einmal Nadelstiche konnten sie aufwecken. Das war keine Haut, das war Gewebe. Ich hatte das Gefühl, wenn das Plastikstück noch eine

Sekunde länger darauf gelegen hätte, würde ich auf den Muskel starren.

Inzwischen begann die v-förmige Verbrennung wirklich schreiend zu schmerzen. Also weckte ich die Babysitterin und erzählte ihr, was passiert war.

„Du weißt, dass du dafür eine Menge Ärger bekommen wirst", war alles, was ich von ihr hörte.

Und so haben wir uns einfach geeinigt.

Obwohl die Temperaturen bei weit über 40 Grad lagen, trug ich den Rest des Sommers lange Jeans, um meine Verbrennungen zu verbergen. Damit ich nicht in Schwierigkeiten geriet.

Wochenlang ging das so. Meine Brandwunden taten ihr Bestes, um zu heilen, aber durch die Reibung und die Hitze der Jeans gingen sie immer wieder auf. Jedes Mal, wenn eine Brandwunde aufbrach, lief es mir kalt den Rücken hinunter, obwohl es ein heißer Sommer war, denn ich spürte, wie sich der Schorf wieder löste und eine bebende Mitte – die heiße Lava der Infektion – am Jeansstoff kleben blieb und dann mein Bein hinunterlief.

Als ich mich endlich überwunden hatte, es jemandem zu erzählen, war es Goldie, die mich in die Klinik brachte, wo man bestätigte, dass ich eine Verbrennung zweiten und dritten Grades hatte.

Es sind die Narben jenes Sommers, die ich noch heute habe.

Manche Narben sehen aus wie Blitze.

Als ich klein war, bin ich einmal von meinem Fahrrad gestürzt, und zwar mit dem Kopf voran über den Lenker, und landete auf dem Schotter.

Wenn man bedenkt, wie hart ich aufgeprallt war, bin ich relativ unversehrt davongekommen. Ich hatte nur eine kleine

Wunde am rechten Arm in der Nähe des Handgelenks. Ein paar Wochen später, nachdem die Wunde verheilt war und eine Form aufwies, die einem Blitz verblüffend ähnlich war (lange bevor das einen jungen Zauberer cool machte), zeigte ich dieses neue Ehrenabzeichen mit Freude herum und fühlte mich wie das unantastbarste Kind in der Nachbarschaft.

Es gibt Narben, die man der Welt gerne zeigt.

Die meisten Narben gehen jedoch viel tiefer als das.

Manche Narben sehen aus wie blaue Flecken.

Das habe ich später im Leben gelernt, als ich mich nicht dazu durchringen konnte, einen Jungen zu verlassen, der mich schlug.

Ich war immer noch das Mädchen, das gerne mit dem Feuer spielt.

Es begann so, wie diese Dinge immer zu beginnen scheinen: ein Wutausbruch hier. Ein zu harter Schubser dort. Ein hinter meinem Rücken verdrehter Arm, wenn er mir etwas wirklich klarmachen wollte. Manchmal saß der Typ neben mir und führte ein Gespräch mit jemand anderem, lachte dabei und zwickte mich so fest in die Arme, dass sie sofort schwarz und blau wurden, sogar durch den Schutz meines Pullovers.

Ich weiß nicht, ob du schon einmal erlebt hast, dass dich jemand auf diese Weise in den Arm gezwickt hat, indem er ein ganz kleines Stückchen Haut ergreift und so fest wie möglich zudrückt, aber das ist eine der schmerzhaftesten Gemeinheiten, die ich kenne. Nicht nur wegen der eigentlichen Verletzung, sondern vor allem, weil es ein heimlicher Schmerz ist, der anderen verborgen bleibt. Jemand kann dir das in aller Öffentlichkeit antun, vor den Augen aller, und du musst mit zusammengebissenen Zähnen dazu lächeln. Denn eine Reaktion würde die Sache nur noch schlimmer machen.

Er konnte unterbrechen, was ich sagte, unterbrechen, was ich tat, mich mit einer einzigen verstohlenen Bewegung zum Schweigen bringen, direkt neben ihm sitzend. Und für den Rest der Welt wirkte er wie der perfekte Freund, der immer so liebevoll den Arm um mich legte.

Die Dinge nahmen eine weitaus ernstere Wendung, als er anfing, mich auf das Bett zu werfen, seine Hände fest auf mein Gesicht und meine Kehle zu drücken und mich mit seinen Worten vollzuspucken.

„HaltdieSchnauzeHaltdieSchnauzeHaltdieSchnauze."

Einmal, als ich ihn mit einem schützenden Arm vor meinem Gesicht abwehren wollte, packte er mein Handgelenk mit beiden Händen und drehte es brutal in die entgegengesetzte Richtung, bis wir beide ein lautes „Popp" hörten und uns mit wilden Blicken anstarrten.

Mein Handgelenk knackt noch heute, wenn ich es bewege.

Was das Fass endgültig zum Überlaufen brachte, war, als er mich mit einer Kette um den Hals würgte. Mein Gehirn schrie vor Sauerstoffmangel, es brannte an den Rändern wie Löschpapier, und schwarze Asche verdrängte das Licht. Ich lag auf den Knien und betete mit meinem letzten Atemzug, als etwas riss: die Kette, mit der er mich gewürgt hatte.

Es war die Halskette, die er mir gerade zum Geburtstag geschenkt hatte.

Hinterher tat es ihm leid. So wie es ihm immer leidtat. Er weinte und schwor mir, es würde nie wieder passieren.

Aber es passierte immer wieder.

Und ich ging immer wieder zurück zu ihm.

Hand in Hand, seinen Mantel ritterlich über meine Schultern gelegt. Der perfekte Freund, der so die schwarzen und blauen Striemen versteckte, die sich an meinen Armen hochzogen.

Manche Narben sehen aus wie eine eingedrückte Stelle im Gras.

Das habe ich früh im Leben gelernt, und ich erinnere mich nur an warmes, verbranntes Licht.

Die Juli-Sonne schien durch das trockene, vergilbte, hochgeschossene Gras hinter unserem Trailer. Die langen Halme – alles überwuchernd, was ihnen in den Weg kam – wurden von einem Kranz aus sich sanft wiegenden goldenen Ähren gekrönt. Aus der Ferne hätte man diesen Tanz, den sie vollführten, sogar als wunderschön bezeichnen können. So, als ob nur sie die Musik hören könnten. Es war ein Sommerpsalm, der eine Melodie aus Holz und Wind hervorzauberte und in der Brise schweben ließ.

Doch direkt unter der Oberfläche lauerten sowohl die Dunkelheit als auch die Gefahr.

Nur ein paar Schritte weiter, jenseits der scheinbar undurchdringlichen Mauer aus Unkraut, die weit über meinen Kopf hinausragte, befand sich eine platt gedrückte Stelle im Gras. Ein Nest aus Halmen und platt gedrückten Seidenpflanzen, und es sah so aus, als hätte ein großes Tier sich immer wieder um sich selbst gedreht, bevor es sich schließlich zum Sterben niederlegte. Als ich mich hineinkuschelte, dachte ich an dieses Tier. Ich wünschte, ich wäre dieses Tier. Ich fragte mich, wie es wohl wäre, wenn auch ich mich einfach hinlegen und sterben könnte.

Während ich auf dem Rücken lag und darauf wartete, dass „es" aufhörte, beobachtete ich die Hummeln, die über mir herumschwirrten, als ob nichts auf der Welt falsch wäre. Als ob danach irgendetwas auf dieser Welt jemals wieder in Ordnung sein könnte! Als ob nicht ein Fremder, der neu auf unserem Berg war, gerade meine Unschuld in drängenden Stößen weggespült hätte wie der Regen eines heißen Sommergewitters den Staub auf den Dächern.

Ich starrte, ohne zu blinzeln, auf das Kaleidoskop des Lichts, das durch die Ähren ein und aus flackerte und Wärme auf Teile meines Körpers warf, die unsichtbar hätten bleiben sollen. Ich lag da, wie ein sich sanft wiegender Judas, der mich mit seinem Flüstern und nicht mit seinem Schrei verriet.

Kein Alarmgeräusch.

Keine bevorstehende Rettung.

An diesem Tag würde es keine Erlösung für mich geben. Also ließ ich meine Gedanken an einen anderen Ort wandern. Weit weg von dieser Wiese. Weit weg von diesem Trailer. Weit weg von dem Ort, wo sich Dunkelheit im goldenen Licht verbarg. Weit weg von dem Ort, an dem die schützenden Grenzen verschoben und gedehnt worden waren, bis es eine Öffnung gab, die gerade groß genug war, damit ich hindurchschlüpfen konnte.

Weit weg von den Narben jenes Sommers, die ich bis heute trage.

8. Verlassenwerden ist wie ein Koffer

Meine Mutter hat mir immer erzählt, dass wir aus einer Familie stammen, in der es über viele Generationen Heiler gab. Wenn ich als Kind hinfiel oder mir einen Finger einklemmte, kniete sie sich ganz nah vor mich, nahm meine beiden Hände in ihre und sagte mir, dass wir die Fähigkeit hätten, uns selbst zu heilen. Wir müssten uns nur konzentrieren. All unsere gute Energie in den Kampf gegen unsere Verletzungen schicken. Unserem Schmerz zeigen, wie groß unsere Kraft ist.

Man könnte meinen, dass sie damit nur erreichen wollte, dass ich aufhöre zu weinen, aber sie hat sich das nicht nur ausgedacht. Als ich einmal in einen besonders aggressiven, giftigen Efeu geriet, war meine gesamte linke Gesichtshälfte mit schmerzhaften, nässenden Striemen bedeckt. Meine Mutter ging hinter unser Haus und pflückte Mimosen, Seidenpflanzen, Sumachrinde und einige andere Dinge, die ich nicht kannte. Sie brachte alles in unsere Küche und zerkleinerte es zu einem Breiumschlag, einem Hausmittel, wie sie es nannte. Der nächste Teil ist schwer zu glauben, aber es ist die absolute Wahrheit. Wenn du schon einmal in giftigen Efeu geraten bist, weißt du, dass es Tage, wenn nicht Wochen dauert, bis die Striemen vollständig verheilt sind. Aber Mama hat mir diesen Pflanzenbrei aufs Gesicht geschmiert und mir gesagt, ich solle mich eine Weile hinlegen. Als ich ein paar Stunden später aufwachte, waren die

Striemen völlig verschwunden, ohne eine Spur zu hinterlassen. So, als ob es nie passiert wäre.

Wenn nur alle Spuren, die das Leben bei uns hinterlässt, so einfach verschwinden würden.

Mama und Papa haben geheiratet, als sie gerade siebzehn war und er noch nicht einundzwanzig.

Er hatte ihr einen Heiratsantrag gemacht, als sie sechzehn war. Er ging zu ihr nach Hause, als sie mit einer Grippe im Bett lag, und kniete sich vor sie hin.

Sie sagte: „Oh, in so einen Zustand solltest du mich nicht ansehen." Und er sagte: „Ich will dich für den Rest meines Lebens ansehen." Und das war's dann.

Da Mama minderjährig war, musste ihre Mutter, eine Frau namens Zela Stanley-Booth-Duncan, die ich nie kennenlernen sollte, eine elterliche Erlaubnis unterschreiben. Vier Monate vor Mamas achtzehntem Geburtstag war diese Erlaubnis nur noch wenige Tage davon entfernt abzulaufen. Zela sagte ihnen, dass sie nicht noch mal eine Einwilligung unterschreiben würde, also entschieden sich meine Eltern für eine Eilhochzeit in der örtlichen kleinen Baptistenkirche.

Als ich meine Mutter fragte, warum sie nicht einfach noch die vier Monate gewartet hatten, bis sie volljährig war, und warum sie es so eilig gehabt hatten, überlegte sie nicht lange.

„Wir waren verliebt."

„Ja, aber ich meine, es waren doch nur vier Monate. Hätte das wirklich etwas geändert?"

„Das hätte alles verändert. Ich hätte wahrscheinlich nie geheiratet."

Denn einen Monat nach der Hochzeit – und nur einen Monat

nach der Geburt von Mamas kleiner Schwester – starb Zela plötzlich an einer Herzverhärtung.

Hätten meine Eltern mit ihrer Hochzeit auch nur einen Monat länger gewartet, hätte Mama alles stehen und liegen lassen und wäre weggezogen, um ihre kleine Schwester aufzuziehen.

Ich denke, wenn es um die Liebe geht, ist Timing alles.

Mama wurde als Karen Sue Booth geboren, das älteste von fünf Kindern zweier verschiedener Väter. Ihre eigene Mutter war eines von sechs Kindern, darunter ein Schwesterntrio, deren Namen alle mit dem Buchstaben Z begannen: Zela, Zena und Zenetta. Aber es war Zela, die die Birkenruten flocht, mit denen Mum ihre Prügel bekam.

Mama war erst sechzehn, als sie eines Tages von der Schule nach Hause kam und einen Zettel von ihrer Mutter vorfand, auf dem stand: „Du bist jetzt alt genug, um selbst zu entscheiden. Die Rechnungen sind bis zum Ende des Monats bezahlt. Es ist noch etwas Essen im Schrank."

Zela hatte alles zusammengepackt, auch die anderen Kinder, und war weggezogen, um mit ihrem neuen Mann – dem „Duncan" in Stanley-Booth-Duncan – zusammenzuleben. Sie hatte Mama angeboten mitzukommen, aber die stand kurz vor dem Beginn ihres letzten Highschool-Jahres und hatte das Gefühl, dass sie, wenn sie wegginge, mit ziemlicher Sicherheit die Schule abbrechen und keinen Abschluss machen würde. Also beschloss sie zu bleiben. Und mit einem Nebensatz, den Zela in ihrer hübschen Handschrift verfasst hatte, wurde das Erbe des Verlassenwerdens in Mamas bereits zerbrochenem Stammbaum besiegelt.

Ihr richtiger Vater verließ sie, als Mama erst drei Jahre alt war, weil er die Flasche seiner Familie vorzog. Ich habe meinen Großvater John Booth genau zweimal in meinem Leben getroffen. Das erste Mal war ich etwas mehr als ein Jahr alt, und meine Mutter nahm mich mit zu ihm, wo er sie prompt – mitten in einer Bar, mitten am Tag – anbrüllte, weil sie es gewagt hatte, ihn aufzuspüren. Er schrie sie an, bis sie weinte, und sagte ihr, er wolle niemanden von uns je wiedersehen, während ihr salzige Tränen übers Gesicht liefen.

Es ist komisch, aber ich kann mich nicht daran erinnern, eine Träne vergossen zu haben.

Und dann war da noch das zweite Mal, dreizehn Jahre später, als Mama mich mit ins Bezirksgefängnis nahm, wo er einen Monat zuvor wegen Trunkenheit am Steuer gelandet war. Als er in seinem orangefarbenen Overall aus dem Gang kam und sich nur wenige Zentimeter und eine ganze Welt von uns entfernt hinsetzte, schienen seine glasigen Augen hinter der durchsichtigen Scheibe, die uns trennte, noch wässriger. Seine Wangen waren ein violett-roter Wandteppich aus geborstenen Kapillargefäßen, der seine Vorliebe für Alkohol erkennen ließ – und seinen Stammbaum. Sein eigener Vater war ein Säufer gewesen. Sein Bruder war ein Säufer. Er war ein Säufer. Es war eine Familientradition.

Dieses Mal wurden wir nicht weggeschickt. Kein Geschrei. Keine Saufkumpel, die ihn anfeuerten. Er hatte niemanden mehr. Und so wollte er unbedingt, dass wir blieben.

Aber was sagt man zu einem Großvater, der ein völlig Fremder ist?

Wir unterhielten uns darüber, dass ich in dem Jahr im Chor sang. Das Einzige, was dieser Mann jemals wirklich geliebt hatte, war Musik und Gitarrenspielen, und er glaubte, dass ich das vielleicht von ihm hatte.

Ich will nichts von dir, sagte eine Stimme in meinem Kopf.

Ich starrte in sein Gesicht, ein Gesicht, an das ich mich aus keinem Grund der Welt erinnern konnte, und war irritiert von seiner Vertrautheit. Die Augen, die mich anstarrten – Sonnenblumen umrandet von grünem, grünem Gras – waren wie die von Mama. Dieselben, die sie an mich weitergegeben hatte. Auch der seitliche Knick am Ende unserer Nasen, das schiefe kleine Lächeln, das uns immer ein wenig verlegen aussehen ließ. Ich starrte in das vertraute Gesicht eines Fremden und dachte: *Es gibt nichts in mir, das jemals so sein wird wie du.*

Innerhalb eines Jahres war er tot.

Genau genommen war das also das dritte Mal, dass ich meinen Großvater sah: auf dem Bett liegend, anständig aussehend, mit einer Brille, die diese Sonnenblumenaugen verdeckte. Ein gewaltiger Unterschied zwischen dem schreienden, alkoholisierten Dunst des Mannes, der er einmal gewesen war, und der Hülle eines Mannes, die jetzt zur ewigen Ruhe gelegt wurde. Ich habe nichts gefühlt, als ich auf dem Klappstuhl bei der Totenwache saß. Nicht mehr als irgendein Fremder, der von der Straße hereinspaziert war, angelockt vom warmen Schein der Lichter und dem Versprechen von Milchpulver im Kaffee.

Ich war natürlich traurig, weil es meine Mutter wirklich hart traf. Sie saß neben mir und weinte die echten, ehrlichen, fleißigen Tränen einer guten Tochter. Ein respektabler Auftritt für diesen respektabel aussehenden Säufer.

Aber ich fühlte nichts. Ich weinte nicht. Ich zeigte nichts. Zu diesem Zeitpunkt hatte ich bereits gelernt, die Tür meines Herzens vor Menschen zu verschließen, die aus meinem Leben verschwinden.

Aber all das würde erst in den nächsten Jahren geschehen.

Als meine sechzehnjährige Mutter damals in ein Haus kam, in dem der Strom noch bis zum Ende des Monats bezahlt war, standen ein paar Schachteln Makkaroni und Dosentomaten im Schrank. Davon hat sie wochenlang gelebt, nur gekochte Makkaroni und stückige Tomaten mit ein bisschen Salz. Ein Gericht, das sie noch heute isst. Nach der Schule fing sie an zu putzen, um Geld zu verdienen, aber das war nicht genug. Als man schließlich den Strom abstellte und sie im Dunkeln saß, sagte Papa, sie solle doch einfach zu ihm, Goldie und Opa Bill ziehen.

Und an einem ansonsten unscheinbaren grauen Tag im März, nur zwei Monate vor ihrem Abschlussball, heirateten Mama und Papa in der kleinen Baptistenkirche u██n am Berg. Sie trug Zelas Schleier, und Opa Bill kaufte ihr ein schlichtes weißes Baumwollkleid, das sie auch beim Abschlussball tragen konnte. Papa, mit Koteletten, die ihm bis zum Kinn hinunterreichten, trug einen hellblauen Smoking. Und zusammen sahen sie so schön aus.

Ich weiß das, weil ich ein Foto aufbewahrt habe, das kurz nach der Zeremonie im Keller der Kirche aufgenommen worden war. Die beiden stehen zusammen hinter einer dreistöckigen Hochzeitstorte aus Donaldsons Lebensmittelgeschäft und lassen die Worte „in guten wie in schlechten Zeiten" zwischen sich in der Luft hängen. Es war ein Versprechen, von dem ich glaube, dass sie es beide ernst gemeint haben. Sie wussten nur nicht, wie schnell das mit den schlechten Zeiten passieren würde.

Einen Monat später war Zela tot. Es war eine plötzliche Verhärtung der Arterien, und eines Morgens versagte ihr Herz einfach. Sie war erst neununddreißig Jahre alt.

Und noch einen Monat später ging meine Mutter dann allein zu ihrem Abschlussball, weil ihr frischgebackener Ehemann bereits seinen Abschluss gemacht hatte und sie laut Schulordnung nicht begleiten durfte.

Danach lebten sie noch zwei Jahre lang bei Goldie und Bill, bis Mama schließlich die Nase voll hatte. Sie sagte Papa, sie wolle eine eigene Wohnung, und stellte ihm ein Ultimatum. Als der Termin verstrich und er nichts unternommen hatte, packte sie ihre Sachen und zog aus.

Zwei Wochen später kam er zu ihr und sagte, sie solle wieder nach Hause kommen.

„Welches Zuhause?"

Sie spuckte die Worte aus, ihr Mund so verzerrt, dass ihre Oberlippe fast völlig verschwand, so wie sie es nur tut, wenn sie richtig wütend ist.

Er erzählte ihr von dem nagelneuen Trailer, der gerade – nur vorübergehend und nur für den Moment, bis sie sich etwas anderes überlegt hatten – auf der hinteren Hälfte des Grundstücks von Goldie und Bill abgestellt worden war.

Dort befindet er sich noch heute.

Als Mama noch klein war, hatte Zela ein Haus in Holcomb gemietet, einer kleinen Gemeinde am Rande von Richwood. Wenn es in der Stadt noch Eisenbahnschienen gegeben hätte, wäre das Haus sicher auf der falschen Seite davon gewesen.

Es gab kein fließendes Wasser und keine Sanitäranlagen im Haus. Und so musste die kleine Karen Sue Booth Tag für Tag Eimer mit Wasser für ihre kleinen Geschwister hin- und herschleppen, für die sie ganztägig als Babysitter zuständig war. Zu dieser Zeit arbeitete Zela unten in Fenwick in der *BF-Goodrich*-Fabrik, von wo sie magere 200 Dollar pro Woche nach Hause brachte, um sich und alle ihre Kinder zu ernähren.

Manchmal hatten sie nur einen Topf mit braunen Bohnen,

der für die ganze Woche reichen musste. Ein anderes Mal kochten sie ganze Mahlzeiten aus dem Sozialhilfe-Reis und dem billigen Käse, die ihnen der Staat zur Verfügung stellte. Zu Weihnachten standen „mysteriöse" Geschenkkörbe vor ihrer Haustür, obwohl sie alle wussten, dass sie aus der Kollekte in der Kirche stammten. Nur so konnten sie sich ein Weihnachtsessen leisten. Und immer waren da die überdimensionalen Wassereimer, die Mama vom Brunnen hin und her trug, spritzend und schwappend, sodass sie immer schon wieder halb leer waren, bis sie im Haus angekommen war.

Aber meine Mutter war immer ein Mensch, für den der Eimer halb voll war.

Sie war sechs Jahre alt, als sie ihr erstes Spielzeug bekam, eine Puppe von der Müllhalde, die ihr Stiefvater Jack für sie gefunden und gesäubert hatte. Sie hatten nur sehr wenige Kleider, die oft schmutzig waren, weil es kein fließendes Wasser gab, und sie bekam nur ein Paar neue Schuhe pro Jahr, immer vor Schulbeginn.

Als sie den nächsten Teil erzählte, wurde sie ernst. „Aber wir waren nie mittellos."

Ich fragte sie: „Wenn das nicht mittellos ist, was genau wäre es dann? Was ist diese dünne unsichtbare Linie, die euren Lebensstil von Armut trennte?"

„Wir waren glücklich." Sie sagte dieses letzte Wort, als wäre es das Selbstverständlichste der Welt.

Sie erzählte mir, dass sie vielleicht kein Spielzeug hatten, aber sie spielten Ball, backten Schlammkuchen, gingen schwimmen, spielten Verstecken. Sie liebte es, im Wald zu spielen.

Ich fragte sie, ob sie sich jemals darüber geärgert hat, dass sie sich um die anderen kümmern musste und so früh erwachsen werden musste.

„Vielleicht, sagte sie. „Aber ich habe auch immer meine Mutter bewundert, die so hart gearbeitet hat. Wie sehr sie gekämpft hat, um uns ein gutes Leben zu ermöglichen. Und jetzt tue ich dasselbe für dich. Sie hat uns immer zusammengehalten."

Ich fragte sie, was sie mit diesem letzten Teil meinte.

„Nun, sie hätte jederzeit sagen können: ‚Ich will diese Kinder nicht.' Sie hätte uns an irgendwelche Verwandten abschieben können. Sie hätte uns alle aufteilen können."

Ich nickte mit dem Kopf, auch wenn ich diese Art von Verhalten für eine Mutter niemals in Erwägung gezogen hatte.

„Aber das hat sie nicht getan. Sie hat immer gesagt, die Familie bleibt zusammen."

Den Morgen, an dem sie ging, bringe ich immer mit einem Koffer in Verbindung.

Erst ist der Koffer offen, dann ist er voll, dann geschlossen und dann weg.

Ich begriff erst an dem Morgen, an dem sie ging, dass meine Mutter tatsächlich fortgehen würde. Als ich ihre offenen Taschen auf dem Fußboden ihres Schlafzimmers sah, dämmerte es mir. Sie saß auf der Bettkante und füllte Behältnisse mit Pullovern, Kleidern und all dem anderen Ballast, der sich seit Jahren angesammelt hatte. Alles, was in diesem Leben dazu beigetragen hatte, dass sie nun wegging. Es lag alles in Stapeln auf dem Boden: das hier mitnehmen, das dort hierlassen. Und als mir klar wurde, auf welchem Stapel *ich* mich befand, tat sich in meiner Brust spontan eine Wunde auf, die so tief war, dass ich dachte, sie würde nie heilen.

Der Raum füllte sich mit Fragen. Meine, nicht ihre: Wohin würde sie gehen? Wann würde sie zurückkommen? Wie konnte das alles passieren?

Meine Mutter zog los, um in einem Laden namens „Ames" zu arbeiten, ein neuer Job voller Aussichten und Möglichkeiten. Es hatte sich schnell und unerwartet ergeben, und sie musste rasch eine Entscheidung treffen. Während sie mir das in aller Ruhe erklärte, kniete ich mich panisch hin und begann, die Pullover wieder aus ihren Taschen zu zerren, in dem Versuch, ihr Fortgehen zu verhindern.

Aber sie war schon dabei, sich zu entfernen.

Die Taschen waren jetzt so voll, dass die Reißverschlüsse protestierend ihre Zähne fletschten. Die Griffe ächzten unter dem Gewicht ihrer Entscheidung. Und ich spürte, wie meine Augen überzulaufen begannen.

Sie schloss die Tür zum Schlafzimmer hinter sich. Ganz leise. Vernünftig. Ohne sie zuzuschlagen. Dies war keine Affekthandlung aus Wut, sondern ein Akt der Unabhängigkeit. Sie legte die Taschen auf den Rücksitz ihres Wagens – ein altes kastanienbraunes Oldsmobile, das sie bei der ersten Gelegenheit austauschen würde –, und ich sah zu, wie sich der Kofferraum geräuschlos schloss. Der Trailer fühlte sich ohne sie schon so viel leerer an, obwohl sie noch nicht fort war, sondern nur draußen auf dem Hof. Ich stand in der Tür und hoffte, sie würde ihre Meinung ändern. Hoffte, sie würde es nicht über sich bringen. Aber es war zu spät. Das Zeitfenster für ihre Anwesenheit hatte sich geschlossen.

Sie kam noch mal zum Trailer zurück und bat mich, sie zu umarmen. Und als ich sie nicht loslassen wollte, zerrte sie meine neunjährigen Finger von ihrem Mantel und sagte, ich solle brav sein. Und ich sah zu, wie das kastanienbraune Oldsmobile wegfuhr.

Nachdem das Auto verschwunden war, stand ich noch lange im Hof und flüsterte unter Schluchzen: „Geh nicht, geh nicht, geh nicht." Aber niemand hat es gehört. Es gab niemanden mehr, der es hören konnte. Sie war schon fort.

Wenn ein Elternteil geht, macht das etwas mit einem Kind.

Oder vielleicht sollte ich sagen, es macht „*nichts*" mit einem Kind.

Als ich klein war, habe ich gerne den Film „Die unendliche Geschichte" gesehen, in dem das magische Land Phantasien von dem „Nichts" zerstört wird. (Nebenbei bemerkt: Wenn du den Film gesehen hast und immer noch nicht darüber hinweg bist, was mit Atrejus Pferd im Sumpf der Traurigkeit passiert ist, geht es mir wie dir. Findest du nicht auch, dass es ein ganzes Therapie-Genre für die Kinder aus den 80er-Jahren geben müsste, die durch diese Szene traumatisiert wurden?)

In dem Film wird „Das Nichts" als eine Leere beschrieben, eine Art Verzweiflung, die die Welt zerstört und alles Gute in sich aufsaugt, wie ein riesiger Sandsturm, der aus der völligen Abwesenheit von etwas entsteht. Es ist nicht einmal ein Loch, sagt uns eine der Hauptfiguren, denn ein Loch wäre wenigstens *etwas*. Es ist einfach nur … *nichts*.

So ähnlich war es auch, als meine Mutter wegging.

Alles war dunkel geworden. Vorher gab es goldenes Licht und streichelnde Luftströme und glitzernde Punkte.

Und dann war da nichts mehr.

Und ich war nicht mehr sicher, sicher, sicher.

Man weiß natürlich, dass Kinder, die von einem Elternteil verlassen werden, die ganze Palette an psychischen Problemen und Emotionen erleben können – von einem geringen Selbstwertgefühl über die Überzeugung, nicht liebenswert zu sein, bis hin zu der Annahme, dass es irgendwie ihre Schuld war. Vielleicht fühlen sie sich verlassen oder unwürdig, sind verwirrt, traurig und schockiert über die Plötzlichkeit des Geschehens.

Sie sind später dann oft sehr zögerlich, Bindungen einzugehen oder Vertrauen zu fassen, um nicht erneut verletzt zu werden, sie haben Schwierigkeiten, Gefühle auszudrücken, oder Angst davor, ihr wahres Ich zu zeigen, und fast alle tragen ein tiefes, tiefes Gefühl der Scham in sich und sind überzeugt, dass sie das alles irgendwie verdient haben.

Ich denke, dass ich an dem einen oder anderen Punkt meines Lebens jedes dieser Kästchen angekreuzt habe. Aber wenn ich jetzt darauf zurückblicke, erinnere ich mich meist nur an die Dunkelheit.

Die völlige Abwesenheit von etwas.

Die Leere, die übrig blieb.

Die Verzweiflung breitete sich in jeden Winkel meiner Welt aus.

Es blieb einfach nur ... nichts.

Ja, so in etwa war es auch bei mir.

9. Der Geruch von Vanille

Es gab einmal einen Bauplan, der davon träumte, ein echtes Haus zu sein.

Jeden Tag zeichnete meine Mutter in ihren Vorstellungen die Maße neu, radierte sie aus, malte sie wieder auf. Sie verwandelte längliche Formen in perfekte Kreise und wünschte sich, dass anstelle eines einzelnen Waschbeckens ein Doppelwaschtisch „für sie und ihn" in ihrem glücklichen Zuhause seinen Platz fände. Sie öffnete und schloss Türen. Versetzte Wände, die noch tragfähig waren. Baute einen zweiten und dritten Stock auf ein Erdgeschoss, das bereits wackelig war. Ein Fundament, das unter dem Gewicht des Versuchs bröckelte, etwas zu werden, wozu es nie bestimmt war.

Sie starrte auf ihre Pläne und wünschte sich, sie hätte den Grundriss eines anderen Menschen.

Etwas Größeres. Aufwendigeres.

Sie konnte nicht mehr zählen, wie viele Radiergummis sie verbraucht hatte. Sie versuchte, das Einfache auszuradieren. Das Gewöhnliche zu entfernen. Sie löschte ganze Abschnitte von dem, was sie einmal gewesen war, wischte sich selbst wie Radierkrümel weg und begann von vorn.

Sie wurde zur Expertin im Ziehen gerader Linien zwischen dem Ort, an dem sie war, und dem Ort, an dem sie sein wollte. Sie wusste, wie man eine Treppe überwindet, die für die meisten Menschen viel zu steil war. Sie zog Wände Fenstern vor und ließ keine Gelegenheit aus, sich noch mehr abzuschotten.

Sie machte weiter, bis ihr Leben auf dem Entwurf gut aussah. Aber keine ihrer Anstrengungen führte dazu, dass sie tatsächlich auch so fühlte.

Als Mama ging, war sie nicht ganz weg.

Am Anfang kam sie ein- oder zweimal im Monat für ein paar Tage nach Hause, wenn sie frei hatte, dann alle zwei Monate und schließlich nur noch ein paarmal im Jahr. Sie war nie ganz weg. Es war nicht so, dass sie einfach zur Tür hinausging und ich sie nie wiedersah. Aber das bedeutete nur, dass ich mich immer wieder neu an ihr Weggehen gewöhnen musste. Ich habe aufgehört zu zählen, wie oft ich sie gehen sah. Ich habe nicht mehr gezählt, wie oft ich mit ansehen musste, wie der Staub unter ihren wütenden Reifen aufgewirbelt wurde und hoffnungsvoll und verzweifelt hinter ihr herwehte, die Arme immer weit ausgebreitet ... weil selbst der Staub es irgendwie nie zu begreifen schien. Ich habe nicht gezählt, wie oft ich im Eingang stand und flüsterte: „Geh nicht, geh nicht, geh nicht."

Bis ich irgendwann einfach aufhörte, ihr nachzuschauen.

Damals beschloss ich, mich nicht mehr auf Dächer zu konzentrieren, sondern mit dem Bau von Wänden zu beginnen.

Im Laufe der Zeit ist mir klar geworden, was in meinem Inneren passiert, wenn ich denke, dass mich jemand verlassen will. Genau in diesem Moment beschließe ich, etwas viel Größeres zu werden. Ich fasse den Entschluss, loszuziehen und so erfolgreich zu werden und etwas so Großartiges, so Schönes, so Außergewöhnliches mit meinem einzigartigen, kostbaren Leben zu erreichen, dass die Person es eines Tages bereuen wird, das verpasst zu haben.

Dem zeig ich's, denke ich mir. *Ich wette, dann wird er sich wünschen, er wäre geblieben.*

Das offensichtliche Problem bei diesem Plan ist natürlich, dass er implizit meine tiefste Befürchtung und Überzeugung verrät: Vielleicht hat die Person recht.

Vielleicht war ich nie jemand, bei dem es sich lohnt zu bleiben. Vielleicht war es richtig, dass all diese Menschen gegangen sind. Vielleicht konnten sie durch mich hindurchgucken und erkennen, was mir alles fehlte. Und vielleicht muss ich mein ganzes Leben lang versuchen, mehr von etwas zu sein, damit die Menschen, die ich liebe, bei mir bleiben.

Das ist eine ziemlich verkorkste Art, sich zu rächen: sich für den Rest seines Lebens selbst derart anzutreiben, nur um zu beweisen, dass jemand anderes unrecht hat.

Das bringt mich unweigerlich zum zweiten offensichtlichen Problem mit diesem Plan: Wenn wir etwas Schönes und Außergewöhnliches aus unserem Leben machen wollen, ist Rache wahrscheinlich nicht der fruchtbarste Boden, um damit zu beginnen.

Ich muss an ein Gänseblümchen denken, das auf verbrannter Erde wächst – seine zarten Blütenblätter verwelken und verdorren in der Hitze, die Schönheit verwandelt sich in Asche, direkt vor meinen Augen, durch die Hand der rachsüchtigen Einöde, die sie hervorbrachte. Sicher, wir könnten vorübergehend etwas Hübsches an unser Leben anbauen, um uns an jemandem zu rächen, der nicht bleiben wollte. Aus der Ferne mag es sogar so aussehen, als würden wir gewinnen, denn die Hoffnung keimt auch auf zerstörtem Boden.

Aber das Problem mit dem Welken und Verdorren bleibt: Wie lange können wir wirklich auf diese Weise überleben?

Im Sommer, in dem ich zwölf Jahre war, kauften wir einen dieser Aufstellpools, die in einer großen Rolle aus Hartplastik geliefert werden.

Man musste rundherum Pfosten in den Boden schlagen, die Außenwand aufstellen und das Ganze mit einer blauen Plastikfolie auskleiden. Und wenn man den Pool dann mit dem Gartenschlauch bis zum Rand füllt, drückt das Wasser nach außen, in dem Versuch, diesen künstlichen Begrenzungen zu entkommen, die ihr Bestes tun, um es einzudämmen. Und allein dieser Akt der Rebellion verhilft dem Ganzen zur Stabilität.

Meine Mutter hatte den Pool im Ausverkauf erstanden und an einem Wochenende mit nach Hause gebracht. Jemand hatte ihn als defekt in den Laden zurückgebracht, weil die Vinylhülle einen kleinen Riss hatte. Aber wir dachten uns, wir füllen ihn eben immer wieder nach, und das war's.

Das Wasser war am ersten Tag, an dem wir hineingingen, eiskalt.

Alle Kinder aus der Nachbarschaft kamen vorbei, um zu schwimmen, und wir planschten so viel, dass der arme Schlauch kaum mithalten konnte. Aber das war mir egal, denn ich konnte sehen, wie ein viel größeres Bild Gestalt annahm: Wir hatten jetzt einen Pool! Wir hatten außerdem gerade einen schwarzen Labradormischling bekommen, der so hübsch war, dass er auf einer Hundefutter-Tüte hätte abgebildet werden können. Und Mama hatte sich ein nagelneues Auto gekauft. Alles fügte sich endlich zu einem Ganzen zusammen.

Ich hängte meine Arme über den Rand der Plastikplane und sprach mit Papa, der auf hartem, trockenem Boden stand.

„Na, Papa, was sagst du dazu? Du hast jetzt einen Pool, du hast einen Hund, ein neues Auto steht in der Auffahrt. Würdest du nicht auch sagen, dass du dir ein ziemlich gutes Leben auf-

baust? Hast du das Gefühl, dass du endlich angekommen bist?"
Ich schrie das letzte Wort, damit er mich über das Geplantsche
hinweg hören konnte.

„Ja ... genau. Angekommen."

Er schien die Worte fast auszuspucken, als ob er ihren
Geschmack nicht ertragen könnte. Diese bittere Realität, dass
die Dinge nie einfacher, nie besser zu werden schienen, egal, wie
sehr er sich bemühte. Er schüttelte nur den Kopf und murmelte
etwas vor sich hin.

Ich habe allerdings nie erfahren, was. Denn in diesem
Moment löste sich irgendetwas an unserer Poolkonstruktion
und die Seitenwand gab nach. Eine Flutwelle schoss hervor und
spülte Tausende von Litern Wasser und uns Kinder auf den
Rasen.

In ein paar Sekunden war es vorbei.

Dieses gute Leben, von dem ich geglaubt hatte, dass wir kurz
davor sind, es uns aufzubauen, war einfach vorbei.

Sich mit anderen zu vergleichen, ist wie eine Flasche Vanilleparfüm aus dem Supermarkt: eine billige Fälschung, viel zu süß,
um echt zu sein.

Ich weiß nicht, in welchem Alter wir zum ersten Mal anfangen, uns die Geschichte eines anderen Menschen zu wünschen.
In der einen Minute spielen wir friedlich in unseren Zimmern,
ohne uns der Reflektionen um uns herum bewusst zu sein, und
in der nächsten Minute wird jeder Spiegel zum Feind.

Ich erinnere mich an das erste Mal, als ich auf der Bettkante
saß, das Gesicht zur Seite gedreht, die Augen so weit wie möglich nach links gerichtet, um den Nasenrücken meines Vaters
zu begutachten, der irgendwie in der Mitte meines eigenen
Gesichts gewachsen war. Und ich wünschte mir so sehr, ein

anderes Profil zu haben. Eine andere Art von klarer Linie, um deutlich abzugrenzen, wo sein Gesicht endete und meines begann. Damals hätte ich alles für eine dieser Skischanzen-Nasen gegeben: eine winzig kleine Abfahrt vor dem niedlichsten Schanzentisch der Welt. Stattdessen blieb ich dort stehen und starrte angestrengt hin, um den ganzen Berg zu sehen.

Ich sah den Gipfel *seiner* Nase in *meinem* Gesicht; wahrscheinlich, um es zu ärgern.

Das waren die Tage, an denen die Scham Einzug hielt und eine tiefe Verunsicherung Wurzeln schlug. Sie schlängelte sich um meine Knöchel – das kratzende Geräusch trockener Schuppen auf nackter Haut. Eine verlogene, zischelnde Schlange, über die meine Füße immer wieder stolperten. Wenn sie nicht gerade Fesseln um meine Beine bildete, saß sie auf meinen Schultern. Dieses schwere Gewicht, das mir fast das Rückgrat brach, weil es meinen Kopf beugte und meine Augen senkte und mich zu einem Kind machte, das nun Angst hatte aufzublicken. Sie war eine Lügnerin mit gespaltener Zunge, die mir ins Ohr flüsterte, was ich in meinem Leben alles zu verbergen hatte.

Eine Zeit lang war ich das Mädchen, das in der Schule wegen seiner Kleidung gehänselt wurde. Dafür, wie es aussah, und dafür, wie es roch. So wurde ich zu dem Mädchen, das jeden Morgen, bevor es den Bus nahm, viel zu viel Vanilleparfüm aus dem Supermarkt aufsprühte, um den Geruch der Schande zu überdecken. Nur dass es niemanden täuschte. Es war lediglich eine billige Verschleierung, die nie zu funktionieren schien, weil sie geradezu krankhaft süß war. Ich schwöre, bis heute habe ich manchmal noch diese künstliche, zuckrige Kombination aus Parfüm und Schimmel in der Nase.

Das ist der Grund, warum ich den Geruch von Vanille bis heute hasse.

In jenem Herbst, als ich in Richwood in die Junior High kam, wurde ich die beste Freundin eines Mädchens, das, wie sich herausstellte, nur ein paar Kilometer – und doch irgendwie gleichzeitig eine ganze Welt – von mir entfernt wohnte.

Ihre Familie gehörte zur Baptistengemeinde, die sich gar nicht so sehr von der kleinen Methodistenkirche unterschied, in die ich immer mit Goldie gegangen war. Und doch, wenn man einen Blick auf ihr gesegnetes Leben warf, kann man leicht annehmen, dass Gott diese Familie viel lieber gehabt haben muss als uns. Wer weiß, vielleicht lag es daran, dass sie inniger gebetet haben, oder vielleicht haben sie mehr Geld in die Kollekte geworfen ...? Oder vielleicht lag es daran, dass Baptisten bei der Taufe untergetaucht wurden statt nur mit Wasser besprenkelt?

Was auch immer es war, meine zwölfjährigen Augen begannen, einen fernen, gleichgültigen Gott zu sehen anstelle des engen Freundes, den ich immer gekannt hatte. Dieser neue Gott ließ dieses Haus gedeihen und jenes Erfolg haben, um das nächste ohne Vorwarnung niederzustrecken. Es schien mir ziemlich offensichtlich, dass dieser Gott seine Lieblinge hatte.

Und wir waren es eindeutig nicht.

Als ich das erste Mal bei meiner neuen Freundin übernachtete, fühlte ich mich wie in einer Sitcom aus den 1990er-Jahren, in der ich die Außenseiterin war. Es war das erste Mal, dass ich mich wie eine Hintergrundfigur in meinem eigenen Leben fühlte, eine Nebenrolle in einer Geschichte, die sich direkt vor meinen Augen abspielte – und die mir eindeutig viel besser erschien als meine eigene.

Die Familie meiner Freundin wohnte einen Berg weiter in einem zweistöckigen Haus, das tadellos gepflegt war. Anstelle von Aluminium und zusammengestückelten Brettern wie bei uns hatten sie hübsche Zierverkleidungen und ein echtes Ziegelsteinfundament. Auf der Rückseite gab es einen runden Pool, der von einer Terrasse umgeben war, die sie selbst gebaut hatten. Ihre Version des guten Lebens war ganz klar darauf ausgelegt, nicht beim kleinsten Windstoß umzufallen.

Sie fuhren einen makellosen weißen Buick, in dem wir nie etwas essen oder trinken durften, sodass er noch Jahre nach dem Kauf nach Neuwagen roch. Und sie hatten einen sehr flauschigen kleinen Hund, der aussah, als würde er jede Woche gebadet. Er schlief drinnen am Fußende des Bettes meiner Freundin und war auf jedem ihrer sorgfältig choreografierten Weihnachtsfotos zu sehen. Da wurde mir zum ersten Mal bewusst, dass es vielleicht nicht die Norm ist, seine Hunde das ganze Jahr über draußen angekettet zu halten.

Die Familie meiner Freundin schien sich ein Leben aufgebaut zu haben, das alles bot, was sie sich jemals gewünscht hatten.

Und ich merkte schnell, dass es auch alles war, was ich mir jemals wünschen konnte.

In vielerlei Hinsicht wurde ihre Familie für mich zu einem Beispiel dafür, was sein könnte und wie das gute Leben aussah, während es bei mir nur Verlust zu geben schien. Ich verbrachte viele Nächte in ihrem Haus, und sie nahmen mich auf und wurden für mich zu einer zweiten Familie. Wenn ich jetzt zurückblicke, wird mir klar, dass sie mir mehr gegeben und beigebracht haben, als ich ihnen jemals vergelten kann.

Sie haben viele Dinge anders gemacht als wir. Sie waren Sparer. Sie haben sich nicht verschuldet, um Dinge zu kaufen, die dann später von der Bank zurückgeholt werden mussten. Stattdessen kauften sie nur, was sie sich leisten konnten, und zahlten bar, sodass sie keine Zinsen zahlen mussten. Gespartes Geld haben sie investiert. Sie ließen ihr Geld für sich arbeiten und schienen immer irgendwie genug zu haben.

Jeden Abend setzten sie sich zum Abendessen zusammen an den Tisch. Sie hielten sich an den Händen und beteten vor dem Essen. Sie verbrachten ihre Wochenenden mit Arbeiten im Haus oder im Garten, pflegten die Dinge, die sie besaßen, damit sie länger hielten, und waren stolz auf sie. Sie erledigten Dinge im Voraus, wie die Besorgung von Weihnachtsgeschenken, und verwendeten dafür Geld, das sie das ganze Jahr über angespart hatten. Ihr Haus war immer warm und sauber, und ich habe von ihnen gelernt, dass man weiße Wäsche nicht im Trockner trocknen darf, weil sie sonst gelb wird. Ich weiß, das hört sich dumm und einfach an, aber das waren Dinge, die mir vorher nie jemand erklärt hatte.

Meine Welt befand sich im Taumel, im freien Fall. Und in ihrer Nähe zu sein, fühlte sich an wie eine Landung auf sicherem, festem Boden.

Ich wurde noch besessener von dem Gedanken, unseren schäbigen Trailer über Nacht in ein richtiges Haus zu verwandeln, so wie ihres. Ich verbrachte jeden Nachmittag und das ganze Wochenende mit Putzen. Ich knüpfte Schleifen um alle Vorhänge, die ich aus winzigen, nicht zusammenpassenden Stoffresten genäht hatte. Ich nahm die Insektenstreifen ab, die von hundert kleinen Fliegenleichen schwarz waren. Zerbrochene Körper, zum Fliegen geboren, aber stattdessen in Kleber verendet, der sie festhielt. Ich verbrannte Weihrauch, aber der Geruch im Trailer wurde dadurch nur noch schlimmer. Ich kippte eine ganze Flasche Shampoo und zwei volle Eimer Wasser direkt auf den Teppich. Auf Händen und Knien schrubbte ich, wühlte mit den bloßen Fingern in den trockenen, verkrusteten Stellen, wo die Katze hingekotzt hatte, und zupfte Pilze ab, die direkt aus den Fasern wuchsen, während meine Hose von dem schmutzigen Wasser durchnässt wurde. Aber nichts davon änderte etwas.

Jeden Tag zeichnete ich Entwürfe des Traumlebens, das ich eines Tages haben wollte, diese harten Linien eines Profils, das ich so verzweifelt verändern wollte. Und wenn ich die Pläne in meinem Kopf noch einmal durchblättere, sehe ich es jetzt.

Es war immer das Haus meiner Freundin, das ich gezeichnet habe.

Als ich fünfzehn Jahre alt war, begann ich, jeden Sonntag mit ihnen in die Kirche zu gehen.

Der Baptistenprediger vorne auf der Kanzel hatte tiefschwarzes Haar, das mich an die Kohlestücke erinnerte, die Goldie in einer großen hölzernen Kiste ganz links auf ihrer Veranda aufhäufte und den ganzen Winter über in halb vollen Eimern ins Haus holte. Er wirkte auf mich eher wie ein Autoverkäufer aus der Großstadt als wie ein Pastor vom Lande.

Er war einer dieser Prediger, die mit Feuer und Schwefel um sich werfen, und wenn er richtig in Fahrt kam, wurden seine Wangen blutrot, während der Rest von ihm ausgesprochen grau blieb. Wenn dieser Mann beschloss, eine Erweckungswoche zu veranstalten, war das aus meiner Sicht ein solches Brausen und Toben, dass es das Dach aus den Angeln zu heben schien. Er brüllte Bibelverse, hämmerte mit geballten, perfekt manikürten Fäusten auf die Kanzel ein, stürmte auf und ab, hob die Hände fuchtelnd so weit über den Kopf, wie sein doppelreihiges Jackett es zuließ, und krakeelte dann noch mehr.

So etwas hatte ich noch nie gesehen.

Aus dem Montag wurde Dienstag und dann der Rest der ersten Erweckungswoche. Und jeden Abend ging ich hin. Ich saß im hinteren Teil der Kirche und hörte aufmerksam zu, zunächst mit Belustigung und dann mit wachsendem Interesse. In meinem Herzen regte sich etwas, das ich noch nie zuvor gespürt hatte. Es ergriff mich auf eine Weise, die mich nicht mehr losließ, und am Freitag fand ich mich auf dem roten Teppich wieder, um mein Leben Gott zu übergeben. Nicht wegen des rotgesichtigen, brüllenden Predigers auf der Kanzel – nur um das klarzustellen –, sondern *trotz* ihm.

Das zeigt: Wenn Gott bereit ist, dein Herz wieder in die Hand zu nehmen, dann wird er einen Weg finden, um dich zu erreichen.

Ganz gleich, wie merkwürdig der Überbringer der Botschaft ist.

Ein paar Monate später wurde ich in dem großen Becken hinter dem Altar getauft. Goldie kam in ihrem besten rosa Sonntags-Kirchenkostüm, obwohl es ein ganz normaler Mittwochabend war. Und die Mutter meiner Freundin weinte am Klavier, als sie „Amazing grace" spielte.

Als ich aus dem Wasser auftauchte, ein ehemaliges Wrack, tropfnass in T-Shirt und Shorts, fühlte es sich an, als würde ich in ein neues Leben hineingeboren. Nicht nur ein Leben, in dem Gott wieder eine Rolle spielte, sondern ein Leben, in dem ich mehr Baptistin sein konnte als Bess. Eines, in dem ich endlich reingewaschen und für ihre Welt annehmbar war. Wenn Gott schon seine Lieblinge auswählte, wollte ich wenigstens in ihrem Team sein.

Segne mich, Gott! Ich bin mehr als bereit.

Aber später, als ich meine Taufurkunde mit nach Hause nahm, fand ich heraus, dass es sich um dieselbe kleine Baptistenkirche handelte, in die auch meine Mutter als Teenager gegangen war. Dieselbe kleine Baptistenkirche, in der sie und Papa gehei-

ratet hatten. In demselben Kirchenkeller, in dem sie eine Hochzeitstorte aus dem Supermarkt gegessen hatten. Meine Familie hatte bereits eine lange Geschichte in dieser Kirche, und bis
jetzt hatte sich dadurch nichts in ihrem Leben geändert.

Ich hatte gedacht, ich könnte dorthin gehen, um eine *andere*
Geschichte zu schreiben.

Aber es stellte sich heraus, dass sich die Vergangenheit immer
wieder wiederholt.

10. Die Narben, die uns miteinander verbinden

Die Stadt Richwood beginnt, wenn du den letzten Hügel über-querst, kurz nachdem sich der Cherry River träge nach rechts schlängelt und sich, wenn auch nur für einen Moment, von seinem asphaltierten Begleiter trennt, um einen gewundene-ren Weg einzuschlagen. Ungefähr zu dem Zeitpunkt, an dem du vom Gas gehst, um den Rest des Hügels hinunterzufahren, wird der Highway 39 offiziell zur Main Street, und nicht weit in der Ferne kannst du eine verblichene Wimpelgirlande sehen, die sich von Telefonmast zu Telefonmast schwingt und deine Ankunft ankündigt.

Die ganze Stadt hat einen Farbton wie eine Kodachrome-Postkarte aus den 1960er-Jahren, auf der die einst leuchten-den Farben zu verblassen begonnen haben, was ihren Charme aber nur noch verstärkt. Die Backsteingebäude sind in verschie-denen Rot-, Orange-, Gelb- und Brauntönen gehalten, passend zu den sonnengebleichten Kaleidoskop-Dreiecken der Wimpel, die über der Stadt wehen. Und die doppelte gelbe Linie in der Mitte der Straße weist den Weg zum goldenen Kessel am Ende des Regenbogens: dem alten Sägewerk.

Wie so viele Kleinstädte in West Virginia, die in der Umge-bung einer neuen Mühle oder eines Bergwerks entstanden, wurde Richwood gegründet, als die *Cherry River Boom and Lum-ber Company* den Betrieb einer Holzmühle in dem kleinen Tal am Fuße einer Bergkette aufnahm, die ihrer Meinung nach „reich an Holz" war. Reich. Holz. Richwood eben. Und der Name blieb haften.

Zum Zeitpunkt der Gründung im Jahr 1901 zählte Richwood nur vierundzwanzig Einwohner. Doch bis 1922 war diese Zahl in weniger als einem Vierteljahrhundert auf über siebentausend angewachsen, was das Wort „Boom" im Namen des Sägewerks *Cherry River Boom and Lumber Company* erklärt.

Einst war Richwood eine Stadt, die vor Verheißungen und Möglichkeiten nur so strotzte. Neue Unternehmen eröffneten und überschwemmten die Main Street mit Bekleidungsgeschäften, Möbelhäusern und Restaurants. Doch 1924 wurde die *Boom Company* von einem Feuer verwüstet. Sie bauten sie wieder auf, aber während die Jahre vergingen und die Holzindustrie immer wieder Rückschläge einstecken musste, hatten das Werk und die umliegenden Unternehmen zu kämpfen und gingen schließlich unter, darunter die Gerberei, die Nabenfabrik, die Papierfabrik und die größte Wäscheklammerfabrik der Welt.

Schließlich übernahm ein anderes Unternehmen die Mühle. Aber für meinen Vater war es nie mehr dasselbe. Er sah die Lebensweise verschwinden, mit der er aufgewachsen war. Und in meinem letzten Jahr an der Highschool wurde es noch schlimmer für ihn.

Es fühlte sich an, als würde sich alles verändern, was er jemals geliebt hatte.

Manche Mythen bewegen sich viel näher an der Realität als an der Fiktion.

Es gibt Helden, die im Schatten ihrer eigenen Legende schrumpfen. Sie sind die Illusion eines Mannes, der nur durch die Projektion und den Schutz des äußeren Scheines, hinter dem er sich versteckt, überlebensgroß wirkt. Das sind die Taschenspielertricks und magischen Schwindel, die einen kleinen Handelsvertreter über Nacht in den großen Zauberer von Oz verwandeln. Man darf einfach den Normalsterblichen nicht beachten, der vor einem in der Ecke kauert.

Es gibt große Heldengeschichten, die nur deshalb so aufgebläht wirken, weil sie auf den Schultern der Riesen stehen, die vor ihnen kamen. Wenn es sein muss, klettern sie anderen ins Rückgrat, benutzen jeden Wirbel als Sprungbrett und sind bereit, alle niederzutrampeln, damit sie am Ende die Nase vorn haben. Sicher, die Aussicht von dort oben mag schön sein. Aber täusch dich nicht, die Vorzüge dieser speziellen Art von Charakter werden stark übertrieben.

Und dann gibt es die Helden, die einfach immer eine Geschichte hatten, an die es sich zu glauben lohnt. Diese Art von Mann, der mit dem Mythos verschmolzen ist, war mein Vater. Eine Legende, die in ihrer eigenen Zeit lebte. Die Geschichten über seine waghalsigen Taten sind eher unter- als übertrieben.

Er war schließlich der Mann, der einen 50 Meter hohen Wasserturm – ein Relikt aus besseren Sägewerkszeiten, das in der Hitze der Sommersonne Blasen schlug und rostete – mit nichts als einem Schweißbrenner zu Fall bringen sollte. Während sich die ganze Stadt versammelte, um zuzuschauen, machte sich Papa daran, den Riesen in die Knie zu zwingen.

Als das erste Bein fast durchgeschnitten war, begann der alte Tank zu knarren und zu stöhnen, und die Haltebolzen, die noch völlig intakt waren, schossen wie große längliche Gewehrkugeln aus dem Boden. Als der Turm mit einem schweren Seufzer in die Tiefe stürzte, lösten sich die anderen drei Beine aus dem Boden, als hätte jemand ein Spielzeug in die Hand genommen und umgelegt. Aber im letzten Moment blieb der Tank an dem ersten Bein hängen, das Papa nicht kurz genug abgeschnitten hatte. Da stand das Ding nun in einem 45-Grad-Winkel halb umgefallen da.

Wie eine rostige, stöhnende Roteiche, die sich weigert, gefällt zu werden.

Mein Vater machte unbeirrt weiter, und als der Turm schließlich auf dem Boden aufschlug, schickte er eine so hohe Rostwolke in die Luft, dass man sie noch aus einer Meile Entfernung sehen konnte. Aber als sich der Staub gelegt hatte und die Luft rein war, war der alte Wasserturm genau dort gelandet, wo Papa es beabsichtigt hatte, als hätte er die Stelle mit einem X markiert. Alle in der Stadt hielten es für unfassbar professionell, dass er ihn ganz langsam umgelegt hatte, indem er das erste Bein vorsichtig einkerbte. Und am nächsten Tag war ein Foto dieses Ereignisses auf der Titelseite der Zeitung zu sehen: Papa stand neben dem umgestürzten Turm-Goliath und sah aus wie David höchstpersönlich.

Gute Nachrichten verbreiten sich in einer Kleinstadt schnell.

Mein Vater war auch der Mann, der, als alle anderen Holzfäller im Umkreis gesagt hatten, das sei nicht machbar, mit der Abholzung des „Klapperschlangen-Landes" beauftragt wurde – ein wunderschönes Waldstück weit oben in South Fork, das von einer wahren Invasion von Klapperschlangen bevölkert war. Seine Mannschaft sah nicht weniger als vierunddreißig Schlangen in diesem Sommer, und sie lernten schnell, dass an der alten Legende, dass eine tote Klapperschlange einen noch bis zum Sonnenuntergang angreifen kann, etwas Wahres dran ist. Mein Vater schrappte knapp an einer Katastrophe vorbei, als er einen Baum fällte und bemerkte, dass sich der Sägemehlhaufen unter ihm bewegte. Es war eine Klapperschlange, die die ganze Zeit zwischen seinen Füßen gelegen hatte.

Als ich ihn fragte, was er getan habe, musste er nicht einmal darüber nachdenken. „Ich habe einfach weitergesägt. Ich wollte nicht derjenige sein, der diesen schönen Baum umsonst kaputt gemacht hat."

Er war auch der Mann, der einmal einen Zementlaster aus dem Cherry River gezogen hatte, nachdem der Fahrer die Kontrolle über das Ding verloren hatte und es so schnell den Fenwick Mountain hinuntergerast war, dass man hätte meinen können, seine Bremsen würden brennen. Was eine ganze Armada von Abschleppwagen in zwei Wochen nicht geschafft hatte, schaffte JR Bess in wenigen Minuten – nur er und sein treuer Dozer. Selbst als sich das Gefährt mit ihm im Fahrersitz auf die Hinterachse stellte und unter dem immensen Gewicht bockte, das drohte, ihn mit in den Fluss zu ziehen, ritt er das gelbe Biest die Uferböschung hinauf und zog den Zementlaster hinter sich her in Sicherheit.

Er war der Mann, der sich mit Seilen an einer Klippe festband und freischwebend Bäume fällte, als alle anderen sagten, es sei viel zu steil.

Er war der Mann, den ein Schwarzbär angreifen wollte und der – weil er nicht wusste, was er sonst tun sollte – den Bären einfach so lange anknurrte, bis dieser weglief.

Er war der Mann, der vom Blitz getroffen wurde und den das irgendwie nur stärker gemacht hat.

Und er war der einzige Mann, den der Gouverneur heranziehen konnte, um die höchsten, geradesten und stärksten Bäume im gesamten Bundesstaat West Virginia zu fällen, damit sie die historische Brücke in Philippi ersetzen konnten, nachdem sie abgebrannt war.

Im Umkreis von mehreren Kilometern zeigten die Leute auf meinen Vater und sagten: „Da geht die Legende. Der alte Knabe ist der König der Holzfäller von West Virginia." Und sie machten es sogar offiziell, als sie ihn 1990 zum „Holzfäller des Jahres von West Virginia" ernannten.

Aber es gibt ein Problem, wenn man mit einer Legende lebt: Man kann nie sicher sein, ob er es lebendig nach Hause schafft. Es braucht nämlich keinen sehr großen Baum, um dich zu töten.

Papa lernte das auf die harte Tour, als er noch auf der Highschool war. Damals ging er vormittags in die Schule, um die Nachmittage und Abende im Wald zu verbringen. Er ging zu Fuß zum damals noch boomenden Sägewerk auf der anderen Seite der Stadt und trampte bei irgendjemandem mit, der in den Wald hinauffuhr. Damals gab es eine Menge Waldarbeiter.

An einem Tag war er allein an der Sammelstelle und belud einen Laster mit Baumstämmen, um noch vor Sonnenuntergang eine weitere Ladung ins Werk zu bringen. Ein elastischer Birkenschössling sprang unter Spannung zwischen den Stämmen hervor und knallte ihm gegen den Kopf und hinterließ eine klaffende Wunde. Er stieg vom Lader und fuhr allein zurück zum Sägewerk, wobei er alle paar Hundert Meter anhalten musste, um sich das Blut aus den Augen zu wischen. Als sie ihn ins Krankenhaus brachten, sagten die Ärzte, er hätte gut und gern allein da draußen sterben können.

Es gibt einen guten Grund, warum solche jungen Äste „Witwenmacher" genannt werden, und eines der ersten Dinge, die einem Holzfäller beigebracht werden, ist der Blick nach oben, um die Gefahr zu erkennen, die immer über seinem Kopf hängt. Wenn so ein Ast unbemerkt von dem Gewicht der Stämme zurückgebogen wird und dann abbricht, kann er tödlich sein wie ein Speer. Papa wurde einmal von einem mit solcher Wucht an der Brust getroffen, dass sein Brustbein brach, und der Arzt sagte, es sei eigentlich unerklärlich, warum sein Herz nicht auf der Stelle stehen geblieben sei.

Es gab viele Momente wie diesen, in denen Papa eigentlich im Wald hätte sterben können, aber er tat es nicht. Aber schließlich hatten wir es hier ja auch nicht mit einem gewöhnlichen Sterblichen zu tun.

Einmal schnitt er sich mit der Kettensäge in die Hand und musste nach Morgantown gebracht werden, um seinen Daumen zu retten. Einmal überschlug sich eine Planierraupe, in der er saß. Einmal löste sich eine Kette und riss ihm die Stirn bis auf den Knochen auf. Und wir haben aufgehört zu zählen, wie oft zurückflitschende Äste ihn getroffen haben. Und das ist nicht nur Papa passiert.

Einmal kam einer der Männer, die für ihn arbeiteten, aus dem Wald und hielt sich einen Arbeitshandschuh vor den Mund. Die helle, warme Sonne, die durch die Bäume fiel, warf den Schatten vom Schutzhelm des Mannes auf sein Gesicht, sodass Papa nichts erkennen konnte, bis er direkt vor ihm stand. Aber dann veränderte sich das Licht, und er sah etwas, das er nie wieder vergessen würde: Ein abtrünniger Ast hatte den Mann seitlich an der Nase erwischt. Und sein halbes Gesicht mitgenommen.

Sie brachten ihn mit einem Rettungshubschrauber in das große staatliche Krankenhaus in Charleston, wo sie ihn wieder zusammenflickten. Nach einer Weile kam er sogar wieder zur Arbeit. Denn so sind Holzfäller nun mal. Aber ich kann dir sagen, dass Papa danach einen Monat lang nicht durchgeschlafen hat.

Wie ich schon sagte, es braucht keinen sehr großen Baum, um dich zu töten. Aber zum Glück war Papa immer etwas größer.

Als ich klein war, nahm Papa mich mit in den Wald.

Er ließ mich auf seinem Schoß sitzen und die Hebel ziehen, um die Planierraupe zu bedienen. Meine Füße konnten die Pedale natürlich nicht erreichen, also musste er diesen Teil übernehmen. Aber ich konnte das Gerät nach links oder rechts lenken und es auf den Hügel klettern lassen. Dann ließ er mich einen Hebel drücken, und die Planierraupe drehte sich um 360 Grad wie ein großes gelbes Karussell. Oder er setzte mich in die Schaufel des Laders und hob mich in die Luft, als wäre es die größte Schaukel der Welt. Das gab Fettflecken auf meiner Jeans, aber das war mir egal.

Als ich älter wurde, zeigte er mir, wie man eine Kettensäge bedient, und er ließ mich sogar meinen eigenen Baum fällen. Aber die meiste Zeit, wenn ich mit ihm im Wald war, rannte ich einfach herum, kletterte in die Baumkronen der Riesen, die er gerade gefällt hatte, und fragte mich, ob das Leben noch besser sein könnte.

Ich wünschte, du hättest Papa kennengelernt.

Er war so jung und gutaussehend und voller Leben. Er liebte es zu lachen, und er spielte den Männern, die für ihn arbeiteten, immer wieder Streiche. Ein fetter Ochsenfrosch in der Brotdose des einen. Kettensägenfett auf dem Sandwich eines anderen. Wenn er lachte, bebte sein ganzer Körper, bis kein Ton mehr kam und die Tränen über sein Gesicht kullerten.

Papa trug nicht immer das Gewicht der ganzen Welt auf seinen Schultern. Wenn er von der Arbeit nach Hause kam, kroch ich durch das Fenster, das den Trailer mit dem Anbau verband, und setzte mich auf die Lehne der Couch, um mit ihm fernzusehen. In jenen Tagen waren wir unzertrennlich. Die besten Freunde. Nichts konnte uns jemals auseinanderbringen.

Als ich die Highschool beendete, begannen mein Vater und ich, ernsthafte Machtkämpfe auszufechten.

Er kam abends nass und erschöpft nach Hause. Er hatte es so satt, mit Schlamm bedeckt zu sein, hatte es satt, zu frieren und bis auf die Knochen durchnässt zu sein, hatte es satt, krank und müde zu sein, und er war nicht in der Stimmung, sich zu streiten. Jahre zuvor, bei Großvater Bills Beerdigung, hatte Papa zwei Männer belauscht, die meinten, das Holzfällergeschäft würde innerhalb weniger Monate untergehen, jetzt, wo er das Sagen hatte. Seitdem hatte er jeden Tag damit verbracht, knietief im Schlamm und in seinen eigenen Rachegedanken zu versinken und sich halb umzubringen, nur um zu beweisen, dass diese Männer unrecht hatten.

Und wenn er nach Hause kam, schaute er in sein Spiegelbild – mein Gesicht. Er sah jede einzelne Ähnlichkeit zwischen uns, die uns zu unseren Differenzen trieb.

Zu dieser Zeit war das Maulen mein neues Lieblingshobby. Und ich war gut darin. Ich war gut im Augenrollen. Gut darin, Tiefschläge zu verteilen. Ich war sogar gut darin, mich aufzuregen und aus dem Raum zu stampfen. Aber mein vielleicht größtes Talent war es, Papa täglich wissen zu lassen, was für eine unendliche Enttäuschung es für mich war, in diesem Trailer mit all seinem Dreck und Gestank und der undichten, durchhängenden Decke zu leben.

In diesem Jahr haben wir uns oft in den Haaren gehabt.

Aber nie so sehr wie in der Nacht mit der Sache mit dem Kühlschrank.

Ein paar Jahre zuvor hatte ich angefangen, Magneten von allen Bundesstaaten zu sammeln, die ich besucht hatte – zu diesem Zeitpunkt waren es dreizehn –, und sie an der Kühlschranktür anzuordnen wie eine Landkarte all der Möglichkeiten, die sich von meinem Epizentrum in West Virginia ausbreiten. Wir hatten uns an diesem Abend über irgendetwas gestritten, und das Nächste, was ich wusste, war, dass diese Magneten sich hart in meinen Rücken drückten, kalt und abwehrend, während wir uns gegenseitig anschrien. Er brüllte so dicht vor meinem Gesicht, dass ich die Hitze seines Atems spüren und die Cola riechen konnte, während er mir mit einem mit Kettensägenfett verschmierten Finger in die Brust piekste.

„Kind, bei Gott, wenn ich dir sage, dass du etwas tun sollst, dann tust du es gefälligst!" Er hämmerte jedes Wort mit einem gleichmäßigen Trommelschlag in mein Herz, während Ohio sich immer tiefer in mein Schulterblatt grub.

Früher hatte ich immer Angst davor gehabt, ihn wütend zu machen. Früher hätte er nur einen Seufzer in meine Richtung ausstoßen müssen, und ich hätte sofort alles stehen und liegen lassen, was ich gerade tat. Aber jetzt war etwas anderes in mir aufgestiegen.

Seine Seufzer hatten keine Macht mehr über mich.

Es war, als ob eine Rebellion in meinem Rückgrat losbrach und alles umstürzte, was ich in meinem Leben nicht haben wollte. Ein Schalter wurde in mir umgelegt, und es gab kein Zurück mehr. In diesem Moment, als sein Gesicht nur wenige Zentimeter von meinem entfernt war, rot angelaufen, und er mit zusammengebissenen Zähnen zischte, dass ich mich zusammenreißen sollte, schob ich mein Kinn trotzig ein wenig näher an seins. Ich versteifte meine Wirbelsäule – ein stählerner Blitzableiter, wo früher nur Wirbel gewesen waren – und spürte, wie sich mein Brustkorb öffnete, um gegen seinen anzustürmen. Seine Arbeitsstiefel berührten meine nackten Füße, kalt und schlammig auf meiner Haut. Er überragte mich. Ich war zwischen einem Kühlschrank und einem Mann von der Größe eines Kühlschranks eingeklemmt, und die unendliche Breite seiner Schultern versperrte mir auf beiden Seiten den Fluchtweg.

Aber ich wollte gar nicht flüchten.

Ich verengte meine Augen zu bloßen Schlitzen und starrte ihn an, ohne zu blinzeln, und sonderte dabei Verachtung und Geringschätzung ab wie konzentrierte Laserstrahlen. Selbst als er lauter wurde, zuckte ich nicht zurück. Das war der Moment, in dem wir beide wussten:

Es war an der Zeit, kindliche Gepflogenheiten abzulegen.

Damals habe ich viel Zeit in meinem Zimmer verbracht.

Wenn ich die Lichter des Lastwagens herankommen sah, immer weit nach Einbruch der Dunkelheit, zog ich mich in meine neutrale Ecke des Trailers zurück und schlug die Tür zu. Einmal packte ich sogar all mein Hab und Gut zusammen und zog nach nebenan, um fortan bei Goldie zu leben. Aber das ging nur so lange gut, bis sie mir auch sagen wollte, was ich zu tun hatte – wann ich ins Bett gehen und wann ich meine Hausaufgaben machen sollte. Ich hatte schon viel zu lange auf mich selbst aufgepasst, als dass mir jetzt jemand vorschreiben durfte, was ich zu tun hatte. Also packte ich meine Sachen wieder zusammen, stapfte die etwa fünfzig Schritte durch den Schnee zurück über den Hof und gab mich mit dem Trailer zufrieden. Und das Türenknallen begann von Neuem.

Das war der Stand unserer Auseinandersetzung, als Papa eines Tages nach Hause kam und seine Hand in ein Sweatshirt der *Bess Logging Company* eingewickelt hatte. In dem Jahr, in dem er zum Holzfäller des Jahres gekürt worden war, hatte Goldie solche Sweater anfertigen lassen – in einem Laden in der Stadt, wo man seine neuesten Ideen und Errungenschaften mithilfe des Siebdruckverfahrens auf alles Mögliche drucken lassen konnte. Wir neigen dazu, so was zu tun, nicht wahr: unsere Wunden mit unseren neuesten Errungenschaften zu verbinden?!

Papa hatte einen Biber als Maskottchen für die *Bess Logging Company* ausgewählt. Er nannte ihn „Bucky Beaver", das Tier trug Latzhose, Schutzhelm und messerscharfe Zähne. In dem Jahr, in dem Papa zum Holzfäller des Jahres gekürt und beim Cherry River Festival geehrt wurde, ließ er sich ein Kostüm mit einem riesigen Biberkopf aus Pappmaché anfertigen. Und die zwei Meter großen, ausgewachsenen Männer, die für ihn arbeiteten, trugen es abwechselnd. Es sah aus, als sei das Vieh offiziell vom Berg heruntergekommen, um die Stadtbewohner in Gestalt eines radioaktiv verseuchten Supernagers zu terrorisieren. Und diesen Biber hatte Goldie auf die Sweatshirts drucken lassen.

Ich durfte bei der Parade auf der Ladefläche eines Pick-ups mitfahren, mit einem peinlich überdimensionierten Schild mit der Aufschrift „Tochter des Holzfällers des Jahres 1990", und warf den kleinen Kindern auf der Main Street Bonbons zu. Mein Vater fuhr in einem roten Camaro Cabrio vor mir her und führte die Parade an.

Er sah aus wie ein König oder ein Held, der aus dem Krieg zurückkam und zur Feier des Tages mitten durch die Stadt ritt. Ich erinnere mich, dass er sich wie in Zeitlupe bewegte, den Menschenmassen zuwinkte, die seinen Namen riefen, und lächelte. Das Ganze spielte sich vor meinen Augen ab wie eine Art Super-8-Film, mit den typischen Sprüngen. Ein nostalgisches Zurückspulen, das zu sagen scheint: Das darfst du auf keinen Fall verpassen.

Und genau in diesem Moment, hinten in einem silbernen Chevy Pick-up, mit dem Titel „Tochter des ..." über meinem Kopf, wusste ich es bereits: Wenn ich in Zukunft an meinen Vater denken würde, wollte ich ihn genau so in Erinnerung behalten.

Als wir das Sweatshirt von seiner Hand abwickelten, hatte sein Blut das Biber-Bild durchtränkt, so dass es aussah, als wäre Bucky Beaver an den Falschen geraten. An Papas rechter Hand – Mittelfinger, mittlerer Knöchel – sah ich die Quelle des Blutbads. Offenbar war er mit der Hand zu nahe an den Axtschärfer gekommen, eine Schleifscheibe, die in einem Sekundenbruchteil die gesamte Haut seines Fingers fast bis auf den Knochen abgetragen hatte.

Wie es sich für JR Bess gehört, schmierte er einfach etwas Kettensägenfett darauf und arbeitete weiter. Und jetzt, acht Stunden später, war es meine Aufgabe, die Wunde zu reinigen. Wir saßen zusammen auf der Couch – ich mit einer Flasche Peroxid und er mit diesem verwaschenen Grau, das seine Augen bekamen, wenn er wirklich krank war oder etwas Schreckliches erlitten hatte. Und ich begann, neue Wunden wieder aufzureißen.

Bei jeder Berührung mit dem Ohrenstäbchen zuckte er zusammen, aber er bat mich nicht aufzuhören. Es dauerte über eine Stunde, aber schließlich hatte ich die Wunde vollständig gereinigt. Und alles, was ich danach tun konnte, war, ein paar Schichten Gaze auf die Wunde zu legen, die mit ein paar großen Pflastern fixiert wurde. Ich meinte, dass sich das besser ein Arzt ansehen sollte. Aber er meinte nur: „Ach, das wird schon wieder", und: „Ich bin zäh, ich halte das aus." Er sagte das auf diese Art, bei der man nicht sagen konnte, ob er eher stur oder knallhart oder leichtsinnig war ... oder eine Kombination aus allen dreien.

In den nächsten sechs Wochen versorgte ich seine Wunde. Jeden Abend kam er nach Hause, und ich verbrachte eine gute

Stunde damit, die Wunde zu reinigen und neu zu verbinden. Und jeden Morgen ging er wieder zur Arbeit und machte sie wieder schmutzig.

Es war ein langer Weg. Die Wunde brauchte ewig, um zu heilen.

Auf dem Weg dorthin gab es Rückschläge und Infektionen. Aber langsam, Tag für Tag, konnte ich beobachten, wie sich die Wundränder einander annäherten. Wie die klaffende Kluft kleiner wurde. Und jeden Abend, den wir zusammen verbrachten und über unseren Tag sprachen, während ich mit Pinzette und Wattestäbchen meine kleine Operation durchführte, wuchsen auch wir wieder zusammen.

Tag für Tag wurde die klaffende Kluft zwischen Vater und Tochter kleiner.

Es hat eine Weile gedauert, bis ich das in meinem Leben erkannt habe, aber manchmal dienen die Verletzungen, die wir davontragen, dazu, uns lange genug auszubremsen, dass wir einander wieder sehen können. Sie dienen dazu, Heilung zu bringen und uns zu öffnen, damit wir das Gift ausspülen können, das sich in unserem Leben eingenistet hat. Ich bin mir nicht sicher, was zwischen meinem Vater und mir passiert wäre, wenn er sich an diesem Tag nicht die Hand aufgerissen hätte. Wir würden wahrscheinlich immer noch Türen hinter uns zuschlagen.

Stattdessen haben wir gelernt, wie es aussieht, wenn man wieder zusammenwächst. Gemeinsam. Und als sich die Wunde schließlich schloss – Hand aufs Herz, so etwas kann man nicht erfinden –, hatte die Narbe, die auf seiner Hand zurückblieb, die Form eines M.

Das habe ich als Zeichen dafür genommen, dass wir zusammengehören.

Wir haben immer gescherzt, dass ich ihn mit diesem M mein Zeichen aufgedrückt habe. Aber die Wahrheit ist, dass die Heilung uns beide gezeichnet hat.

Gott sei Dank für diese Art von Narben. Die, die uns wieder zusammenfügen.

Ich erinnere mich an ein Weihnachten, als ich fünf oder sechs Jahre alt war. Papa packte mich in den Pick-up und achtete darauf, dass mein Sicherheitsgurt fest geschlossen war. Meine Füße berührten den Boden nicht, und ich baumelte mit ihnen und schaute auf meine Schneestiefel mit den roten Schnürsenkeln und den Metallzacken, die an der Seite entlangliefen.

Ich starrte hinaus auf eine blassblaue Schneedecke, über der die ersten Sterne des Weihnachtsabends aufblinkten und wieder verschwanden. Papa ließ den Motor an, und das Fett, das noch an seinen Händen klebte, hinterließ Flecken auf dem Lenkrad. Er drehte die Heizung auf und richtete den Luftstrahl auf mich, und als wir die Einfahrt hinunterfuhren, lösten sich große Schlammklumpen, die noch an den Reifen klebten, weil er auch an diesem Tag zur Arbeit gefahren war, und hinterließen dunkle Spuren im Schnee – nur für den Fall, dass wir nachher Hilfe brauchten, um den Weg nach Hause zu finden …

Er fuhr zu einem Laden und parkte in der Nähe der Tür, mit der Heckklappe voran. Wir gingen hinein, und er hielt meine Hand, während er mit Leuten sprach, die viel größer waren als ich. Sie versuchten, ihn zu beraten, aber er wusste schon genau, was er wollte. Zehn Waffenschränke aus brüniertem Kirschbaumholz mit geätzten Glasfronten. Zum Mitnehmen, bitte. Der Mann hinter dem Tresen war so perplex, dass er seinen Unterkiefer wieder vom Tresen kratzen musste, und alle im

Laden schauten zu, wie sie die Kirschholzschränke auf die Ladefläche des schlammigen Pick-ups luden.

Papa schnallte mich wieder an, und wir verbrachten den Rest
des Abends damit, zu zehn verschiedenen Häusern mit zehn
verschiedenen Weihnachtsdekorationen zu fahren. Es waren
die Häuser der zehn wintermüden Holzfäller, die für meinen
Papa arbeiteten. Wir klopften an die Türen und verteilten Obst-
körbe an die Frauen und braune Teddybären mit rot-grünen
Schals an die Kinder. Und dann sah ich zu, wie er beim Ausla-
den der einzelnen Schränke half und den Männern vor ihren
Familien dankte. Er dankte ihnen dafür, dass sie alles für ihn
riskierten, dass sie seine selbst gewählten Brüder waren. Dafür,
dass sie von Sonnenaufgang bis Sonnenuntergang arbeiteten,
tagein, tagaus. Selbst wenn sie verletzt waren, selbst wenn sie
krank waren, selbst wenn es draußen eiskalt war. Er sagte ihnen,
dass sie stolz auf ihre Arbeit sein könnten, und er sagte ihnen,
wie stolz er auf sie war.

Ich habe die ganze Zeit nicht auf ihre Gesichter geachtet. Ich
habe nicht einmal seins gesehen. Ich beobachtete die Kinder.
Wie sie ein wenig aufrechter dastanden. Wie sie ihre Väter ein
wenig anders ansahen. Wie sie diesen Stolz auch in sich spürten.

Ich war fünf, vielleicht sechs, und selbst ich wusste, dass er
wahrscheinlich sein letztes Geld für diese Schränke ausgegeben hatte. Aber an diesem Abend wusste ich auch, dass es keine
Rolle spielte, denn wir waren die reichsten Menschen auf dem
Planeten.

Das war die Nacht, in der Papa mich lehrte, was es bedeutet,
jemanden aufzubauen, dankbar und bescheiden zu sein und die
Dinge zu sagen, die gesagt werden müssen. Da habe ich gesehen,
was es heißt, am Tisch Platz für alle zu schaffen und vielleicht
auch irgendwo ein kleines Wunder zu bewirken.

Manchmal ist es leicht, sich in dieser Welt zu verlieren und zu vergessen, was wirklich wichtig ist. Aber dann erinnere ich mich an Nächte wie diese, und ich bin dankbar, dass ich Dads Beispiel immer vor Augen haben werde – nur für den Fall, dass ich Hilfe brauche, um den Weg nach Hause zu finden.

Zwischenspiel

In der flackernden, grünen, piepsenden Dunkelheit des Krankenhauszimmers ließen mich meine sonst so zuverlässigen Worte im Stich. Sie rannten und versteckten sich in den Ecken und verbargen ihre Köpfe unter ordentlich gefalteten Laken, schwammen in einem Meer aus Kochsalzlösung und Leid. Sie nahmen vorbereitete Bissen von seiner letzten ungegessenen Mahlzeit und hinterließen Abdrücke auf den strahlend weißen Krankenakten, die niemals mehr ungeschrieben gemacht werden konnten. Einige meiner Worte standen einfach auf dem Flur und weigerten sich, den Raum überhaupt zu betreten – als Silhouette vor dem Hintergrund zweier miteinander verwobener Leben, die nun zu einem einzigen zusammenschmolzen, mit einem Fuß in der Tür und einem draußen.

„Kind, Kind, Kind. Ich habe gebetet, dass du kommen würdest."

Zum ersten Mal erschien Papa mir kleiner als das Leben. Diese harte äußere Schale des Mannes, die einst zu einem Mythos erstarrt war, schmolz nun vor meinen ungläubigen Augen zu einem bloßen Sterblichen. Der Mann, von dem ich dachte, er sei unzerstörbar, lag nun gebrochen vor mir, diese lebende Legende, die im hellen Licht des Tages auf die schlichte Realität reduziert worden war. Ich registrierte die Uhr an der Wand, die mit ihrem unaufhörlichen Ticken unnötig laut die vergehenden Sekunden anzeigte, eine Botin des Offensichtlichen: Die Zeit, die wir haben, ist flüchtig.

„Seit wann betest du denn?", neckte ich ihn, leise und traurig, während ich meine Hände damit beschäftigte, eine Decke neu zu falten, die gar nicht neu gefaltet werden musste. Er hustete mehr, als er lachte, dann zuckte er vor Schmerz zusammen.

Lachen ist nicht immer die beste Medizin.

„Nun, Kind, was soll ich sagen?" Er wischte sich den Mund mit einem Lappen ab und schaute instinktiv nach Blut. Dasselbe Blut, das durch meine Adern floss. Diese rote Mischung aus Herz und Mumm und Kraft und Herrlichkeit, die Art von pulsierendem Durchhaltevermögen, die man nur aus dem innersten Mark seiner Knochen schöpfen kann. Er schaute mir direkt in die Augen, und die Super-8-Projektorspule mit Erinnerungen erwachte wieder zum Leben und spielte ihre Szenen auf den Mauern ab, die nun nicht mehr zwischen uns standen.

„Ich denke, für manche Dinge sollte man einfach eine Ausnahme machen."

Teil 2
Das Mädchen nach dem Trailer

11. Ein Schiff, das in die Ferne segelt

Ich habe während meines Studiums einmal einen Kurs in Metaphysik belegt. Als wir zu den Themen Identität und Raum-Zeit-Kontinuität kamen, führte der Professor das Paradoxon vom Schiff des Theseus ein, um unsere Vorstellungen davon herauszufordern, wie sehr sich etwas verändern kann, bis es nicht mehr dasselbe ist. Der Professor erklärte, man stelle sich ein Schiff mit Holzplanken vor, das von einem Ufer zum anderen segelt. Während der Fahrt wird eine Holzplanke undicht und muss durch eine Ersatzplanke aus Metall ersetzt werden, die glücklicherweise an Bord ist. Ist es noch dasselbe Schiff? Die meisten Menschen würden das bejahen.

Während das Schiff weiterfährt, werden immer mehr Holzplanken undicht. Und eine nach der anderen wird durch den Vorrat an Metallplanken aus dem Frachtraum ersetzt. Bis das Schiff sanft im Sand des anderen Ufers anlandet und die letzte Holzplanke durch Metall ersetzt wird. An welchem Punkt hört es auf, dasselbe Schiff zu sein? War es, als die Zahl der Metallplanken offiziell die der Holzplanken überstieg? Oder war es erst nach dem Austausch der letzten Holzplanke, als keine Teile des früheren Schiffes mehr vorhanden waren?

Stell dir nun vor, dass die Fahrt von einem Ufer zum anderen zehn Jahre dauerte, sodass nach jeder Veränderung Wochen und Monate vergingen und das Boot Zeit hatte, sich selbst mit all diesen neuen Teilen zu identifizieren. Als es am anderen Ufer ankam und für diejenigen, die es einst kannten, völlig anders und nicht wiederzuerkennen war, fühlte es sich noch immer als dasselbe.

Handelt es sich also nach wie vor um dasselbe Schiff?

Ich weiß nicht genau, wann das Mädchen *im* Trailer nicht mehr sie selbst war, sondern zum Mädchen *nach* dem Trailer wurde.

War es der Tag, an dem es sein Zuhause verließ? War es der Tag, an dem es sich ein eigenes Zuhause schuf? Oder geschah es erst an dem Tag, als es nach achtzehn Jahren endlich mehr Zeit außerhalb des Trailers verbracht hatte als darin?

Ich bin mir nicht sicher.

Aber ich weiß, wie es ist, in diesem Boot zu sitzen.

Ich weiß, wie es ist, am anderen Ufer anzukommen und für diejenigen, die einen einst gekannt haben, nicht mehr wiedererkennbar zu sein und sich trotzdem selbst wiederzuerkennen – zur selben Zeit völlig anders und doch irgendwie gleich zu sein. Mit den neuen Aspekten, die dich jetzt ausmachen, im Reinen zu sein und gleichzeitig all die Merkmale zu ehren, die vorher schon da waren.

Wie sehr kann sich ein Mensch im Laufe der Zeit verändern, ohne zu verlieren, wer er einmal war? Und wie können wir daran festhalten, wenn alles um uns herum losgelassen wird?

Bevor ich nach Yale ging, um Jura zu studieren, verbrachte ich ein Jahr in England. Und davor habe ich vier der besten Jahre meines Lebens an der West Virginia University verbracht, um meinen Bachelor-Abschluss zu machen.

Aber fast hätte ich es nicht getan.

In Armut aufzuwachsen, macht etwas mit dem Gehirn. Ich kann es nicht erklären. Vielleicht hat es etwas damit zu tun, dass sich der präfrontale Kortex noch entwickelt. Oder vielleicht sind es negative neuronale Bahnen, die sich im Laufe der Zeit durch die immer neue Wiederholung von schlechten Gedanken verfestigen, die zu schädlichen Generationsmustern geworden sind. Vielleicht liegt es aber auch nur am jahrelangen Einatmen von Schimmelsporen.

Was auch immer es ist, es führt dazu, dass man erwartet zu scheitern, bevor man es überhaupt versucht hat.

Ich habe einmal einen Wissenschaftler sagen hören, dass die Neuronen wie üppige, gesunde Bäume aussehen, wenn man immer wieder positive Gedanken denkt, während negative Gedanken dazu führen, dass die Neuronen wie kahle Bäume im Winter aussehen. Ich weiß nicht, ob das stimmt oder nicht, aber dieses Bild ist mir im Gedächtnis geblieben.

Ich glaube, meine Bäume sehen aus wie eine Szene aus dem Horrorfilm „Sleepy Hollow".

Es gibt viele verschiedene Möglichkeiten, dieses Gefühl zu beschreiben. Man kann es Versagensangst nennen, übertriebene Selbstkritik, Selbstzweifel, mangelndes Selbstvertrauen, geringes Selbstwertgefühl, Unsicherheit, Mangeldenken oder einfach nur das allgegenwärtige Gefühl, dass man nie gut genug sein wird, egal, was man tut. (Klingt super spaßig, oder ...?!)

Die Sache ist die: Meine Eltern haben mir immer gesagt, dass ich *alles* werden kann, was ich mir wünsche. Ich hatte vom Kindergarten bis zur Highschool wunderbare Lehrer. Ich habe im Ausland und an einer der besten *Ivy-League*-Institutionen in den USA studiert. Mir wurde immer wieder gesagt, dass ich klug sei, dass ich fähig sei. Es gibt also keinen vernünftigen Grund auf der Welt, warum ich mich weiterhin so unzulänglich fühlen sollte.

Aber das ist eben die Sache mit der Angst. Sie handelt nicht mit der Währung der Vernunft.

So kam es, dass ich mich in meinem letzten Highschool-Jahr, mit dem Horizont meines restlichen Lebens vor Augen, fast nicht dazu durchringen konnte, meine Bewerbung an der West Virginia University (WVU) einzureichen. Als ich erfuhr, dass dort zweiundzwanzigtausend Studenten eingeschrieben waren – mehr als zehnmal so viele Menschen, wie Einwohner in unserer Stadt leben –, kann ich ohne Übertreibung sagen, dass ich absolut überzeugt war, dass ich es nicht schaffen und am Schluss der Warteliste enden würde. Nummer zweiundzwanzigtausendundeins. Die am wenigsten Qualifizierte von allen. Stattdessen habe ich mich mit dem weitaus überschaubareren örtlichen College (1.502 Studenten) abgefunden.

Ich glaube, ich weiß, wie ich an diese Art des Denkens geraten bin.

Als ich aufwuchs, sagte mein Vater immer das Gleiche, wenn ich ihn nach einer möglichen Lösung für seine Probleme fragte oder etwas ausprobieren wollte, das sein Leben ein wenig leichter machen würde: „Kind, lass es dir gesagt sein: So ist es, so war es, so wird es immer sein."

Er hat das nie über mich gesagt. Mir hat er immer eingetrichtert, dass mein Leben anders sein könnte. Aber ich glaube, er hat unterschätzt, wie sehr die Worte, die er über sich selbst sagte, auch von mir aufgesogen wurden.

Wie eine Art Osmose zwischen seinen Arbeiterhänden und einem kleinen Mädchen, das immer gut zugehört hat.

Ich habe immer gesagt, dass mein Vater die Bäume fällte, aus denen meine Zukunft gebaut wurde. Und das ist wahr. Aber letztlich müssen wir uns auch fragen: Was für Setzlinge pflanzen wir an?

In West Virginia
waren die Winter
lang und schneereich

Im Trailer mit Katze Thomasina

Als Mama
noch bei uns war

Mit Oma Goldie
auf dem Weg in den Gottesdienst

Je wilder,
desto besser

Schon immer
ein „Papa-Kind"

Papa und ich
sehen uns so ähnlich

Meine Großeltern
Bill und Goldie Bess

Mama war 17
und Papa 21,
als sie
geheiratet haben

Mein Vater,
die Holzfäller-Legende

Teenager-Träume
von einem
besseren Leben

Als Erste unserer
Familie mit
Universitätsabschluss

Justin, meine große Liebe

Das letzte Foto mit Oma Goldie

Voller Dankbarkeit für diese
verschmutzten und zernarbten Hände meines Vaters

Am Ende habe ich meine Bewerbung doch an die WVU geschickt. Es war eine Aktion, die aus der Not geboren wurde.

Im gesamten Bundesstaat West Virginia gibt es nur eine einzige juristische Fakultät, und da ich damals absolut nichts über das Verfahren wusste, ging ich einfach davon aus, dass ich das College der gleichen Ausbildungsstätte besuchen musste, an der ich später Jura studieren wollte. Und schon als ich noch Goldies rosa Sonntagsschulkleidchen trug und mit ihr *Perry Mason* und *Matlock* im Fernsehen schaute, tat ich so, als hätte ich Klienten, mit denen ich mich treffen musste. Schon damals hatte ich gewusst, dass ich Jura studieren würde.

Man könnte denken, dass es seltsam ist, dass ich einerseits so fest davon überzeugt war, an der Universität zu scheitern, und gleichzeitig so entschlossen, meinen Traum vom Jurastudium zu verwirklichen. Aber genau darin liegt die Spannung für Menschen, die so aufgewachsen sind wie ich: eine ständige Angst vor dem Scheitern, gepaart mit einem fast zwanghaften Bedürfnis, etwas zu erreichen.

Das Mädchen im Trailer und das Mädchen, das so verzweifelt außerhalb des Trailers existieren wollte, waren bitter miteinander verstrickt und im Krieg mit sich selbst. Und beide wussten ganz genau, dass sie sich nie verzeihen würden, wenn sie es nicht wenigstens versucht hätten.

Und schon war die WVU wieder auf dem Tisch. Ich forderte ein Bewerbungspaket an, füllte alles aus und schickte es am ersten Tag der Zulassungsfrist zurück.

Es war die einzige Schule, bei der ich mich bewarb.

Es kam mir nie in den Sinn, etwas außerhalb meines Bundesstaates zu suchen.

Ich bin an der WVU nicht durchgefallen, um das festzuhalten.

Tatsächlich schloss ich mit einer glatten Eins ab.

Abgesehen von einer einzelnen 2+, die mich bis heute nicht loslässt.

Es passierte im zweiten Semester meines ersten Studienjahres, in einem Kurs, der ein Kinderspiel war und eigentlich eine Eins geben sollte, aber ich habe ihn einfach nicht ernst genug genommen. Und das Gefühl, diesen runden, geschwungenen Bogen einer Zahl zu sehen, die mich vom Papier anstarrte, wo eigentlich nur harte Linien sein sollten, hat mich so wütend gemacht, dass ich beschloss, so etwas nie wieder zuzulassen. (Aber du hast nicht bis hierher gelesen, um etwas über meine Noten zu hören, stimmt's?!)

Vor allem gehörten diese vier Jahre an der WVU zu den prägendsten in meinem Leben. Ich trat dem Debattierklub bei, belegte Kurse bei phänomenalen Professoren, lernte wunderbare Freunde kennen und verliebte mich. Durch all das begann ich, die Welt als einen größeren Ort zu sehen, als ich es je zuvor getan hatte. Eine Welt, die nicht an diesem wellenförmigen, unregelmäßigen Herzschlag der Staatsgrenze von West Virginia endet – diese aufsteigenden und abfallenden, runden, gekrümmten Linien, die auch in meinem Kopf irgendwie immer eine harte Grenze gebildet hatten. Stattdessen sah ich eine Welt dahinter, die vielleicht doch einen Platz für mich hatte.

Ich möchte hier klarstellen, dass ich West Virginia liebe.

Jeder, der schon einmal in einem Stadion gestanden hat, umgeben von einem Meer aus Blau und Gold, sechzigtausend Mann stark, und aus voller Kehle „Let's goooooo, Mountaineers" geschrien hat, bis man keine Stimme mehr hat, weiß, was ich meine. Jeder, der schon einmal für eine Weile weg war und zurückkommt, um das „Wild and Wonderful"-Schild über dem Highway hängen zu sehen, nur um dann *Country Roads* aufzudrehen und sofort zu wissen, dass man zu Hause ist, weiß, was ich meine. Jeder, der schon einmal im Herbst den *Highland Scenic Highway* hinaufgefahren ist und gesehen hat, wie die Berge in einer solchen Farbenpracht explodierten, dass es aussah, als stünden sie in Flammen – ein Inferno aus roten, orangefarbenen und gelben Flammen, die die Hänge hinunterbrannten, ein Schauspiel, das jeden Staat in Neuengland vor Neid erblassen lässt – jeder, der das einmal erlebt hat, weiß, was ich meine.

Diese Berge dringen in deine Seele ein.

Ob ich West Virginia verlasse oder nicht, war nie eine Frage meiner Heimatliebe. Es ging vielmehr darum zu sehen, was mich am fernen Ufer erwartete. Es ging darum, wer ich in diesem Prozess werden könnte. Deshalb fand ich mich im Herbst meines Abschlussjahres vor einer Jury in einem kleinen, fensterlosen Raum wieder, wo ich mich um ein Stipendium für ein Jahr in England bewarb, um meinen Master in Ethik zu machen, anstatt direkt Jura zu studieren.

Jetzt musste ich nur noch JR Bess die Nachricht überbringen.

Mein Vater war einer der größten Befürworter meines Studiums an der WVU gewesen und hatte mich ermutigt, über das örtliche College hinauszudenken. Aber jetzt, da sich mein Blick auf die Welt da draußen gerichtet hatte, war seine Stimme die lauteste im Raum, die mir sagte, ich solle zu Hause bleiben. Innerhalb der Grenzen dieser imposanten Berge, die er immer gekannt hatte, war es sicher. Wenn etwas Schlimmes passierte, konnte er zu mir kommen, mich erreichen, mich beschützen. Für ihn war die Welt außerhalb von West Virginia ein beängstigender Ort.

Dass ich weggehen, weglaufen, wegbleiben könnte, war vielleicht das Erste, wovor er in seinem Leben wirklich Angst hatte.

147

Das Licht in Morgantown im Herbst ist wie warmer bernstein-farbener Sirup, wie süßer Honig zwischen den Felsen.

In den frühen Morgenstunden dieser ersten September-tage steigt man hundert Stufen hinauf und das alles vor dem Frühstück, um das Hauptgebäude der WVU hoch oben auf dem Hügel zu erklimmen. Wenn man dann – atemlos und lebendig – am Woodburn Circle ankommt, steht man im Schatten eines verzierten Backsteingebäudes, das sich stolz dem strahlend blauen Himmel entgegenstreckt. Sein Uhrenturm zeigt die Zeit an, die man noch hat, um sich in den Bergen niederzulassen.

Und jede einzelne Sekunde davon ist in reichlich goldenes Licht getaucht.

Dort, im dritten Stock der Woodburn Hall, saß ich später in einem klebrigen Ledersessel im Büro des Lehrstuhls für Politik-wissenschaft, in den frühen Morgenstunden eines frühen Sep-tembertages, nach dem nichts mehr so sein würde, wie es vor-her gewesen war.

Ich war dort, um die Bewerbungen für Stipendien für ein Aus-landsstudium im nächsten Jahr durchzugehen, als ein Professor hereinplatzte und sagte, dass ein Flugzeug ins World Trade Cen-ter geflogen sei. Er glaubte zu diesem Zeitpunkt, dass es sich nur um ein kleines Propellerflugzeug handelte, das vom Kurs abgekommen war. Aber als er ein paar Minuten später zurück-kam und sagte, dass ein zweites Flugzeug den anderen Turm getroffen hatte, wussten wir alle, dass sich die Welt gerade für immer verändert hatte.

Als ich das Büro verließ und mich auf den Weg über den Cam-pus zur Studentenvereinigung machte, hatte ein weiteres Flug-zeug das Pentagon getroffen, und ein viertes war auf einem Feld in Pennsylvania abgestürzt, nur wenige Kilometer von uns ent-fernt. Viele von uns standen mit offenen Mündern da, starrten entsetzt auf Bilder, die keinen Sinn ergaben, und wussten nicht, wohin sie mit sich sollten. Erst als verkündet wurde, dass alle Aktivitäten auf dem Campus wegen der Tragödie, die gerade unsere Nation heimgesucht hatte, eingestellt wurden, wurde uns klar, dass das alles wirklich passiert war.

Wir machten uns alle auf den Weg zurück in unsere Häuser und Wohnheime. Sechs von uns saßen in unserem Gebäude in einem Zimmer zusammen, hielten sich an den Händen und beteten, während wir die Nachrichten verfolgten. So verharrten wir fast die ganze Nacht über bis in die frühen Morgenstunden. Wir hatten Angst, den Fernseher auszuschalten. Angst vor dem Einschlafen. Angst vor dem, was wir beim Aufwachen sehen würden.

Auf den Tag genau eine Woche später erhielt ich den Anruf.

Ich würde in ein Flugzeug steigen, um nach England zu fliegen.

Sie können sich vorstellen, wie gut dieses Telefonat lief.

Ich rief meinen Vater an, eine Woche nachdem die Welt aufgehört hatte, sich zu drehen, um ihm mitzuteilen, dass ich das nächste Jahr in einem Land einen ganzen Ozean weit entfernt verbringen würde. Obwohl ich, nüchtern gesehen, erst in ein paar Monaten abreisen würde, hätte es für ihn genauso gut am nächsten Tag sein können, denn er war überzeugt davon, dass die Welt jetzt ein sehr gefährlicher Ort war.

„Das kann doch nicht dein Ernst sein", sagte er.

Eigentlich war das nicht alles, was er sagte, aber das Einzige. In den nächsten zehn Monaten, bis zu dem Tag, an dem ich in das Flugzeug stieg, hörte ich den Satz immer wieder. Ich glaube, er dachte wirklich, wenn er es nur oft genug sagte, könnte er mir den Flug ausreden.

„Was ist denn eigentlich so Besonderes in England? Gibt es an der WVU keine Masterstudiengänge?"

149

Das Stipendium, das mir zugesprochen worden war, war das *Rotary Ambassadorial Scholarship*, das die Studiengebühren und die Unterkunft für ein Jahr im Ausland abdeckte. Gesponsert wurde es vom örtlichen Rotarier-Club, einer Gruppe von Geschäftsleuten, die sich gemeinsam für Frieden in der Welt einsetzen. Als Stipendiat gehörte es zu meinen Pflichten, in diesem Jahr über fünfzig örtliche Clubs in England zu besuchen und als Botschafterin von West Virginia einen Vortrag zu halten.

Es war das erste Mal in meinem Leben, dass ich erlebt habe, wie reiche Menschen Gutes tun.

In meiner Kindheit war mein Vater in dieser Hinsicht immer ziemlich deutlich gewesen: „Es gibt reiche Leute und es gibt gute Leute, und die beiden sind selten dieselben."

Mir wurde nicht viel über Geld beigebracht. Außer vielleicht, es zu fürchten. Was Sinn ergibt, wenn man bedenkt, mit welcher Art von Finanzleuten es mein Vater zu tun hatte.

Ich war vielleicht fünf Jahre alt, als ich das erste Mal in meinem Versteck im Wohnzimmer unseres Trailers hockte und ihn beobachtete, wie er am Küchentisch neben dem Telefon saß. Es war die Art von Telefon – du erinnerst dich vielleicht –, die noch mit einem richtigen Kabel an der Wand angeschlossen war. Und es hörte einfach nicht auf zu klingeln.

Jeder, der in armen Verhältnissen aufgewachsen ist, weiß, dass es nichts Gutes bedeutet, wenn das Telefon zu klingeln beginnt, denn es ist ein klares Signal, dass irgendjemand irgendetwas von einem will. Geldeintreiber und Leute, die bei der Arbeit Krawatten tragen und immer mehr wollen, als man geben kann. Die Anspruchsvollen, die zu ahnen scheinen, wann mehr rausgeht als reinkommt.

Vielleicht, weil es sich so anfühlte, als ob *immer* mehr Kohle rausgeht als reinkommt.

Es war der zehnte Anruf des Abends, der ihn umbrachte. Der letzte Strohhalm, der ihm das Genick brach. Ich sah, wie dieser riesige, überlebensgroße Mann sich krümmte und unter dem Gewicht des Versuchs, den Lebensunterhalt für seine Familie zu verdienen, zusammenbrach.

Etwa zwei Wochen später kamen die Leute von der Bank und nahmen unsere Holzlaster mit. Nicht die Pick-ups, wohlgemerkt, sondern die riesigen Trucks mit achtzehn Rädern. Den Kenworth und den Mack. Und in unserer kleinen Holzfällergemeinde auf dem Gipfel eines Berges im ländlichen West Virginia ist das etwas, das auffällt.

Papa wurde vor meinen Augen immer kleiner, als die Lastwagen wegfuhren.

Und jetzt war ich dabei, Geld von Leuten anzunehmen, die bei der Arbeit Krawatten trugen. Die Art von Leuten, die in seinen Augen schon immer seine Todfeinde gewesen waren. Und die schickten mich in eine Welt, weit weg von ihm.

Es handelte sich um ein Stipendium, das von Menschen finanziert wurde, die mehr als genug verdient hatten, um es zu verschenken, und ich konnte mit eigenen Augen sehen, dass sie damit Gutes taten. Es war das erste Mal, dass sich mein eigenes Denken von dem meines Vaters zu lösen begann. Es fühlte sich an wie ein Ozean, der sich zwischen uns bildete, da unsere beiden Weltanschauungen nicht mehr dieselben waren.

Vielleicht macht Geld einen weder gut noch schlecht. Vielleicht verstärkt es nur das, was bereits in deinem Herzen ist.

Und vielleicht gibt es tatsächlich viel mehr Gutes auf der Welt, als er zugeben wollte.

Aber in jedem Fall fühlte es sich für ihn irgendwie wie ein Verrat an.

Meine Abschlussfeier an der WVU zog sich über ein ganzes Wochenende.

Zusätzlich zum Rotarier-Stipendium wurde mir in diesem Jahr auch der „Augusta-Orden" verliehen. Ich weiß, das klingt wie eine Auszeichnung aus einem Harry-Potter-Film oder vielleicht auch aus Indiana Jones, aber das ist es nicht. „Augusta" war tatsächlich einer der ursprünglichen Namen, die in Betracht gezogen wurden, als West Virginia sich von Virginia und der Konföderation abspaltete und 1863 ein eigener Staat wurde. Das lateinische Wort *augusta* bedeutet würdevoll, majestätisch, heilig, ehrenvoll. Aber stattdessen fügte man einfach „West" hinzu, und der Rest des Landes ist seitdem unsicher, ob wir ein richtiger Staat sind oder nicht.

„Wie jetzt, Mary, meinst du den Westen von Virginia?"

„Nein, Jeffrey, ich meine West Virginia. Schau mal eine Landkarte an!"

Der Name „Augusta" hätte in dieser Sache wahrscheinlich die dringend benötigte Klarheit geschaffen.

Um diesen Beinahe-Namen zu ehren, hat die WVU den „Augusta-Orden" – ihre höchste Auszeichnung – geschaffen, der jedes Jahr an die acht besten Absolventen verliehen wird. Und ich war jetzt eine von ihnen. Ich hatte solche Angst davor zu versagen – die Nummer zweiundzwanzigtausendundeins zu sein, die am wenigsten Qualifizierte unter ihnen –, dass ich vor dieser Versagensangst davongerannt war, bis sie einen neuen Namen hatte.

Und das bedeutete, dass es nun ein ganzes Wochenende voller Brunches und Preisverleihungen gab, bevor das Hauptereignis stattfand. Papa, Mama, Goldie und Tante Lynn waren bei jedem einzelnen von ihnen dabei. Und Goldies Lieblingsmoment des ganzen Wochenendes war, als wir alle von einer Polizei-Eskorte mit heulenden Sirenen zum Coliseum gebracht wurden, wo sie VIP-Plätze für die Abschlussfeier bekamen. Ich konnte sehen, wie ihre Pusteblumen-Haare aus der Menge ragten und sich ein breites Lächeln auf ihren Apfelbäckchen ausbreitete. Ich glaube, für Goldie bestätigte sich, was sie schon die ganze Zeit vermutet hatte: dass sie in der Tat eine sehr wichtige Person war.

Ein Teil Feuerwerkskörper, ein Teil Fenchelholzbaum.

Nur wenige Wochen später standen wir alle zusammen auf dem Flughafen in Washington und verabschiedeten uns voneinander.

An dem Tag, an dem ich fortging, sprach Papa kaum ein Wort mit mir.

Wir hatten uns an jenem Morgen wegen einer dummen Sache gestritten, und von diesem Augenblick an hätte man die Spannung, die zwischen uns in der Luft hing, nur mit einer der beiden Kettensägen durchtrennen können, die er auf der Ladefläche seines Pick-ups herumfuhr. Er saß schweigend beim Mittagessen, die großen Hände auf der Speisekarte zu Fäusten geballt, zeichnete nervös die M-förmige Narbe auf seinem Finger nach und seufzte alle paar Sekunden hörbar. (Nur für den Fall, dass jemand von uns vergessen hatte, dass er mit alledem nicht einverstanden war.)

Auf der Fahrt zum Flughafen kam es zu einem großen Streit. Einer der größten, die wir je hatten.

Ich sagte ihm, er solle mich einfach an der Tür absetzen, aber sie beschlossen, alle noch mit reinzugehen. Goldie hielt meine Hand, während ich zum Schalter ging und mein Ticket holte. Sie fing an zu weinen, als wir an der nach dem 11. September eingerichteten neuen Sicherheitskontrolle ankamen und sie nicht mehr weitergehen konnten. Sie umarmte mich zweimal und wollte mich gar nicht loslassen. Mama überprüfte noch einmal, ob ich meinen Pass und eine Prepaid-Telefonkarte dabeihatte und alle Nummern, die ich anrufen sollte, wenn ich angekommen war.

Papa stand einfach nur daneben, sagte kein Wort zu irgendjemandem und starrte auf den kalten, harten, polierten Boden unter ihm.

Ich umarmte Mama und Goldie noch einmal und wandte mich dann zum Gehen.

„Sagst du mir denn wenigstens auf Wiedersehen?", fragte ich am Rande des Abgrunds, kurz bevor es für mich kein Zurück mehr gab.

Er seufzte und humpelte zu mir herüber, da seine nie richtig verheilten Knöchel wieder Probleme machten. Er umarmte mich fest, sein Gesicht vergrub sich in meiner Schulter.

Und dann brach der Sturm endlich los.

Er weinte.

Mitten auf einem überfüllten Flughafen.

Er weinte wegen allem, was er zu verlieren glaubte, und wegen allem, was möglicherweise schiefgehen könnte. Die Uhr an der Wand, die unnötig laut tickte, betonte das Offensichtliche.

Seit zehn Monaten hatte er sich auf diesen Tag vorbereitet, und er konnte die Zeit nicht aufhalten.

„Sei vorsichtig da drüben. Dein alter Vater liebt dich, weißt du das?"

„Ich weiß."

Ich hatte es immer gewusst.

Ich drückte ihn ein letztes Mal, und dann war ich weg. Ich stieg in ein Flugzeug, das einen Ozean überqueren sollte.

Ich wette, ich muss immer kleiner geworden sein, als er mich davonschweben sah.

Ein Schiff, das nicht mehr sicher im Hafen liegt und auf ein fernes Ufer zusteuert.

12. Geschichten verändern Geschichten

Es erfordert Mut, einen Traum zu verfolgen. Rohen, ungezügelten, löwenherzigen, mit allen Wassern gewaschenen Mut. Es braucht auch Zuversicht, Geduld und Ausdauer. Und, damit wir es nicht vergessen: Es erfordert Tränen. Ob sprichwörtlich oder tatsächlich, wir vergießen unser Blut, unseren Schweiß und unsere Tränen, um unsere Träume zu verwirklichen. Wir geben alles. Und dann geben wir noch mehr. Frustration. Scheitern. Kämpfen, immer weiterkämpfen. All diese Dinge sind nötig, um einen Traum zu verfolgen. Und wenn man sich für ein Jurastudium bewirbt, braucht man auch ... Geld. Kaltes, hartes, sauer verdientes Geld.

Als ich Anfang des Jahres in England begann, meine Bewerbungen für die juristischen Fakultäten einzureichen, kostete mich jede Schule, die ich auf die Liste setzte, mindestens fünfundsiebzig Dollar zusätzlich. Geld, das ich nicht hatte. Nur für das „Privileg", mich bei einer Einrichtung bewerben zu dürfen, die mich höchstwahrscheinlich ablehnen wird. Ich kann mich beim besten Willen nicht erinnern, ob es damals keine Programme zur Gebührenbefreiung gab wie heute oder ob ich sie einfach nicht kannte. Wie auch immer, mein Budget und meine Möglichkeiten schienen von Minute zu Minute geringer zu werden.

Also habe ich angefangen, das zu tun, was ich „Realitäts-

prüfungsrechnen" nenne. Das ist so ähnlich wie „Nachtrech-
nen", falls Sie das auch schon mal gemacht haben; ich meine
damit, dass man zusammenzählt, wie viele Stunden Schlaf man
bekommen kann, wenn man jetzt auf der Stelle einschläft – nur
dass diese Gedanken am Ende noch mehr Stress bedeuten und
einen länger wachhalten. Die beiden Verfahren ähneln sich
insofern, als beide Paradebeispiele für Stress und Verknappung
sind.

Ich glaube nicht, dass reiche Leute viel „Realitätsprüfungs-
rechnen" betreiben müssen, bei dem man seine eigenen Möglichkeiten durch den Preis einschränkt, den man zahlen muss.
Aber im Grunde ist es wie bei Pferdewetten. Nur dass es um die
eigene Zukunft geht. Du fängst an, die Chancen auszurechnen.
Du studierst die Stammbäume und Gewinnaussichten. Du plat-
zierst deine Wetten strategisch, in der Hoffnung auf ein gutes
Ergebnis. Du setzt nicht auf den Sieger, du hoffst einfach, dass
du den richtigen Platz geraten hast.

Ich hatte erst die Hälfte der Bewerbungen abgeschickt, als
mein Freund Josh mich nach Yale fragte. Wir bewarben uns zur
gleichen Zeit an juristischen Fakultäten, und wir hatten beide
Probleme mit der „Realitätsprüfungsrechnung", deshalb wusste
er Bescheid.

Er wartete eine Sekunde, während ich ihn ignorierte, und
fragte dann erneut. „Ernsthaft", er tippte mir auf die Stirn:
„Was ist mit YALE?"

„Josh, du weißt so gut wie ich, dass es für mich genauso hilfreich wäre, einen Hundert-Dollar-Schein anzuzünden und zuzu-
sehen, wie er verbrennt, wie es wäre, mich zu bewerben und zu
glauben, ich hätte auch nur den Funken einer Chance, in Yale
angenommen zu werden."

Es ärgerte mich, dass er das Thema überhaupt noch einmal

angesprochen hatte. Yale ist die beste juristische Fakultät des Landes. Dort aufgenommen zu werden, ist im Grunde das Äquivalent zur goldenen Nadel im Heuhaufen.

Aber da Josh nun mal Josh war, sah er eine Version von mir, die ich nicht in mir selbst sehen konnte. Er sammelte alle erforderlichen Unterlagen aus meinen anderen Bewerbungen zusammen, brachte mich dazu, mich hinzusetzen und den zusätzlichen persönlichen Aufsatz zu schreiben, den Yale verlangte, und schickte alles am nächsten Tag in einem großen, dicken Briefumschlag ab. Mit einem Scheck für die Gebühren, den er selbst ausgestellt hatte.

Josh war der erste Freund, den ich je hatte, der wirklich nett zu mir war und der mich lehrte, wie ich behandelt werden sollte. Und er hatte gerade Geld aus seiner eigenen Tasche genommen, um mir eine Zukunftschance zu ermöglichen. Beides, so stellte sich heraus, würde meine Geschichte für immer verändern.

„Also, worüber hast du geschrieben? Wie sehr du Efeu liebst?" Er sagte es mit einem Lächeln, das mir sagte, dass er es bereits gelesen hatte.

Ich hatte über den Trailer geschrieben.

Während meines Jahres in England studierte ich an einem kleinen Campus auf dem Lande namens Wall Hall in Aldenham Abbey, der in den späten 1930er-Jahren die Residenz von Joe Kennedy gewesen war, als er US-Botschafter in Großbritannien war. Es war ein wunderschönes, altes, efeubewachsenes Herrenhaus mit diesen übertriebenen Camelot-ähnlichen Türmen, die es wie eine Disney-Version seiner selbst erscheinen ließen. Das ganze Gebäude sah in all seiner Pracht seltsam aus, mitten in den Wiesen im Nirgendwo. Man musste mehrmals die Busse wechseln, um in dieses Nirgendwo zu gelangen.

Das war wirklich ganz anders als alles, was ich zuvor gesehen hatte.

Ich wurde dem Binghams-Wohnheim zugewiesen, wo ich mir eine Wohnung – mit gemeinsamer Küche und Gemeinschaftsbädern – mit mehreren englischen Studenten teilte. In meinem Masterstudiengang waren insgesamt nur drei Leute, und die beiden anderen wohnten nicht auf dem Campus. Das – und die Tatsache, dass wir einige Bushaltestellen vom Irgendwo entfernt waren – bedeutete, dass ich mit meinen Mitbewohnern klarkommen musste. Und zwar zackig. Tatsächlich wurden wir sechs am Ende die besten Freunde.

Wir fingen sogar an, uns die Binghams Crew zu nennen.

Abgesehen von der Tatsache, dass sie alle Engländer waren und ich Amerikanerin und dass sie alle im Grundstudium waren, während ich meinen Master machte, gab es einen weiteren wichtigen Unterschied zwischen uns: Ich war die Einzige in der Gruppe, die an Gott glaubte.

Das führte zu einigen interessanten nächtlichen Gesprächen.

Ich hatte nie ein Problem damit, mit Menschen befreundet zu sein, die andere Überzeugungen haben als ich. Noch nie habe ich zu den Menschen gehört, die nur eine Freundesgruppe haben können, in der alle die gleichen Kästchen ankreuzen und die gleiche Partei wählen. So bin ich einfach nicht. Im Gegenteil, ich begrüße es, wenn meine Überzeugungen infrage gestellt werden und ich mir selbst klarmache, warum ich glaube, was ich glaube.

Und die Möglichkeit hat mir die Binghams Crew in Hülle und Fülle geboten.

In einer besonders intensiven Nacht saßen wir alle auf dem Boden meines kargen Zimmers – ein Schreibtisch, ein paar Poster an der Wand, eine Art Pritsche als Bett – und der raue Nadelfilz-Teppichboden drückte sich in unsere Beine. Der Raum sah aus und roch, als wäre er seit den 1970er-Jahren nicht mehr renoviert worden. Und da wir die letzte Gruppe von Studenten waren, die auf dem Aldenham-Campus studieren würden, bevor dieser am Ende des Jahres geschlossen wurde, war es unwahrscheinlich, dass sich das noch ändern würde. Wir saßen dicht nebeneinander im Kreis, sodass sich unsere Knie fast berührten. So nah, dass wir uns wirklich sehen konnten. Und alle stellten mir abwechselnd Fragen im Schnelldurchlauf.

Ich glaube, es passiert etwas Gutes, wenn wir demütig genug sind, uns infrage stellen zu lassen. Wenn wir bereit sind anzuerkennen, wie verrückt es, von außen betrachtet, klingen kann, an Gott zu glauben, wenn man ihn noch nicht kennt. Dieser Gott, der irgendwo im Himmel schwebt und Pestilenz oder Fluten oder Regenbögen erscheinen lässt, je nach Tageslaune. Dieser Gott, der manche Menschen in Salzsäulen verwandelt und anderen Brot gibt. Dieser Gott, der alles Böse, den Hunger und die Krankheiten in der Welt in einer Sekunde beseitigen könnte, wenn er wollte. Und doch gibt es all dies immer noch.

An der Universität belegte ich einmal einen Kurs in Religionsphilosophie, der von einem überzeugten Atheisten gehalten wurde. Für unsere Abschlussnote mussten wir eine Arbeit schreiben, die sich mit dem Problem des Bösen befasste. Dabei ging es im Wesentlichen um die Frage, wie wir die Existenz des Bösen und des Leids in der Welt mit dem Glauben an einen allmächtigen, allwissenden und gütigen Gott vereinbaren können. Mit anderen Worten: Wie können wir behaupten, dass Gott immer gütig, allmächtig und allwissend ist, wenn er zulässt, dass die Menschen, die er doch so sehr liebt, unter dem Bösen leiden?

Das ist die eine große Frage, und es gibt viele Möglichkeiten, sie zu beantworten. Meine Antworten konzentrierten sich auf den freien Willen als notwendigen Bestandteil des göttlichen „Experiments" mit den Menschen. Ich habe argumentiert, dass Gott, wenn er das Böse abschaffen würde, uns alle in eine Art supergehorsame Roboter-Engel verwandeln würde. Unfähig, jemals Böses zu tun, sicher. Aber auch unfähig, sich jemals aktiv dafür zu entscheiden, Gutes zu tun oder einander aus freien Stücken zu lieben oder ihr Leben freiwillig in Gottes Hände zu legen.

Aber um meine Hausarbeit von damals und diese komplizierte Frage geht es eigentlich nicht.

Der Punkt ist, dass man Menschen nicht durch Einschüchterung dazu bringen kann, Gott ihr Herz zu schenken. Wir können ihnen nicht mit der Hölle drohen und sie anschreien und ihre Arme verdrehen, bis sie ihre Meinung ändern. Selbst wenn wir das könnten, wäre es wohl kaum im Sinne Gottes. Es muss ihre freie Entscheidung sein. Eine grundlegende Veränderung, die im Herzen stattfindet.

Alles, was wir tun können, ist, uns im Schneidersitz und offenem Herzen gegenüberzusitzen – nah genug, dass wir einander wirklich sehen können – und uns einander unsere Geschichten zu erzählen.

Ich habe einmal eine begabte Fotografin namens Esther Havens sagen hören: „Geschichten verändern Geschichten."

Also erzählte ich der Binghams-Crew von einem Gott, der mir so nahekam, dass er Nebelspuren auf meinen Fenstern hinterließ. Einem Gott, der im Grün des Grases und im Schlamm an meinen Händen wohnt, und wenn man einmal erlebt hat, wie er ein Teil von dir geworden ist, kann man nie mehr vergessen, wie es sich anfühlt. Dass er Farbe und Freiheit und Feuer und Erde ist. Der Gott, den ich immer als besten Freund gekannt hatte, der den ganzen Weg vom Himmel heruntergekommen war und alles geopfert hatte, nur um mir nahe zu sein, um uns allen nahe zu sein.

Ich habe an diesem Abend niemanden bekehrt. Auch nicht am nächsten. Oder übernächsten. Das blieb immer die Entscheidung meiner Freunde.

Aber ich war die erste Person, die ihnen ihren Glauben erklärt hat, ohne sie mit Argumenten zu erschlagen, weil ich einfach am lautesten von allen war. Nein, ich tat es mit den Worten, die über meinem Leben geschrieben stehen. Worte, mit denen wir einander nahe genug kamen, um uns wirklich zu sehen. Denn Geschichten verändern Geschichten.

Das ist die Frage, die wir uns wirklich stellen müssen: Welche Geschichte erzählen wir?

Als ich klein war, sagte ein gemeiner Junge in der Essensschlange – so laut, dass es jeder hören konnte –, dass ich noch hässlicher sei, wenn ich lächelte.

Deshalb habe ich lange Zeit nicht mehr gelächelt.

Ein fieses Mädchen sagte mir einmal von einer sorgfältig ausgewählten Plattform aus, auf der sie gerne stand, – so laut, dass es jeder hören konnte –, dass die Welt nur schöne Geschichten hören will.

Deshalb habe ich lange Zeit aufgehört, meine zu erzählen.

Eine böse Welt hat mir auf ihre wenig subtile Weise gesagt, – so laut, dass es jeder hören konnte –, dass brave Mädchen niemals ihre wilde und ungezähmte Stimme erheben.

Also wurde ich für lange Zeit sehr still.

Dann habe ich aufgehört.

Ich habe aufgehört, mir von der Welt und anderen Leuten sagen zu lassen, wer ich bin.

Ob wir uns dessen bewusst sind oder nicht – jeder Einzelne von uns läuft mit den Worten herum, die jemand anderes über uns gesprochen hat und die uns auf die Zunge tätowiert sind, wo wir einst unser Herz trugen.

Was in einer Sekunde über ihre Lippen kommt – wie winzige Traktoranhänger, die in einer Kettenreaktion aufeinanderprallen und eine Spur der Zerstörung hinterlassen –, richtet in unseren Köpfen ein Leben lang Schaden an. Wir absorbieren diese Worte. Wir tragen sie wie eine neue Haut, in der wir uns aber nie wohlfühlen. Nehmen sie als die Wahrheit an. Wir prägen sie uns ein wie den Text eines Liedes, das wir nicht mehr aus dem Kopf bekommen.

Sie sagen uns, dass unsere Geschichte nie gut genug sein wird. Dass *wir* nie gut genug sein werden.

Aber wir fragen uns immer wieder: „Was ist, wenn sie sich irren?“

Ich glaube, wir sind irgendwann davon abgekommen, den Dreck in unserem Leben nach außen zu zeigen. Wir haben uns in den Kopf gesetzt, dass wir irgendwie falsch sind, wenn das Leben, das wir führen, nicht bei jedem Schritt schön ist. Wir haben angefangen zu glauben, dass es nicht gefeiert werden kann, wenn es schwierig oder schmutzig oder umkämpft aussieht.

Die Welt schätzt heute andere Dinge. Vielleicht hat sie das immer getan. Vielleicht waren die Leute mit den schwieligen Händen, die Narben vom Streben nach einem besseren Leben tragen und eine Schmutzspur hinterlassen, wo immer sie hingehen, nie wirklich angesagt.

Manchmal glaube ich, wir haben Angst vor dem Dreck, der noch unter unseren Fingernägeln klebt, seit wir uns das letzte Mal aus dem Schlamm graben mussten. Wir fangen an, die kleinen Anfänge nicht mehr wertzuschätzen, weil wir glauben, dass unsere Geschichte hübsch aussehen muss, damit wir dazugehören dürfen.

Wir tragen diese Scham wie einen inneren Schiedsrichter mit uns herum. Wir ändern unterwegs die Variablen. Wir editieren, überarbeiten, verstecken das Unordentliche, bis wir alles so weit verwässert haben, dass wir ins Bild passen und uns einfügen. Oder ganz verschwinden, wenn es sein muss. Hauptsache, niemand sieht die schlammigen Fingerabdrücke, die diese Geschichte in unserem Leben hinterlassen hat.

Wir machen es uns in unserem Versteck richtig bequem. Wir sind uns sicher, nicht gesehen zu werden.

Das bedeutet, dass es sich wie ein Schleudertrauma anfühlen kann, wenn Gott plötzlich die unschöne Geschichte, die man die ganze Zeit zu verbergen versucht hat, dazu benutzt, Türen zu öffnen, von denen man nie geträumt hätte.

Das ist gut. Wir brauchen diese Art von Aufrüttelung.

Denn die Wahrheit ist: Wenn wir uns auf die Erde stützen, in der wir aufgewachsen sind, in diesen durch viele Kämpfe fruchtbar gewordenen Boden, in dem unsere Wurzeln tief reichen, stehen wir ein wenig fester. Dann öffnen wir unsere Arme ein wenig weiter und wenden unsere müden Gesichter dem Himmel zu. Wir tauschen unsere Schamgeschichten gegen eine Kraft in uns ein, von der wir gar nicht wussten, dass wir sie haben. Und beschließen ein für alle Mal, uns das alles zu eigen zu machen: das Harte, das Unschöne, das Bittersüße.

Diese Welt mag dir sagen, dass deine Geschichte nicht schön ist. Aber was ist, wenn sie sich irrt?

In dem Frühjahr, als mein Auslandsjahr zu Ende ging, dachte ich, ich wüsste bereits, wo ich Jura studieren würde.

Zu Hause warteten ein paar Briefe mit Zusagen auf mich, und aus diesen hatte ich eine wunderbare Uni ausgewählt. Die Formulare für die finanzielle Unterstützung waren ausgefüllt. Eine Unterkunft war mir zugewiesen worden. Es war alles bereit. Meine Entscheidung war gefallen. Es war geschafft.

Aber Papa hielt noch an der Hoffnung fest.

Irgendwann in diesem Jahr, in dem ein Ozean zwischen uns lag, hatte er sich mit der Idee angefreundet, Träume außerhalb unserer eigentlich gedachten Grenzen zu verfolgen. Jedes Mal, wenn ich mit ihm sprach, fragte er das Gleiche: „Und, hast du schon etwas von Yale gehört? Ist schon ein Brief aus dem guten alten Yale eingetroffen?" Die letzte Frage stellte er mit einem übertriebenen britischen Akzent wie aus einer alten Komödie. (Er dachte wohl, dass sie in Yale so reden.)

Das ging monatelang so. Und ehrlich gesagt wurde ich der Frage ein wenig überdrüssig.

Josh studierte in jenem Jahr mit einem Gates-Stipendium an der Universität Cambridge und machte dort einen Master in Philosophie. Ich fuhr stundenlang mit Bus und Bahn durchs Land, um ihn zu besuchen, und als ich das erste Mal einen Fuß auf den Campus setzte, stockte mir tatsächlich der Atem. Cambridge war mit nichts zu vergleichen, was ich je zuvor gesehen hatte.

Es gab weite, geschwungene, ummauerte Innenhöfe, die von steinernen Torbögen und kunstvoll verzierten Türmen begrenzt waren, die bis in den Himmel ragten. Die weiten Grünflächen dahinter waren perfekt gepflegt, ihre komplizierten Muster makellos in jeden Grashalm gemeißelt. Und wenn das Gras an die harte Kante eines Gebäudes stieß, schien es einfach unbeirrt an der Seite hinaufzukriechen und sich sofort in leuchtend grünen Efeu zu verwandeln. Lange gepflasterte Wege und Säulengänge kreuzten sich in allen Richtungen und wurden ständig von Personen in langen schwarzen Gewändern begangen, die auf dem Weg zu ihren wichtigen Zielen waren. Und überall läuteten Glocken, die scheinbar nie verstummten. Als könnten selbst sie nicht glauben, dass sie das Glück hatten, hier zu sein.

Der Fluss Cam schlängelt sich direkt am Campus entlang, und in seinen stillen Gewässern schwimmen majestätische Schwäne, die offenbar nirgendwo hinwollen, träge herum. Und gegen eine geringe Gebühr kann man ein schmales Boot mit flachem Boden mieten, einen sogenannten Stocherkahn, und sich mit einer langen Stange wie ein Gondoliere den Fluss entlangschieben und unter steinernen Brücken hindurchgleiten. Was man allerdings nicht gesagt bekommt, ist, dass das Flussbett an manchen Stellen sehr schlammig ist. Während dein Boot also weitergleitet, bleiben du und die lange Stange manchmal stecken. Josh und ich saßen stundenlang am graswachsenen Ufer, die goldene Sonne wärmte unsere Gesichter, und beobachteten die Uneingeweihten, die ihr erstes Bad im Cam nahmen.

Dort saßen wir auch an einem sonnigen Nachmittag, als ich einen Anruf von Papa erhielt, der gleich wieder abriss. Josh und ich liefen über den Campus, während ich versuchte, ein stärkeres Signal zu finden. Damals war es nicht einfach, mit einem einfachen Handy über den Atlantik zu telefonieren, und die Gespräche wurden oft unterbrochen. Aber wenn man geduldig war und genügend Prepaid-Telefonkarten kaufte, konnte man es hinbekommen. Als die Balken wieder auftauchten, wählte ich Papas Nummer.

„Hey, Kind, wie sieht's aus?"

„Oh, ziemlich gut. Es ist schon fast Abendessenszeit und wir haben uns gerade für ein Restaurant entschieden."

Ich hatte das Gefühl, mehr als eine Weltreise von ihm entfernt zu sein, hier zwischen den verzierten Gebäuden zu Hause zu sein und mich für dieses oder jenes nette Restaurant zu entscheiden.

„Oh, das klingt gut, in der Tat." (Ich weiß nicht, warum, aber mein Vater beendete die meisten seiner Sätze mit „in der Tat".)

Wir machten noch ein paar Minuten Small Talk. Und schließlich kam die unvermeidliche Frage. „Und, hast du schon von Yale gehört?"

Ich weiß nicht, ob es an der Frustration über das unterbrochene Telefon lag oder daran, dass ich einfach nur hungrig war, aber ich hatte genau in diesem Moment die Nase voll.

„NEIN, ich habe noch nichts von Yale gehört", rief ich ins Telefon. „Und weißt du was? Ich werde nie etwas von Yale hören. Es ist an der Zeit, dass du den Gedanken aufgibst und aufhörst zu fragen, meinst du nicht?"

„Wirklich?", sagte er.

„Wirklich", sagte ich.

„Hm. Das ist interessant ... weil sie hier angerufen haben."

„Warte ... was?"

„Ja, das stimmt, in der Tat. Sie haben drüben im Haus angerufen und mit deiner Oma Goldie gesprochen. Und du weißt ja, wie sie ist. Sie hat sie ins Kreuzverhör genommen. Aber sie sagten, sie könnten nur mit dir reden. Haben eine Nummer hinterlassen, die du anrufen kannst."

Ich saß stumm da, während mein Gehirn versuchte, die Worte nachzuvollziehen, die immer noch irgendwo auf halber Strecke über dem Atlantik schwebten.

„Okay. Was meinst du, worum es geht?"

„Ich weiß es nicht", sagte er, und ich konnte ihn durch das Telefon lächeln hören. „Aber bevor sie auflegte, sagte diese Yale-Dame zu deiner Großmutter, dass sie ihr zwar nicht sagen könne, um was es geht, aber sie sei ziemlich sicher, dass du dich darüber freuen würdest."

Es dauerte zwei Stunden und fünf abgebrochene Anrufe, bis ich endlich mit der Dekanin von Yale verbunden war. Als sie die Worte gesprochen hatte, die mir galten, bat ich sie noch zweimal, sie zu wiederholen, nur um sicherzugehen, dass ich sie richtig verstanden hatte. Ich habe es auf die schlechte Verbindung geschoben. Ich rief sie sogar zurück, um mich zu vergewissern, dass es sich nicht um einen Irrtum handelte, dass sie nicht versehentlich die falsche Person angerufen und mir eine Zukunft gegeben hatte, die eigentlich jemand anderem gehörte. Sie lachte über den Ozean hinweg, und ihre Worte kamen endlich an einem weit entfernten Ufer zur Ruhe: „Willkommen an der Yale Law School, Mary."

13. Meine graue Strickjacke

In jeder Geschichte kommt irgendwann der Zeitpunkt, an dem der Held endlich alles bekommt, was er sich gewünscht hat. Das ist normalerweise der Moment, in dem die Musik anschwillt und der Abspann läuft oder die letzte Seite umgeblättert wird oder wir einfach den Kanal wechseln. Ich glaube, dafür gibt es einen Grund. Wir wollen nicht zu viel Zeit mit jemandem verbringen, wenn er alles bekommen hat, was er sich gewünscht hat. Solche Menschen werden nämlich unerträglich. Sie werden unsympathisch. Es gibt für sie keinen Berg mehr zu erklimmen, also sind wir raus. Wir sind Außenseiter. Verschwinde mit dem „All meine Träume sind bereits wahr geworden"-Gequatsche. Nimm einfach deinen Football und geh nach Hause! Geh und lebe dein glückliches Leben und lass uns in Ruhe! Wir sind schon bei der nächsten unwahrscheinlichen Geschichte angelangt.

Aber was wäre, wenn der Erfolg überhaupt erst der Grund für unsere Probleme ist? Was wäre, wenn wir alles bekämen, was wir wollen, nur um herauszufinden, dass es nichts daran ändert, dass wir diese Haut nicht mögen, in der wir leben müssen, diesen Dreck, der noch immer unter unseren Fingernägeln klebt? Wenn wir nach Hause gehen und uns zwischen die kühlen Baumwolllaken legen, wo es nur uns gibt und die Dunkelheit, dann hat all dieser Erfolg nichts daran geändert, wie schlecht wir einschlafen können. Wir fühlen uns wie Betrüger, wie wandelnde Hochstapler. Und wir hassen uns dafür, dass wir uns immer noch so fühlen. Wenn überhaupt, dann verachten wir jetzt jedes rohe, frei liegende Nervenende noch mehr.

„Du solltest besser sein als das", flüstern wir unserer dünnen Epidermis zu. „Warum in aller Welt beschwerst du dich eigentlich noch? Du hast doch alles, was du wolltest."

Die Heldin unserer Geschichte, so stellt sich heraus, ist voller Fehler. Voller, voller, voller Fehler.

Und kein noch so großer Erfolg wird das ungeschehen machen. Kein unermüdliches Streben nach mehr wird das auslöschen, was gefehlt hat. Man muss in sich gehen und die harte Arbeit der Heilung auf sich nehmen, wenn es irgendeine Hoffnung geben soll, das alles zu ändern. Aber wie soll man den Mut dazu aufbringen, wenn man sich schon so unzureichend und angeschlagen fühlt? Und ist das die Art von Geschichte, die irgendjemanden interessieren wird?

Klingt doch nach einer tollen Filmhandlung: Unsere Heldin versucht in dieser Ehrfurcht gebietenden, aufmunternden, lebensnahen Wohlfühlgeschichte des Jahres, das Unmögliche zu schaffen, indem sie ... nur ein bisschen weniger fehlerhaft wird. Sicherlich immer noch voller Fehler, aber dennoch ein kleines bisschen weniger kaputt. Vielleicht kommt ein Hund in der Geschichte vor. Vielleicht fängt sie mit Yoga an. Oder mit Kochen. Möglicherweise mit Handarbeit. Oder sie gewöhnt sich an, Mittagsschläfchen zu machen, und wird richtig gut darin. Wegen der vielen Nickerchen gibt es auf jeden Fall eine Menge Kaffee. Und Wein, viel Wein. (Ich frage mich, ob Diane Keaton die Hauptrolle spielen würde ...?)

Ja, ich weiß nicht, ob dieser Film jemals gedreht werden würde. Ich kann das steigende Crescendo der Filmmusik während des Abspanns nicht so wirklich hören.

Wir machen eigentlich keine Filme darüber, was passiert, nachdem jemand alles bekommen hat, was er will. Über das, was passiert, wenn der Held endlich mit dem konfrontiert wird, was kein noch so großer Erfolg jemals beheben kann.

Aber das ist die Geschichte, in der wir jetzt leben.

Beim ersten Mal, als ich den Campus der Rechtswissenschaften in Yale betrat, waren Papa und Goldie bei mir. Wir hatten uns alle in seinen roten Ford-Truck gequetscht und die zehnstündige Fahrt vom Fenwick Mountain nach New Haven angetreten, weil ich versuchen wollte, eine Wohnung zu finden, bevor das Studium in weniger als einem Monat begann.

Papa hatte mich an einem meiner letzten Tage in England angerufen und mir gesagt, ich solle die Dodge-Website aufrufen. Er ließ mich das Modell „Neon" anklicken, sagte mir, ich solle „Rot" auswählen, ich solle einen Spoiler hinten anbringen und die CD-Player-Option aufrüsten. Und danach noch ungefähr zehn weitere Dinge, an die ich mich nicht mehr erinnern kann. Ich wurde langsam ungeduldig.

„Das ist toll, Papa. Es ist wirklich cool, dass die Website dir all das ermöglicht. Aber ich muss jetzt weiterpacken."

„Ich will dich nicht aufhalten ... Ich dachte nur, du würdest gerne dein neues Auto sehen, Mary."

Er stürzte sich auf die fassungslose Stille. Ich bin mir nicht sicher, ob mir eher das Auto die Sprache verschlagen hatte oder die Tatsache, dass er mich gerade zum ersten Mal in meinem Leben bei meinem Vornamen genannt hatte.

„Willst du nun die gute oder die schlechte Nachricht hören?"

„Nun, beides, denke ich."

Meine alte Schrottkarre hatte in dem Jahr, als ich weg war, in der Kiesauffahrt neben dem Trailer gestanden, wo sie vermutlich weiter vor sich hin gerostet war, genau wie in den vier Jahren zuvor. Das Auto hatte diese brutal-blaue Farbe, die so typisch für die späten 1990er-Jahre war und deren Tendenz abzublättern zu großflächigen Rückrufaktionen des Herstellers geführt hatte. Wir ließen den Wagen einmal mit freundlicher Unterstützung des Herstellers neu lackieren, aber innerhalb weniger Monate begann die Farbe wieder abzublättern. Also ließen wir es einfach bleiben. Ein blaues Rostmosaik in Form eines kompakten Viertürers. Als ich vom College nach Hause gefahren war, war der Eimer umgekippt, in dem mein Blumenstrauß gestanden hatte. Und die letzten zwölf Monate, die der Wagen in der Sonne verbracht hatte, hatten nicht gerade dazu beigetragen, den üblen Gestank von altem Blumenwasser zu vertreiben.

„Die gute Nachricht ist, dass du ein nagelneues Auto haben wirst, mit dem du nach Yale fahren kannst, sodass keines dieser reichen Kinder die Nase über dich rümpfen kann. Es wird zwar nichts so ein schickes sein, wie sie es wahrscheinlich haben, aber wenigstens wird es neu sein, in der Tat."

Wenn ich jetzt zurückblicke, glaube ich, dass er einfach nicht wollte, dass mir der vertraute Schimmelgeruch nach Yale folgt.

„Oh, wow, das ist ja unglaublich! Ich danke dir so sehr! Und was ist die schlechte Nachricht?"

„Die schlechte Nachricht ist, dass ich ihn beim Händler abgeholt habe und erst fünf Meilen aus Summersville raus war, als ich ein Reh angefahren und das Ding fast zu Schrott verarbeitet habe."

„Das Auto oder das Reh?"

„Nun, beides, denke ich. Ich meine, das Reh hat es nicht geschafft. Es ist mausetot. Das Auto wird überleben. Aber es muss erst repariert werden, und das wird dauern."

So kam es, dass wir weniger als einen Monat vor Beginn der Vorlesungen an der besten juristischen Fakultät des Landes in Papas dreckigem, schlammverschmiertem Allrad-Pick-up-Truck mit einer Kettensäge, Benzinkanistern, leeren Getränkedosen und einem Haufen Werkzeug auf der überfüllten Ladefläche aufkreuzten.

Wir parkten in einer Seitenstraße direkt neben dem Eingang der Fakultät mit all ihren steinernen Torbögen und ihren Wasserspeiern, die von oben auf uns herabblickten und grinsten. Und ich konnte nicht anders, als im Schatten dieses Kontrastes zu stehen.

Ich fühlte mich dort genauso fehl am Platz wie Papas Truck.

Als ich das erste Mal den Campus von Yale betrat, wagte ich es nicht einmal, durch die Türen ins Gebäude zu gehen. Ich hatte Angst, dass sie einen Blick auf mich werfen würden, auf den Truck da draußen auf der Straße, und erkennen würden, was für einen schrecklichen Fehler sie gemacht hatten, als sie mich aufnahmen. Stattdessen ging ich zur Seite des Gebäudes und drückte mein Gesicht gegen das Fenster, um in eine Zukunft zu blicken, die immer noch so aussah, als gehöre sie nicht mir, geschützt und unantastbar hinter dem bunten Glas.

Für den Moment musste mir ein Blick von außen genügen, um mich zurechtzufinden.

Letztendlich kehren wir alle zum Staub zurück.

Als ich bis zum Unterrichtsbeginn in Yale noch einmal zum Fenwick Mountain zurückkehrte, fiel mir vor allem auf, dass alles unverändert zu sein schien. Mein früheres Leben war wie eingefroren und perfekt konserviert. In meinem alten Zimmer im Trailer standen dieselben Stofftiere auf einem Regal, wie sie immer dort gestanden hatten. Auf einem kleinen Beistelltisch stand immer noch ein Parfümflakon, der umgefallen und zerbrochen war – achtlose Zerstörung von jemandem, der nur schnell wegwollte –, als hätte er nur darauf gewartet, dass ich nach Hause komme und die Scherben aufsammle. Auf dem Boden noch immer ein Stapel gefalteter und verstaubter Pullover, die vor einem Jahr nicht mehr in den Koffer gepasst hatten. Es war, als wären sie die ganze Zeit da gewesen und hätten mit hoffnungsvollen, törichten Augen zur Tür gestarrt, auf das kleinste Zeichen meiner Rückkehr wartend.

Alles war noch genau so wie früher, bis auf den schleichenden Verfall.

Ist dir schon mal aufgefallen, dass Verrottungsvorgänge manchmal die einzigen Zeugen sind, die wir für das Vergehen der Zeit haben?

Stell dir ein verlassenes Haus vor, das seit hundert Jahren sich selbst überlassen ist. Was siehst du? Die Decke und die Wände bröckeln. Wilde Ranken wachsen durch den Boden und durchwuchern den Teppich. Sie sehen den Zusammenbruch und die Auflösung von allem, was einmal war.

Als ich in dem Trailer stand, konnte ich nicht anders, als mich zu fragen, wie lange es dauern würde, bis die Natur ihn zurückerobern würde. Bis sie ihn ganz in die tiefen, dunklen Wälder zurückzog, die ihn umgaben. Bis die Schlangen und Mäuse und die Erde selbst mit ihm machten, was sie wollten.

Irgendwann wird alles wieder zu Staub.

Ein paar Wochen später kehrte ich mit einem wiederhergestellten kirschroten Neon nach New Haven zurück, um mein Studium an der Yale Law School zu beginnen.

Im Mai des Vorjahres, als ich noch in England gewesen war, hatte jemand während der Abschlussprüfungen des Frühjahrssemesters eine Bombe an der juristischen Fakultät gezündet. Deshalb gab es jetzt zusätzliche Sicherheitskräfte an jedem Eingang. Ich kann dir sagen, dass diese Tatsache meine alte Angst, dass ich ganz gewiss an der Tür abgewiesen werden würde, nicht gerade abschwächte.

Aber ich wurde nicht abgewiesen.

Stattdessen erhielt ich ein Begrüßungspaket, einen Studentenausweis, ein Studienheft mit Regeln und Kursen und eine Leinentasche mit dem bizarren Wappen der juristischen Fakultät, das für mich aussah wie ein Hund, der mit einem Krokodil Krocket spielt.

Dann gesellte ich mich zum Rest meiner neuen Kommilitonen am Ende des gewölbten Hauptflurs mit seinen Holzpaneelen, um der Orientierungsveranstaltung im Levinson Auditorium beizuwohnen. In den gotischen Glasfenstern des Auditoriums sind die Siegel der verschiedenen Bundesstaaten zu sehen, und von meinem Platz aus konnte ich Connecticut, New York und Massachusetts ausmachen – sogar Georgia, South Carolina und Kalifornien. Aber sosehr ich mich auch bemühte, West Virginia war in diesem Raum nicht zu sehen.

Auch das trug absolut nicht zu meiner Beruhigung bei.

Der Raum, in dem wir saßen, hatte eine Kapazität von 450 Plätzen, aber da Yale für seine winzigen Klassengrößen bekannt ist, saß ich dort als eine von nur 198 Studenten, die im Jahr 2006 zugelassen wurden. Vom Podium aus begrüßte uns der Dekan und erklärte uns, dass jede einzelne Person, die in diesem Raum saß, absichtlich und aus einem bestimmten Grund ausgewählt worden war. Auch wenn es völlig normal sei, dass wir das Gefühl hätten, nicht dazuzugehören, sollten wir uns darauf verlassen, dass jede und jeder von uns etwas sehr Wichtiges zur Zusammensetzung unserer Gruppe beitrage.

175

Nervös schaute ich mich im Raum um und blickte in die Gesichter meiner neuen Kommilitonen.

Ich war mir ziemlich sicher, dass ich die Einzige war, die sich so fühlte, wie der Dekan es beschrieben hatte.

Die Mitarbeiter der Zulassungsstelle teilten unseren gesamten Jahrgang in kleinere Gruppen von etwa zwanzig Personen ein, die im ersten Semester jeden einzelnen Kurs gemeinsam besuchen sollten. Die Idee dahinter war, dass sich das Jurastudium dadurch etwas weniger einsam anfühlen würde. Nach dem ersten Orientierungstag trafen wir uns mit unserer neuen Kleingruppe bei unserem Professor für Vertragsrecht, der für unsere Betreuung zuständig war, und praktizierten Cocktailparty-Small Talk im Foyer seines wunderschönen viktorianischen Hauses, während die Vorspeisenplatten herumgereicht wurden.

Am Ende des Abends saßen wir im Schneidersitz im Kreis, der polierte Parkettboden drückte sich in unsere Beine. Aber nicht annähernd nah genug, um uns wirklich zu sehen.

Wir wurden gebeten, eine interessante Sache über uns zu erzählen. Ich spürte, wie mein Herz in meiner Brust zu pochen begann – soweit ich es beurteilen konnte, erreichte es eine Drehzahl, die knapp unter der Explosion lag –, und meine Handflächen wurden sofort schweißnass. Sie schwitzten so sehr, dass die Yale-Cocktailserviette, an der ich mich festhielt, meine Finger königsblau zu färben begann. *So kann man sich auch anpassen,* dachte ich. *Atmen. Einfach atmen.*

Reihum erwähnten meine Kommilitonen Dinge wie die Arbeit für verschiedene Senatoren oder Praktika in großen Anwaltskanzleien in New York City. Mein Herz klopfte jetzt in einem vertrauten Rhythmus in meinen Ohren. *„Country Roads,* *bring me home ...*", denn dies hier war eindeutig kein Ort, an den ich gehörte.

Als ich an der Reihe war – es war ein Gefühl wie in einem wiederkehrenden Angsttraum, der irgendwie zur Realität geworden war –, platzte ich damit heraus, dass ich die Tochter eines Holzfällers und die Enkelin eines Bergarbeiters bin und dass ich Tomaten aus dem Garten gerne komplett esse.

Der ganze Kreis starrte mich an.

Ich schwöre, dass ihr verblüfftes Blinzeln hörbare Klappergeräusche machte.

Drei schmerzhafte Sekunden der Stille verstrichen, die zu einer Ewigkeit wurden. West Virginia war gerade in Yale angekommen.

In all unseren Kursen im ersten Jahr gab es in unterschiedlicher Intensität das, was man gemeinhin als „sokratische Methode" bezeichnet, was im Grunde nichts anderes bedeutete, als dass die Professoren einen nach dem Zufallsprinzip aufriefen und so lange löcherten, bis man seine Antwort verfeinert hatte oder sich vor der gesamten Klasse blamierte, je nachdem, was zuerst eintrat.

Es war genauso stressig, wie es klingt. (Es gibt einen Grund, warum Sokrates vergiftet wurde!)

In der ersten Woche unseres Zivilverfahrenskurses nahmen wir zum Beispiel den Fall „Tickle gegen Barton" durch, der zufällig in West Virginia stattfand. Der Professor beauftragte mich damit, den Sachverhalt vor der ganzen Klasse darzulegen. Es war gar nicht so schlimm, und ich überlebte, um weiterzukämpfen. Aber es stellte sich heraus, dass es sich um einen dieser Präzedenzfälle handelte, die das ganze Semester über immer wieder auftauchten. Ich kann nicht mehr zählen, wie oft der Professor mit den Fingern schnippte und auf mich zeigte.

177

„Und warum ist das immer noch so, Mary?", fragte er dann.

„Tickle gegen Barton!", rief ich. Dabei betete ich, dass er mich gerade nicht gefragt hatte, wie mein Wochenende gewesen war.

Es gibt etwas, das mit uns passiert, wenn wir Angst haben.

Zumindest passiert mir das.

Es ist, als ob mein Gehirn zu sehr damit beschäftigt ist, in einer für menschliche Ohren nicht geeigneten Lautstärke zu schreien, wie viel Angst es hat – dass es nicht gut genug ist und disqualifiziert werden wird –, um überhaupt die Frage richtig zu hören.

Das erinnert mich an einen Tag in der vierten Klasse, als ich bei einem Rechtschreibtest ein Wort nicht mitbekommen hatte. Ich geriet so in Panik, weil ich dieses eine Wort verpasst hatte, dass ich auch das nächste verpasste, und das zog sich dann wie Dominosteine durch die ganze Reihe hindurch.

So ist es einfach. Angst löst nur noch mehr Angst aus.

Ich kann gar nicht sagen, wie oft ich in diesem ersten Jahr auf dem Weg zur Uni ein Gefühl im Bauch hatte, bei dem ich mir ziemlich sicher war, dass es sich zu einem Magengeschwür entwickeln würde. Ich wollte nur noch umdrehen und nach Hause fahren. Mir die Decke über den Kopf ziehen. Die Notizen von jemandem aus meiner Kleingruppe klauen. (So was tun wir, nicht wahr?)

Wir haben so viel Angst davor zu versagen, dass wir lieber gar nicht in unser eigenes Leben treten, als zu riskieren, dass wir etwas falsch machen. Als zu riskieren, dass wir uns auf den Weg machen, ohne im Voraus schon alle Antworten zu kennen. Und wir gehen automatisch davon aus, dass alle anderen Menschen um uns herum es viel besser draufhaben als wir selbst.

Aber was wäre, wenn wir etwas langsamer werden würden, um die Frage wirklich zu hören?

Was wäre, wenn wir die schreiende Stimme des Zweifels in unserem eigenen Kopf zum Schweigen bringen würden?

Was wäre, wenn wir zwar die Angst spüren und trotzdem aufkreuzen würden?

Zugehörigkeit war für mich damals eine graue Strickjacke aus Kaschmir. Nicht reduziert im Ausverkauf, sondern zum normalen Preis erworben.

Unten an der von Bäumen gesäumten Seitenstraße, die von der juristischen Fakultät abzweigt, wo sich eine Ulme vor der steinernen Bogenarchitektur und den schmiedeeisernen Gittern des schönsten Campus der Welt verneigt, gab es an der Ecke Yorkstraße und Broadway einen Laden für gebrauchte Bücher, einen für neue Bücher und ein überteuertes französisches Café, in dem man, wenn man nicht aufpasste, sein gesamtes Studentendarlehen für heißen Kaffee und angetrocknete Croissants ausgeben konnte, einfach weil man sich so gut dabei fühlte. Wie eine Mischung aus Elle Woods und Meg Ryan in jeder „Herbst in Neuengland"-Filmszene, die je gedreht wurde. Wie die mutige Außenseiterin, die ihren Weg findet und es allen beweisen kann, bevor der Abspann läuft.

Neben dem Café gab es eine Pizzeria, die schon seit den Sechzigerjahren Bestand hatte. An der Wand hing ein Foto von Jim Morrison, wie er auf der Bühne in New Haven verhaftet wurde, und ein Bild von George H. W. Bush, der in seiner Yale-Baseballkluft charmant lächelte.

Ein Bild der Rebellion neben einem Bild der Tradition.

Und irgendwie konnte ich mich in keinem von beiden wiederfinden.

Gleich um die Ecke, nur wenige Meter von der Pizzeria und dem französischen Café entfernt, befand sich der offizielle Souvenirladen von Yale und gleich daneben der inoffizielle, in dem es die wirklich guten Sachen gab: Sweatshirts, T-Shirts und Kappen, alle mit dem ikonischen Y darauf, und eine Reihe von bunten Schals. Es war alles da, was man brauchte, um der Welt von Kopf bis Fuß mitzuteilen, zu welcher Uni man nun gehörte. Und, was noch wichtiger war: um der Welt mitzuteilen, wer man werden würde.

Aber für mich war die wahre Yale-Uniform zwei Häuser weiter in Form einer grauen Strickjacke zu finden.

Sie lag, perfekt gefaltet in dreiteiliger Harmonie, auf einem kunstvoll beleuchteten Regal über den frisch gespitzten Bleistiftröcken. Alle Knöpfe waren geschlossen, das goldene Emblem glitzerte im Halogenlicht, und in der Falte lag das knisternde Seidenpapier, das mir zuflüsterte, dass sie noch nie jemandem gehört hatte.

Sie gehörte nur mir.

Es waren gerade zwei Wochen vergangen, als ich meine Karte zückte und die graue Strickjacke kaufte, ohne einen weiteren Gedanken daran zu verschwenden, wie lange das Geld eigentlich reichen musste. Es war der höchste Preis, den ich je für ein einziges Kleidungsstück bezahlt hatte, und ich war besonders stolz darauf, dass ich sie nicht im Ausverkauf oder sonst wie günstiger ergattert hatte. Das kam mir vor wie das Verhalten eines reichen Menschen. Reiche Leute warten nicht auf den Ausverkauf. Als „Transaktion erfolgreich" auf dem Bildschirm aufleuchtete, steckte die Dame an der Kasse meine Quittung in einen winzigen quadratischen Umschlag, wickelte die Strickjacke in noch mehr Seidenpapier ein und versiegelte sie mit ihrem Logoaufkleber.

Es fühlte sich an wie etwas, das Leute tun, die nach Yale gehen. Die Leute, die in Yale studierten, trugen genau solche

Strickjacken. So viel hatte ich in zwei Wochen Unterricht bereits gelernt. Überall, wo ich hinsah, sah ich eine graue Strickjacke – mal über einer hellblauen Bluse, mal über einem weißen T-Shirt mit Rundhalsausschnitt, aber das Grau war immer dasselbe.

Und jetzt war ich eine von ihnen.

Fast zwei Jahrzehnte später habe ich die Strickjacke immer noch. Obwohl mir diese Art von Grau noch nie gut gestanden hat. Obwohl sich die Fäden an einigen Stellen aufgelöst haben und Löcher offenbaren, wo einst fest vernähte Nähte waren, wenn man sie gegen das Licht hält. Auch wenn sie jetzt in einer Schublade liegt und Platz wegnimmt – sie gehört zu dieser Art von Krempel, an dem wir festhalten. Sie symbolisiert diese Version von uns, von der wir einst dachten, dass wir sie werden müssten, um dazuzugehören.

Ich muss an die Kurzgeschichte mit dem Titel „Die Halskette" denken, die ich einmal im Englischunterricht der siebten Klasse bei Mrs Spencer gelesen habe. Die Handlung geht in etwa so: Eine Frau, die verzweifelt zur „besseren Gesellschaft" gehören will, leiht sich von ihrer wohlhabenden Freundin eine Halskette, die sie dann aber auf einer Party verliert. Aufgrund des äußeren Anscheins, der so trügerisch sein kann, nimmt sie an, dass die Halskette ihrer Freundin aus echten Diamanten bestand. Also kauft sie eine Ersatzkette auf Kredit und verbringt die nächsten zehn Jahre in Armut, um sie abzuzahlen. Als sie ihre Freundin später wiedertrifft, kurz nachdem die letzte Zahlung erfolgt ist, gesteht sie ihr erleichtert, was passiert ist und was sie alles opfern musste, um die Kette abzubezahlen. Unter Tränen nimmt ihre Freundin sie bei der Hand und erklärt ihr, dass die Halskette nur eine billige Fälschung gewesen war. Reiner Modeschmuck für eine Frau, die eine bestimmte Rolle spielen wollte.

Ich weiß nicht, warum mir diese Geschichte im Gedächtnis

geblieben ist, aber sie ist es. Von all den Theaterstücken und Kurzgeschichten, die ich im Laufe der Jahre vergessen habe, blieb mir diese Geschichte im Kopf haften. Vielleicht liegt es daran, dass ich nicht weiß, ob ich eher die Frau bin, die viel geopfert und verloren hat, um dazuzugehören, oder die, die es sich so bequem gemacht hat, etwas vorzutäuschen. Vielleicht sind beide Dinge auch nur die Kehrseiten derselben Medaille, und genau das ist der Punkt.

Aber so oder so, dieses ständige Auffüllen von Dingen – das Anhäufen von mehr, um das tiefe Loch des „Nichtdazugehörig-keitsgefühls" zu stopfen – ist eine Schuld, die wir unser ganzes Leben lang zu begleichen versuchen.

Und ich kann dir eines sagen: Nichts davon ist von Dauer.

Denn an dem Tag, an dem ich die graue Strickjacke zum ersten Mal in der Uni trug, als ich durch die steinerne Tür ging, vorbei an den Mahagonitischen und den schweren Lederstühlen, war ich immer noch sicher, den leisen Hauch von billigem Vanilleparfüm aus dem Supermarkt zu riechen.

Es stellte sich heraus, dass das Einzige, was satt macht – das Einzige, was Bestand hat –, eine Schuld ist, die bereits bezahlt wurde. Zum vollen Preis. Und die Begleichung der Schuld wird uns umsonst angeboten.

Ich wünschte, ich könnte sagen, dass diese graue Strickjacke die erste und einzige Gelegenheit war, bei der ich versucht habe, ein tiefes, hässliches Loch in meinem Herzen durch den Kauf schöner Dinge zu füllen. War es aber nicht.

Aber wenn ich an die Strickjacke denke – das steife, eingenähte Etikett, das in meinem Nacken kratzte und sich in seiner ganzen frischen Neuheit an meinem Rückgrat festkrallte –, dann erinnere ich mich vor allem daran, dass ich mich nicht so anders fühlte, wie ich es mir vorgestellt hatte. Der Juckreiz, den die Kaschmir-Wollmischung an meinen Armen verursachte, erinnerte mich nur daran, dass ich es nicht geschafft hatte, aus meiner eigenen Haut und in eine neue zu schlüpfen.

Ich war immer noch ich. Nur ich in einer grauen Strickjacke.

Ich bin mir auch nicht sicher, ob der Ausdruck „Loch in meinem Herzen" es wirklich trifft.

Für mich hat es sich immer viel größer angefühlt, eher wie ein Loch durch meinen gesamten Torso. Wie in dem Film „Der Tod steht ihr gut", wo man durch Goldie Hawn hindurchsehen kann und sieht, dass dort, wo eigentlich Eingeweide und Rückgrat sein sollten, nur noch eine klaffende, leere Stelle ist. Wie ein Lungendurchschuss, nackt und entblößt, mit rohen Nervenenden, die sich im kühlen Luftzug winden. Wie damals, als mir zwei Weisheitszähne gezogen wurden und ihre Wurzeln blutige, zitternde Löcher hinterließen. Sie versuchen, sich zu schließen, reißen aber bei dem kleinsten Wort immer wieder auf. Diese offenen Wunden, die nicht heilen wollen.

Es fühlt sich an wie eine Wurzelbehandlung von der Größe eines Blattschusses.

So war es für mich, während ich mit einem Loch im Herzen durch die Welt ging.

Wenn ich jetzt zurückblicke, ist es wohl genau das, was ich versucht habe. Ich habe versucht, mein Leben mit Dingen und Errungenschaften, mit Umhängen und Kostümen und Masken vollzustopfen, die sich auftürmten und anhäuften, um irgendwie das Loch zu füllen. Wie eine Mülldeponie voller goldener Sterne und Markenetiketten. Sie waren die Jagdtrophäen meiner bevorzugten Droge, der Kaufsucht, die meinen Schmerz zu betäuben, aber nie zu befriedigen schien. Aber betäubt schien lange Zeit irgendwie genug.

Ich glaube, das liegt daran, dass es mir damals nicht so sehr um Heilung ging, sondern darum, die frei liegenden Nervenenden zum Schweigen zu bringen.

Um ehrlich zu sein, vergaß ich die meiste Zeit, dass das Loch überhaupt da war. Ich vergaß, dass die Leute durch mich hindurchsehen konnten. Aber wenn der Wind das Loch genau richtig traf und sich die Temperatur im Raum änderte, raubte es mir jedes Mal den Atem, und ich kehrte schreiend in mich selbst zurück. Alle Nervenenden – juckend, kratzend, schmerzend – waren deutlich zu spüren.

Die Menschen tun alle möglichen unschuldig aussehenden Dinge, um die Löcher zu füllen, die sie in sich tragen. Sie leisten und erreichen etwas, trinken, kaufen ein, geben Geld aus, scrollen, sehen fern und tun so, als lebten sie das Leben eines anderen. Manche Menschen werden richtig gut darin, gut zu sein. Als ob ihnen nie wieder etwas Schlimmes passieren kann, wenn sie nur gut genug sind.

Ich glaube, damals wollte ich einfach nur, dass Gott mir immer wieder Gewinne und Belohnungen schenkt, wie eine Art PEZ-Spender, der unaufhörlich Brausebonbons ausgibt. Eine tägliche Portion des guten Zeugs: dieses konzentrierte, zuckersüße Hochgefühl, alles zu bekommen, was man will. Dieses Manna des Mehr. Ich wollte nicht, dass Gott mich mit Kleinigkeiten belästigt, wie etwa der Frage danach, was mich wirklich nährt oder wie blutarm mein Glaube mittlerweile geworden war.

Gib mir einfach weiterhin meine Süßigkeiten, Gott!

Es sollte mich eigentlich also nicht wundern, dass ich in den kommenden Jahren keine neue Füllung für den hohlen Zahn in meinem Leben bekommen sollte, sondern dass dieser Zahn ganz gezogen werden musste.

14. Es ist kompliziert

Ich lernte Justin im Sommer nach meinem ersten Jahr an der juristischen Fakultät kennen, als ich 24 wurde und bereits beschlossen hatte, dass ich niemals heiraten würde.

Meine Eltern lebten zu dem Zeitpunkt seit etwa fünfzehn Jahren getrennt. Aber erst jetzt fingen sie an, ernsthaft über eine offizielle Scheidung zu sprechen. Das sorgte einerseits zwar für Erleichterung, aber andrerseits auch für Turbulenzen.

Anderthalb Jahrzehnte lang hatten sie in aller Ruhe und Freundschaft getrennt gelebt. Dieser Entschluss beruhte mehr oder weniger auf Gegenseitigkeit. Und jedes Mal, wenn sie sich in den Ferien oder an einem der Wochenenden sahen, wenn Mama wieder zu uns nach Hause kam, konnten meine Eltern dort weitermachen, wo sie beim letzten Treffen aufgehört hatten.

Mama sagte einmal zu mir (ihr Gesicht entspannte sich und wurde an den Rändern weich, sodass ich wusste, dass es die Wahrheit war): „Dein Vater war meine erste Liebe. Ich werde ihn wahrscheinlich bis zu meinem Tod lieben. Wir können nur einfach nicht zusammenleben."

Sie führten die ungewöhnlichste Ehe, die ich je erlebt habe. Aber jetzt, wo sie dem eigentlichen Ende entgegensahen, schien es mir, dass sie eine ziemlich typische Scheidung durchmachten. Die Gefühle waren verletzt. Die Gemüter waren erhitzt. Gelegentlich gab es Streit über die Aufteilung der Vermögenswerte, von denen es nicht viele gab. Ich hatte im ersten Jahr des Studiums ein Seminar in Vermögensrecht belegt, und – um es vorwegzunehmen – das erwies sich als absolut nicht hilfreich, als es darum ging, ihr gemeinsames Leben aufzuteilen.

Mich haben die beiden größtenteils außen vor gelassen. Der Scheidungsprozess war ein Sturm, aber ich erlebte es eher wie einen dieser Hurrikane, die man im Fernsehen sieht, wo ein Typ in einem blauen Parka im Getöse des Windes in sein Mikrofon schreit und kaum zu verstehen ist, während du selbst gemütlich auf der Couch im Wohnzimmer sitzt. Oder wie vor einem Aquarium, in dem es Verwüstungen gibt, die du zwar von außen sehen kannst, die dich aber nicht wirklich berühren, weil es hinter dem Glas eingeschlossen ist.

Ein Schiff in einer Flasche. Schiffbruch in einer Blumenvase. Ein Sturm in einer Teetasse.

Doch die Ehe meiner Eltern und die bevorstehende Scheidung hatten ausgereicht, um mich davon zu überzeugen, dass ich nichts von alledem erleben wollte.

Vielleicht war ich ja doch nicht ganz ungeschoren davongekommen.

Das habe ich ihnen auch gesagt, als ich nach meinem ersten Semester in Yale zu Weihnachten nach Hause kam. Goldie besorgte für uns ein Hotelzimmer vier Stunden nördlich von Richwood – in Wheeling, West Virginia –, damit wir durch die funkelnde Weihnachtslichter-Deko fahren konnten, die jedes Jahr im Oglebay Park hängt, Papas Lieblingsort.

Ich hatte mich gerade von Josh getrennt, und als Mama, Papa und ich gemeinsam mit den Füßen im Whirlpool des schönen Hotels mit seinen Kristalllüstern und festlich geschmückten Weihnachtsbäumen saßen – drei Fische auf dem Trockenen, da keiner von uns daran gedacht hatte, Badesachen mitzubringen –, spekulierten sie darüber, ob Josh und ich wieder zusammenkommen würden. Mama war sich sicher gewesen, dass wir irgendwann heiraten würden.

„Ehrlich gesagt, Leute, ich glaube nicht, dass ich jemals heiraten will."

Meine Worte gingen in einem Meer von „Oh, eines Tages wirst du deine Meinung ändern!" unter, und die Ironie ihrer Beteuerungen schien ihnen damals komplett entgangen zu sein.

„Nein, wirklich, wenn eine Ehe *so* endet ... Also nichts gegen euch, aber ich glaube nicht, dass ich das erleben will." Ich mochte diese neue Selbstverständlichkeit, mit der wir miteinander umgingen. Drei Erwachsene, die sich in einer neuen Normalität bewegten, mit den Füßen im sehr warmen Wasser.

Und genau an demselben Punkt befand ich mich auch im folgenden Sommer. Ich hatte Spaß daran, neue Leute kennenzulernen und Freundschaften zu schließen, aber ich hatte kein wirkliches Interesse an einer Ehe.

Das machte es zu einem besonders ungünstigen Zeitpunkt, um meinen zukünftigen Ehemann zu treffen.

Justin und ich verabredeten uns in einem Coffeeshop in der Innenstadt von New Haven. Technisch gesehen hatten wir uns zwei Tage zuvor online kennengelernt, als ich 24 Stunden lang eine kostenlose Testversion des Datingportals *Match.com* genutzt hatte. Einen Tag dabei und schon trifft man seinen zukünftigen Ehemann – es war, als hätte ich eine Art Online-Dating-Lotterie gewonnen. Er hatte mir zuerst ein Zwinker-Emoji geschickt, was man bei *Match* macht, um „Hallo" zu sagen, falls du das nicht wissen solltest. Er flirtete virtuell mit mir. Ich „zwinkerte" zurück.

Ich erinnere mich, dass mein Profilname „marypoppins" und

dann eine Reihe von Zahlen war, weil jede andere Kombination von „marypoppins" schon vergeben war. Offenbar zeichnete ich mich nicht gerade durch Originalität aus. Blieb nur zu hoffen, dass ich zumindest im Abschnitt „Über mich" besser abschneiden würde.

Ein guter Freund von mir prophezeite: „Egal, was du schreibst, es wird kitschig klingen." Er hatte recht. Jede Selbstvorstellung, die ich schrieb, klang wie eine Kontaktanzeige à la: „Hoffnungslose Romantikerin sucht netten Kerl mit dickem Gehalt und großem Brilliring." Also musste ich wohl einfach die Wahrheit sagen und schrieb: „*Ich will einfach nur Spaß haben und neue Leute kennenlernen – zwei Dinge, die mir seit meinem Umzug hierher ernsthaft gefehlt haben. Ich bin eine totale Hinterwäldlerin aus West Virginia. Ich liebe meine Familie, weil ich mit ihnen wie mit Freunden reden kann, und meine Freunde, weil ich mit ihnen streiten kann, als wären sie meine Familie. Ich neige dazu, ein Freigeist zu sein. Ich kann mir nicht vorstellen, mein ganzes Leben an einem einzigen Ort zu verbringen. Ich bewundere Menschen, die das Leben mit beiden Händen anpacken und keine Angst davor haben, einfach in ein Flugzeug zu steigen und irgendwohin zu fliegen. Ich liebe Menschen, die mich zum Lachen bringen. Ich mag es, Menschen zum Nachdenken anzuregen. Ich hasse es absolut, eine Selbstvorstellung zu schreiben.*"

(Ist es eigentlich möglich, rückwirkend vor Scham zu sterben? Ich frage natürlich für einen Freund ... 😊)

Als ich mich an diesem Tag für das Treffen mit Justin fertig machte, erwartete ich, dass ich in Panik geraten würde. Immerhin traf ich mich mit einem völlig Fremden aus dem Internet zu einer Zeit, als das noch nicht wirklich üblich war. War er die zukünftige Liebe meines Lebens oder ein Serienmörder? Zu diesem Zeitpunkt hätte es so oder so ausgehen können.

Aber ich war nicht aufgeregt. Ganz im Gegenteil schwamm ich in einem Meer aus Frieden. Ich spürte diesen Frieden, als ich noch eine Schicht Lipgloss auftrug, bevor ich aus der Tür ging. Ich spürte ihn, als ich in mein kirschrotes Auto stieg, um in die Stadt zu fahren. Ich spürte ihn, als ich um die Ecke bog und einen braunäugigen jungen Mann an einem Tisch am Fenster sitzen sah. Er hatte eine Kamera vor sich liegen – unsere Version einer roten Rose –, damit ich wusste, dass er es war.

„Justin?"

„Hallo, Mary." Sein ganzes Gesicht war ein einziges Lächeln.

Ich hatte noch nie jemanden so lächeln sehen. Nicht nur sein Mund lächelte, sondern auch seine Augen, seine Wangen, seine Stirn. Sogar das Grübchen in seinem Kinn. Es war, als ob sein ganzes Gesicht glücklich war.

Und als jemand, der schon immer ein wenig Traurigkeit hinter seinen Augen sitzen hatte, faszinierte mich das sehr.

Wir saßen im Café und unterhielten uns eine Weile.

Dann holten wir uns Kaffee zum Mitnehmen, damit wir durch New Haven spazieren konnten und ich ihm meine Lieblingsgebäude auf dem Campus zeigen konnte. Und er wies mich darauf hin, dass das Licht auf sie fiel, wie ich es noch nie zuvor wahrgenommen hatte.

Wir hatten uns an einem Dienstag zugezwinkert.

Das Kaffeetreffen war an einem Donnerstag.

Am Sonntag gingen wir auf eine Wandertour.

Am Montag waren wir verheiratet.

Ich mache nur Witze ...

Nein, aber anderthalb Jahre nach diesem ersten Kaffee – den Justin, wie sich herausstellte, gar nicht mag – ging er unter dem alten Apfelbaum auf dem Fenwick Mountain, auf den ich als Kind immer geklettert war, auf die Knie und fragte mich, ob es

189

für immer sein sollte. Aber Moment ... – so weit sind wir noch nicht.

Justin stammt aus einer langen Reihe von glücklichen Ehen.

Seine Großeltern mütterlicherseits waren dreiundfünfzig Jahre lang verheiratet. Seine Großeltern väterlicherseits achtundvierzig Jahre lang.

Und dann sind da noch seine Eltern, die sich in der Nacht nach ihrem Highschool-Abschluss kennengelernt haben und heute, vierzig Jahre später, immer noch genauso glücklich und verliebt sind wie die beiden verrückten Kids, die sich in einer schicksalhaften Nacht an der Strandpromenade von Jersey gefunden haben.

In einem solchen Elternhaus aufzuwachsen, macht etwas mit dir – bis hin zu einer strukturellen Veränderung in deiner DNA. Es ist, als ob du von einer radioaktiven Spinne gebissen worden wärst wie Spiderman. Nur dass man dadurch nicht in die Lage versetzt wird, von hohen Gebäuden zu springen und sich von Wolkenkratzer zu Wolkenkratzer zu schwingen, sondern einfach übernatürlich selbstsicher ist. Ein superheldenmäßig sicheres Vertrauen und ein felsenfestes Fundament, auf dem man stehen kann. Justin hat nicht ein Gramm Egoismus, Bedürftigkeit, Vertrauensprobleme oder Eifersucht in seinem Körper. Mit anderen Worten: genau das Gegenteil von mir!

Vielleicht hat mich Justin deshalb in jenem Sommer so aus der Bahn geworfen, als ich mir sicher war, dass ich niemals heiraten wollte.

Die Wahrheit ist, dass das Zusammensein mit Justin nie wirklich eine Entscheidung war. Die Erde entscheidet sich auch nicht dazu, sich um die Sonne zu drehen, oder wir beschließen nicht, uns von der Schwerkraft anziehen zu lassen. Zwei Mag-

nete nehmen sich auch nicht vor, mit einer Kraft aneinanderzu-
kleben, die es ihnen unmöglich macht, sie zu trennen.

Jeder Teil von mir war und ist glücklich, einfach nur in seiner Umlaufbahn zu sein. Seine Anziehungskraft gibt mir das
Gefühl, fest verwurzelt zu sein, aber sie lässt mich auch spüren, was es heißt zu fliegen. Und die Kräfte, die uns anfangs
zusammengebracht haben, werden mit der Zeit immer stärker.
Ich werde von ihm angezogen. Ich bin in ihm verankert, wie
ein Schiff, das im Sturm ganz sicher vertäut ist. Und manchmal,
wenn wir zusammen auf der Couch sitzen und ich mein Gesicht
an seins drücke, verstehe ich, was ein Magnet empfindet.

Es ist, als ob man dem anderen immer noch ein kleines bisschen näher kommen will.

Er ist das Sicherheitsnetz in unserem Team. Und ich bin die
Hochseilartistin, die sich immer wieder daran erinnert, wie viel
Glück sie hat, dass sie ihn als ihren weichen Landeplatz hat. Ich
wirbele herum, und er hält einfach den Kurs und bringt uns weiter auf unsere Reiseroute.

Ich habe Justin einmal gefragt, ob er sich jemals gewünscht
hat, er hätte ein Mädchen erwischt, das ein bisschen weniger
kaputt ist. Eines mit weniger Narben. Weniger dunklen Stellen in den Windungen seines Herzens. Weniger emotionales
Gepäck, das, einmal ausgepackt, immer wieder aufbricht wie
eine alte Wunde, die nur in einem verlässlich ist: ihrer hartnäckigen und unerschütterlichen Weigerung zu heilen.

Ich fragte ihn, ob es nicht einfacher gewesen wäre, wenn ich
es uns irgendwie leichter gemacht hätte. Wenn ich mit einer
einfacheren Geschichte an unseren gemeinsamen Tisch gekommen wäre: Vorort-Biografie, glückliches Zuhause.

Daraufhin antwortete er: „Ich liebe deine Narben ebenso
sehr, wie ich deine Punkte liebe." („Punkte" nennt Justin das,

was ich gern als Sommersprossen bezeichnen würde, aber in Wirklichkeit sind es Muttermale. Sommersprossen wären viel niedlicher.)

„Wenn ich all die Punkte miteinander verbinde, bilden sie ab, wer du bist."

Als er das sagte, dankte ich Gott erneut für diesen Mann, den er mir geschickt hatte. Einen, der die Fehler und Risse in meiner Fassade als die Stellen sieht, an denen das Licht hereinkommt.

Ich komme mir vor wie eine Konstellation aus Komplikationen, die immer dankbar ist, bei ihm wie bei einem Kompass eingenordet zu werden.

Ich kann die Liebe sehen, weil ich sie kennengelernt habe. Ruhig und furchtlos und ohne Fragen. In den Momenten, in denen alles unsicher war. In den Zeiten, in denen ich sie am wenigsten verdient hatte.

Ich bin geliebt worden, als ich im Unrecht war, und ich bin geliebt worden, als ich wütend war. Ich bin geliebt worden, als ich wie ein wildes Tier zurück in den Schutz der tiefen, dunklen Löcher rannte, in denen ich mich gerne verstecke – verängstigt und nach jedem kratzend, der versuchte, sich mir zu nähern. Als ich blutige Spuren auf den offenen Handflächen jener Hände hinterließ, die versuchten, mich zu halten. Ich wurde auf Armeslänge geliebt, als ich niemanden näher an mich heranlassen wollte. Und ich wurde geliebt durch geschlossene Türen und Backsteinmauern und trotz der ramponierten, stacheldrahtbewehrten Barrikaden um mein Herz, das vor lauter Zerbruch schwach und weltmüde geworden war.

Ich bin geliebt worden, als ich wie ein vertrocknetes Skelett war, das keine Kraft mehr hatte aufzustehen. Und ich bin geliebt worden, als ich mich auf dem Boden wiederfand. Diese Zeiten, in denen ich mein Gesicht in einem alten Sweatshirt vergrub und wütende, salzige, stechende, bittere Tränen weinte. Sie liefen mir ohne Entschuldigung über das Gesicht, und mit jedem Tropfen spürte ich, wie das Gewicht auf meinen Schultern schwerer wurde.

Ich bin geliebt worden, als ich kein Vertrauen hatte. Ich wurde geliebt, als ich nicht mehr atmen konnte. Ich wurde geliebt, als jede Zelle in meinem Körper schrie, dass sie nicht mehr weiterkonnte.

Mein Leben mit Justin lässt sich mit diesen Worten zusammenfassen, die ich wie eine Endlosschleife in meinem brennenden Gehirn abspiele. Ich habe sie auf mein Herz tätowiert:

Ich bin geliebt. Ich bin geliebt. Ich bin geliebt.

Im tiefsten Inneren meines Herzens glaube ich, dass Gott uns auch so liebt.

Ich glaube, die längste Zeit rührte ein Großteil meines Schmerzes – mein Getriebensein, mein Schauspielern, mein Weglaufen – aus dem Glauben, dass ich mehr und besser sein müsste, bevor Gott oder irgendjemand anderes mich wählen würde. Ich war überzeugt, dass ich die Teile von mir, die unsicher, wütend, kleinlich oder neidisch waren, verstecken musste, um vor ihm bestehen zu können. Als ob er all diese Dinge über mich nicht schon wüsste. Auf einer tiefen Ebene glaubte ich, dass ich diese Art von Mensch sein musste, die nie etwas braucht, damit ich Gott nicht lästig fallen würde. Ich dachte, ich müsste immer mehr erreichen, damit ich irgendwann vor Gott stehen könnte und er sehen würde, dass ich keine Verschwendung seiner Zeit war. Und auch keine Verschwendung seines Opfers, das er für mich gebracht hatte.

Ich dachte, wenn Gott auf meine Narben schaut, sieht er meine Fehler. Aber die Wahrheit ist, dass er nur meine Geschichte gesehen hat. Und jede Kleinigkeit, die zerbrochen war, war eine Chance für ihn, diese Geschichte schön zu machen. Jede Wunde war eine Öffnung, durch die sein Licht eindringen konnte.

Er sieht alles, und er streckte einfach wieder seine weit geöffneten Hände aus, die mich gehalten haben.

Ich bin geliebt. Ich bin geliebt. Ich bin geliebt.

Und das, so stellt sich heraus, ändert alles.

Wir standen inmitten von Licht, eine Million Sterne hingen am wattierten Himmel.

In diesem letzten Jahr des Jurastudiums fuhr Justin für die Tage vor Heiligabend mit mir nach West Virginia. Und an jenem Abend, kurz bevor wir das Auto packten, um am ersten Weihnachtsfeiertag zu seiner Familie nach New Jersey weiterzufahren, bat er mich, mit ihm einen Spaziergang im Schnee zu machen.

Als wir durch die Hintertür von Goldies kleinem roten Haus traten, war der ganze Hof mit einem kreuz und quer verlaufenden Muster aus Lichtern bedeckt. Warm glühende Kerzen warfen eine Million glitzernde, glühende Reflexe auf schneebedeckte Pick-ups, Schrotthaufen und alte Reifen. Es war das Schönste, was ich je in unserem Hof gesehen hatte.

Die Kerzen führten in einem langen, weiten Bogen hinunter zum Trailer, dann wieder hinauf, vorbei am Geräteschuppen, am Holzschuppen und an der Stelle, wo früher die Schaukel gestanden hatte. Schließlich mündeten sie in eine Art Heiligenschein aus goldenen Lichtern, die einen Apfelbaum umgaben. Derselbe alte Apfelbaum, auf den ich als kleines Mädchen geklettert war.

Ein verschlungener, verschwenderisch beleuchteter Weg, der nun unauslöschlich meine Zukunft und meine Vergangenheit miteinander verband.

Dass ich Justin heiraten würde, wusste ich nach drei Wochen Beziehung, als ich an der schlimmsten Magengrippe erkrankte, die man sich vorstellen kann. Es war eine Heimsuchung von apokalyptischem Ausmaß.

Als Justin mit Salzcrackern, Ginger Ale und Apfelmus an die Tür kam, weigerte ich mich, ihn hereinzulassen, weil er mich nicht so sehen sollte. Drei Wochen Beziehung sind noch nicht Magen-Darm-Grippe-fest. Also setzte er sich draußen in den Flur und redete durch die Tür mit mir. Als ich ihn schließlich hereinließ – gespenstisch weiß, fiebrig zitternd, die Haare auf der Stirn mit etwas verklebt, das ich als Schweiß bezeichnen möchte, das aber wahrscheinlich Erbrochenes war –, überlegte er nicht lange, sondern durchquerte das Zimmer und wickelte mich in die erste Decke, die er fand.

Es war die Quiltdecke auf meinem Bett aus Quadraten mit Windrädern und rosa Herzen, die sich abwechselten. Sie war von meiner Ururgroßmutter mütterlicherseits begonnen und dann von meiner Urgroßmutter weitergearbeitet worden. Schließlich hatte Goldie sie für mich gerade rechtzeitig fertiggestellt, um sie mir aufs College mitzugeben. Drei Generationen von Frauen auf beiden Seiten meiner Familie hatten ihre Handschrift auf dieser Decke hinterlassen, in die Justin mich damals gehüllt hatte.

Und nun standen wir hier unter einem gesteppten Sternenhimmel. Ein Flickenteppich aus Licht und Dunkelheit, die ineinander übergingen. Ein Symbol für meine Zukunft und meine Vergangenheit. Und endlich war ich im Frieden mit all den Teilen, die mich ausmachten.

Ich stand dort im Schnee – sowohl das Mädchen im Trailer als auch das Mädchen, das danach kam. Und wir beide sagten Ja zu der Option „Für immer".

Goldie war die Erste, der wir davon erzählten.

Als wir wieder ins Haus kamen, rührte sie gerade gehackte Äpfel in die Füllung und bereitete den Truthahn für das Weihnachtsessen am nächsten Tag vor. Und ich fühlte mich schon wieder schuldig, weil wir abreisen wollten. Vor allem würde ich den Truthahn, die Füllung und die Weißbrot-Sandwiches verpassen, die sie und ich am Weihnachtsmorgen immer heimlich aßen, bevor jemand anderes aufstand.

Goldie war eine echte Traditionalistin, aber bei mir war sie immer bereit, die Regeln zu brechen. An Heiligabend stand sie zu jeder vollen Stunde auf, um nach dem zu sehen, was sie liebevoll „Tom Turkey" nannte. Und in meinen späteren Teenagerjahren hatte ich mir angewöhnt, bei ihr nebenan zu übernachten, um dann jedes Mal gemeinsam mit ihr aufzustehen. Manchmal blieben wir die ganze Nacht zusammen auf. Goldie schälte Äpfel, und wir sahen uns „I Love Lucy" in Schwarz-Weiß an.

Wir ließen den Fernseher die ganze Nacht laufen, der blaue Schein warf seltsame Schatten auf den Weihnachtsbaum. Die alten orange-roten Lichterketten prangten wieder in voller Pracht. Ich konnte stundenlang auf diese Lichter starren. Mit Lebensmittelfarbe gefüllte Glaspipetten auf billigen Plastikbirnen, die vor Nostalgie nur so trieften. Sie mussten mindestens fünfzig Jahre alt sein.

Es dauerte immer eine Weile, bis sie warm wurden, aber sobald sie so weit waren, veränderte sich alles im Raum.

„Oma Goldie, wir heiraten!" Ich hielt ihr den Ring vor die Nase, eine Bewegung, die ich schon tausendmal in tausend verschiedenen Filmen gesehen hatte. Daher hatte ich eine bestimmte Vorstellung davon, wie das Ganze ablaufen sollte.

Sie schaute durch die Bifokalgläser ihrer Brille nach unten, um besser sehen zu können. Als sie das tat, verschwand ihr

Kinn fast vollständig in ihrem Hals. Dann schaute sie über den Brillenrand wieder zu mir hoch, einen ernsten Ausdruck in ihrem runden Gesicht. Sie begann mit dem Kopf zu nicken, eine wippende Bewegung, die zunehmend an Schwung gewann, als würde sie sich zu etwas aufraffen.

„Okay, wir können es schaffen. Wir können es schaffen."

In Goldies Welt war alles etwas, das es zu überstehen galt. Man musste es schaffen, unversehrt zu überleben. Man musste lange genug durchzuhalten, um einen weiteren Tag zu kämpfen. Ich hatte keinen Zweifel daran, dass sie in diesem Moment bereits die Kosten überschlug und eine Liste mit allem erstellte, was getan werden musste, um dieser Ehe Bestand zu verleihen.

In Goldies Welt war „Wir schaffen das!" also so, als hätte sie gerade gesagt: „Herzlichen Glückwunsch! Ich freue mich so für dich."

Ich übersetzte ihre Reaktion für Justin, der noch nicht gelernt hatte, die Geheimsprache zu verstehen, die meine Großmutter und ich teilten.

Von Goldie aus gingen wir durch den Raum und umarmten eine Tante, einen Onkel und eine kleine Cousine, die sich sehr darauf freute, Blumenmädchen zu sein. Aber ein Zimmer weiter, beim Weihnachtsbaum im Wohnzimmer, saß Papa stoisch im Schaukelstuhl, die Augen feucht vor Rührung, und sagte kein Wort.

Justin hatte früher am Tag mit ihm gesprochen und ihn gefragt, ob es für ihn in Ordnung wäre, wenn er mir einen Heiratsantrag machen würde. Papa nickte stumm mit dem Kopf und schüttelte Justins Hand. „Nun, ich denke, das geht klar."

Doch nun, da der Moment gekommen war, dass seine einzige Tochter ihn für immer verlassen würde, starrte er auf den Boden und sagte nichts, um keinen Zusammenbruch zu riskieren.

„Papa, was hältst du davon? Ziemlich aufregend, nicht wahr?"

Nichts.

„Wir müssen dir einen Smoking schneidern lassen. Ich frage mich, ob es die auch aus Flanell gibt."

Stille.

„Hey, vielleicht können wir bei unserem Vater-Tochter-Tanz ja zu Dolly Parton tanzen."

Er starrte nur auf den Boden.

Da er nicht sprach, blieb mir nichts anderes übrig, als das Auto zu packen und mich ein letztes Mal von allen zu verabschieden.

Ich war schon fast zur Tür hinaus, fast weg, als sich die Schleusen endlich öffneten und in Goldies Küche wieder einmal ein Schwall von Tränen losbrach.

Papa packte mich und umarmte mich fest, heiße Tränen hinterließen Schlieren in dem Schmutz, der noch immer auf seinem Gesicht war. Seine mit Kettensägenfett verschmierten Hände legten sich um meine Schultern und gruben sich tief hinein und hinterließen in meinem Gedächtnis dunkle Fingerabdrücke von diesem Moment. Er hielt sich fest und ließ mich nicht los. Und sein ganzer Körper bebte von den leisen Schluchzern, die er den ganzen Tag zurückgehalten hatte. Schluchzer, die er, wenn wir ehrlich sind, wahrscheinlich seit dem Tag meiner Geburt zurückgehalten hatte. Seine feuchte Wange drückte sich an meine, und er flüsterte mir ins Ohr: „Ich bin so stolz auf dich, weißt du das?"

So standen wir da, Vater und Tochter, und hielten uns lange Zeit aneinander fest. Und dann stieg ich ins Auto und fuhr mit meinem zukünftigen Ehemann davon; der warme Lichterglanz der Weihnachtsbeleuchtung hinter uns. Alles brodelte noch an der Oberfläche. Eine komplizierte Konstellation, eingewickelt in eine Decke aus gesteppten Sternen.

Ich hatte immer eine Vorstellung davon gehabt, wie dieser Moment laufen sollte. Aber wenn ich jetzt zurückblicke, würde ich nichts davon ändern wollen. Es war die perfekte Reaktion für meine Familie. Sie hatten es nicht so mit großem Tamtam. Sie wussten nicht immer das Richtige zu sagen. Es dauerte immer eine Weile, bis sie sich mit einer neuen Idee anfreunden konnten. Aber sobald sie es taten, veränderte sich alles im Raum.

15. Inhalt vor Form

Eine meiner Lieblingsvorlesungen an der juristischen Fakultät war „Bundeseinkommensteuer" bei einer Professorin, die tatsächlich ein Buch zu diesem Thema geschrieben hat. Du denkst vielleicht, dass das ungefähr so interessant klingt, wie Dreck so lange zu beobachten, bis er Staub ansetzt, und zunächst wäre ich geneigt gewesen, dir zuzustimmen. Wir sollten unsere Tage damit verbringen, Zeile für Zeile direkt aus dem amerikanischen Steuergesetz zu lesen. Abschnitt 1401. Unterpunkt b. 2.A. Kleine römische Ziffer i. Bestimmt „total spannend", haha.

Überraschenderweise war es das tatsächlich. Diese Professorin hatte die Gabe, ein normales, unscheinbares Gesetzchen aufzuspüren, das die meisten Leute übersehen hätten, und etwas anderes darin zu sehen. Die Geschichte dahinter, wie es zu diesem Gesetz kam. Wo die meisten Menschen eine Steuererleichterung für eine bestimmte Art von Fahrzeugen sahen, sah sie eine mächtige Lobby, die die Gesetzesbildung beeinflusst hatte. Sie warf Fragen über Fairness und Transparenz auf. Wo die meisten Menschen Vergünstigungen für Verheiratete sahen, die gemeinsam ihre Steuererklärung einreichen, oder einen Abzug für die Betreuung von Familienangehörigen, brachte sie ein größeres Thema ins Spiel, nämlich die Frage, welche Werte einer Gesellschaft in ihre Gesetze einfließen. Sie war krass.

Sie forderte dich so lange heraus, bis du die Antwort auf eine

Frage nicht mehr wusstest. Aber ich glaube, sie tat das nur, um uns zu lehren, dass wir nicht immer sofort eine Antwort parat haben sollen. Sie wollte, dass wir kapieren, dass die Dinge nicht immer so klar sind, wie sie auf den ersten Blick schienen.

Eines der wichtigsten Dinge, die sie uns gelehrt hat, ist, dass Inhalt vor Form geht.

Und ich habe sie dafür bewundert.

Das hängt wohl damit zusammen, dass ich mir immer gewünscht habe, jemand würde das für *mich* tun. Ich sehnte mich danach, dass jemand meine Geschichte hinter der Oberfläche genauer betrachtet und dort etwas anderes sieht, etwas, das die Leute bisher immer übersehen hatten. Ich wollte, dass sie meine Substanz sehen, bevor sie sich eine Meinung über mich bilden. Dass sie sich in mich hineinversetzen und verstehen, was alles passieren musste, damit ich mein Ziel erreichen konnte. Ich wollte, dass jemand den Inhalt und den Wert erkennt, für den ich stehe.

Und nicht nur, wie leicht ich – oberflächlich betrachtet – in eine Schublade zu stecken und abzuschreiben war.

Als ich noch auf dem College war, musste Goldie am offenen Herzen operiert werden.

Die Ärzte gaben ihr nur eine zehnprozentige Überlebenschance – sie brauchte sowohl einen dreifachen Bypass als auch eine künstliche Herzklappe –, aber sie sagten ihr auch, dass sie ohne die OP hundertprozentig sterben würde. Und so entschied sie sich für die Operation.

Die Operation selbst verlief gut, und ihr Herz konnte repariert werden. Aber als sie sie zunähen wollten, passierte etwas Seltsames: Jedes Mal, wenn sie versuchten, ihren Brustkorb zu schließen, kollabierte ihre Lunge und ihr Herz hörte auf zu schlagen. Immer wieder versuchten sie es, und immer wieder geschah dasselbe. Schließlich blieb ihnen nichts anderes übrig, als sie offen zu lassen. Und zu warten.

Einundzwanzig Tage lang wurde Goldie in Narkose gehalten, während ihr Brustkorb weit geöffnet war und ihr Herz freilag. Tag für Tag schütteten sie literweise Antibiotika direkt in die offene Wunde. Einundzwanzig Tage lang sprachen die Experten – Ärzte, Chirurgen und Krankenhausverwaltung – mit meiner Familie über Goldies Überlebenschancen. Und sie wurden richtig gut darin, „unmöglich" zu sagen.

Sie kann das unmöglich noch lange durchhalten.

Von so etwas kann sie sich unmöglich erholen.

Aber sie wussten nicht, mit welcher Art von Herz sie es zu tun hatten.

Denn am zweiundzwanzigsten Tag konnten sie Goldies Brustkorb schließlich zunähen, und sie erholte sich vollständig. Diese Operation hat ihr weitere zehn Jahre bei uns beschert.

Goldie hat mir im Laufe der Jahre viel beigebracht, aber diese Geschichte hat mich vor allem eines gelehrt: Man muss bereit sein, das „MÖGLICH" in seinem eigenen Leben zu sein.

Denn es wird immer eine Fülle von Menschen geben, die einem gern sagen, dass dies oder das unmöglich sei. Man muss bereit sein, gegen diese Art von Widrigkeiten anzukämpfen, auch wenn es niemand sonst tut. Man muss bereit sein, offene Wunden auszuhalten und sie in ihrer eigenen Zeit heilen zu lassen. Man muss bereit sein, der Stimme des Zweifels die Wahrheit zu sagen, egal, ob sie aus Expertenmund oder aus deinem eigenen Kopf kommt.

Als die Ärzte Goldie kennenlernten, wussten sie nicht, mit welcher Art von Herz sie es zu tun hatten.

Aber das ist genau die Art von Herz, die auch in mir schlägt.

Es ist die Art von Substanz, die man direkt unter der Oberfläche pulsieren sieht.

Eines der prestigeträchtigsten Dinge, die man während des Jurastudiums in New Haven tun kann, ist die Mitarbeit beim *Yale Law Journal*, der bekannten juristischen Fachzeitschrift, die allgemein als unverzichtbares Sprungbrett für eine spätere Tätigkeit am Obersten Gerichtshof gilt.

Ich habe mich nicht dort beworben.

Stattdessen habe ich als Autorin für die *Yale Law Revue* angeheuert, die große Sketch-Comedy-Show zum Jahresende, die eine Mischung aus Liedern, Sketchen und vorher aufgezeichneten Videos war, im Stil der großen Late-Night-Shows. Wir Autoren arbeiteten schon Monate im Voraus an der Show, trafen uns bei Fast Food und billigem Bier, um Sketche zu entwickeln, verwarfen die Hälfte davon und fingen wieder von vorne an. Und in den letzten Wochen des Jahres, wenn wir eigentlich für die Abschlussprüfungen lernen sollten, haben wir uns in der Aula verkrochen und die Show bis in die Nacht hinein geprobt. In einem Jahr fuhren wir sogar den ganzen Weg nach Cambridge und versuchten, uns als 1,80 Meter große Hummer verkleidet an der „Konkurrenz-Uni" Harvard einzuschreiben.

Mit anderen Worten: Ich hatte meine Leute gefunden.

Meine Bewerbung bei der Show bestand in einer Nachahmung einer meiner Lieblingsprofessorinnen in Yale, die die Angewohnheit hatte, sämtliche Satzzeichen mit auszusprechen wie bei einem Diktat.

„Als das Gericht diese Entscheidung aufhob Komma begründete es die Entscheidung damit Komma Anführungsstriche unten dass ein Gesetz Komma das jemanden aufgrund seines Geschlechts diskriminiert Komma gemäß des vierzehnten Verfassungszusatzes verfassungswidrig ist Punkt Anführungsstriche oben." Wir hatten eine Menge Spaß dabei.

„Als das Gericht diese Entscheidung aufhob, wurden Komma, Bindestrich, Ausrufezeichen, in Wirklichkeit aber Apostroph, Semikolon, offene Klammer, zum ersten Mal Betonungen kursiv, Klammer zu, Anführungsstriche ... Punkt, Punkt, Punkt ..."

Das zu hören, statt es zu lesen, ist tatsächlich noch viel lustiger.

Wie dem auch sei, dieses Vorsprechen hat mir nicht nur geholfen, es in die *Law Revue* zu schaffen, sondern einer der Sketche, die ich mitgeschrieben hatte, wurde sogar zum Eröffnungsstück für die gesamte Show. Es ging um dieselbe Professorin, die eine politisch korrekt gegenderte Neuinterpretation eines höchst sexistischen Rapsongs zum Besten gab.

Im zweiten Jahr war ich Co-Regisseurin, und im dritten Jahr bekam ich den begehrten Platz als eine der beiden Nachrichtensprecherinnen in unserer eigenen Version der „Wochenshow". In diesem Jahr ging der Platz an mich und meine blonde Freundin Ashley und machte uns zum einzigen rein weiblichen Duo in der Geschichte der Show.

Ich hoffe, die Professorin für Zeichensetzung war stolz auf uns.

Eines der wichtigsten Dinge, die ich bei dieser Show gelernt habe, ist dies:

Witzige Menschen sind in der Regel auch Menschen mit harten Geschichten.

Es ist, als ob die Menschen, die traurige und schlimme Dinge erlebt haben, alles tun wollen, um andere Menschen zum Lachen zu bringen.

Ich habe die Theorie, dass wir alle mit diesen harten Kanten und scharfen Ecken in die Welt geboren werden. Und wenn wir mit anderen Menschen zusammenstoßen, hinterlassen wir ungewollt blaue Flecken und Schnitte. Diese Wunden können wie ein hartes Wort oder ein unbedachter Kommentar aussehen, eine selbstsüchtige Tat oder eine Entscheidung, die andere ausschließt. Es kann so einfach sein, durch diese Welt zu gehen und die anderen Menschen, die gemeinsam mit uns wild durch den Raum wirbeln, nicht wirklich in ihrem Wert zu erkennen. Jeden Tag sind wir da draußen und es passiert: Wir stoßen aneinander und hinterlassen unsere Spuren bei den anderen.

Ein langsamer Tod durch tausend kleine Schnitte.

Aber – so meine hoch wissenschaftliche Theorie weiter – es passiert auch etwas mit Menschen mit harten Geschichten, das sie weicher macht. Wie immer feiner werdendes Schleifpapier rundet der Schmerz die harten Kanten ab. Wo einst Egoismus und Rücksichtslosigkeit lebten, zieht Empathie ein und stellt Blumen auf die Fensterbank. Sie macht die Haustür weit auf. Freundlichkeit und Sanftmut wachsen aus dem Narbengewebe und werden zu Polstern, die es uns ermöglichen, uns nahe an andere Menschen heranzuwagen und sie inmitten ihres Schmerzes zu sehen.

Wir können uns jetzt annähern, ohne andere zu verletzen. Wir sind ein weicher Ort zum Landen geworden. Es gibt einen Grund, warum die witzigsten und schönsten Seelen Menschen sind, die Zerbruch erfahren haben.

Ich habe mich immer gefragt, wie es wohl wäre, ein völlig unbeschwerter Mensch zu sein. Jemand, der einfach aufgewachsen ist. Einfach zur Schule gegangen ist. Ein Unternehmen gegründet hat und es war einfach immer ... einfach.

Es gab eine Zeit in meinem Leben, in der ich, wenn mir jemand eine Wunderlampe gegeben hätte oder die Möglichkeit, mit den Fingern zu schnippen und den Platz mit einer anderen Person zu tauschen, sofort dessen einfache Geschichte genommen hätte. Ich hätte gar nicht schnell genug mit den Fingern schnippen können. Aber irgendwann hat sich das geändert.

Mir wurde klar: Wenn ich meine Geschichte irgendwie über Nacht ändern könnte, dafür aber einen Teil der freundlichen, sanften, einfühlsamen Person aufgeben müsste, die sie aus mir gemacht hat – nun, das wäre ein Handel, den ich nicht mehr eingehen wollte. Und wenn ich jetzt zurückblicke, hätte ich, wenn Gott mir diesen magischen Wunsch gewährt hätte, so viel verpasst, was er noch für mich auf Lager hatte.

Ich sah nur *ein* Kapitel und wünschte mir ein anderes Buch. Jeder Satz fühlte sich wie eine Gefängnisstrafe an. Jedes Adjektiv beschrieb die falsche Art von Szene. Ich fühlte mich wie eine Hintergrundfigur in meinem eigenen Leben. Die letzte Seite schien mir bereits festgeschrieben.

Aber wir lernen, der Geschichte zu vertrauen, wenn wir lernen, dem Autor zu vertrauen. Und er ist noch nicht fertig mit der Story.

Mein Vater kam nicht zu meiner Abschlussfeier in Yale.

Er war nicht verletzt und lag nicht in einer Klinik. Er war nicht krank, und er stand nicht im Stau. Er war nicht im Ausland oder arbeitete irgendwo undercover, und er hatte auch kein Gelübde abgelegt, nicht nach Connecticut zu reisen.

Es war nichts von alledem.

Er ist einfach nicht gekommen.

In den Wochen davor sagte er jedes Mal, wenn ich ihn danach fragte, das Gleiche:

„Weißt du, Mary, das wäre so, als würde man ein altes Arbeitsmaultier zum Derby schicken. Ich wüsste nicht, wie ich mich bei diesen Yale-Leuten verhalten sollte. Ich würde dich nur in Verlegenheit bringen."

Hätte man mich zwei Wochen vorher, eine Woche vorher und sogar einen Tag vorher gefragt, hätte ich geschworen, dass er seine Meinung noch ändern würde. Auf keinen Fall würde er den krönenden Abschluss meiner Ausbildung verpassen, für die er sich sein ganzes Leben lang quergelegt hatte. Natürlich würde er dort sein!

Aber er war es nicht.

Als der Tag und die Stunde kam, war er nicht da. Als die erste Frau, die am obersten Gerichtshof der USA Richterin war, Sandra Day O'Connor, bei der Abschlussveranstaltung vor meinem Jahrgang über das Brückenbauen sprach, war er nicht da. Als ich über die Bühne im Innenhof der Yale Law School schritt – in schwarzer Robe und mit der violetten Quaste, die bedeutete, dass ich nun waschechte Juristin war –, konnte ich, sosehr ich mich auch bemühte, keinen Holzfäller aus West Virginia in der Menge sehen. Goldie war da. Mama war da. Tante Lynn und ihre Familie waren da. Justin und seine Eltern waren da.

Aber JR Bess hat es verpasst.

Er sagte, es sei wegen des Drecks unter seinen Fingernägeln. Wegen seiner schmuddeligen Jeans und seines alten grauen Anzugs, der schon fadenscheinig war. Er sagte, es läge an dem Truck, den er fuhr, und an den Stiefeln, die er trug. Am Akzent, mit dem er sprach, und den fehlenden Umgangsformen. Ich sagte ihm, dass mich das alles nicht interessierte; es bedeutete nur, dass er wusste, wie ein harter Arbeitstag aussah.

Er sah nur die Oberfläche, während ich die Substanz sah.

Manchmal sind es andere Leute, die uns abschreiben, und manchmal schreiben wir uns selbst ab, bevor wir anderen überhaupt eine Chance geben. Die Wahrheit ist, dass Papa nicht wusste, wie er sich gegenüber „den Yale-Leuten" verhalten sollte. Für ihn waren sie eine andere Art von Menschen, mit denen er nichts anfangen konnte. Eine Klasse, bei der er sich nicht wohlfühlte. Der Typ Menschen, mit denen er nichts zu tun haben wollte.

Das Problem war nur, dass ich jetzt offiziell auch zu „den Yale-Leuten" gehörte.

Ich befand mich an einem Punkt in meinem Leben, an dem ich eher das Mädchen *nach* dem Trailer als das Mädchen *im* Trailer war. Mein Leben war jetzt in Connecticut. Mein Leben war Justin. Es gab eine Hochzeit zu planen und eine neue Zukunft, die wir gemeinsam beginnen wollten. Ich entfernte mich immer weiter von dem Mädchen, das Papa kannte. Und er schien zu glauben, er tue mir einen Gefallen, wenn er seine Hand öffnete und mich gehen ließ.

Er hatte also Wort gehalten und war nicht gekommen, wie es sich gehört hätte. Und nun fragte ich mich, ob er überhaupt bei der Hochzeit dabei sein würde.

Es war das große Derby der Abschlussprüfungen, und er hat es verpasst. Stur wie ein Maultier.

In jenem Sommer, als Justin und ich auf den Horizont unseres restlichen Lebens blickten, teilten sich vor uns zwei Wege. Auf der einen Seite gab es zwei Angebote von Anwaltskanzleien in London und New York mit sechsstelligen Gehältern plus Boni plus Zusatzleistungen.

Auf der anderen Seite ... die Hochzeitsfotografie.

Wir hatten die Chance, uns mit einem kleinen Unternehmen, das Hochzeitsfotografie anbot, selbstständig zu machen, ohne einen Cent in der Tasche zu haben und ohne zu wissen, was wir taten. Wir träumten einfach von einem außergewöhnlichen Leben, das immer ein Risiko wert war. Wir entschieden uns für das Ungewöhnliche, das Gegenteil des Gewöhnlichen. Wir entschieden uns dafür, selbst das „MÖGLICH" in unserem eigenen Leben zu sein.

Ein Jahr später waren wir verheiratet.

Und noch ein Jahr später, an unserem ersten Jahrestag, habe ich ein paar Worte darüber aufgeschrieben, was dieser Sprung für mich bedeutet hat. Ich hielt schriftlich fest, dass es nicht nur darauf ankommt, wie unser Leben auf dem Papier aussieht, sondern wie wir dorthin gekommen sind.

„Er trinkt Orangensaft zu seinem Schokoladenkuchen.

Orangensaft. Der Saft einer Orange. Aus der Flasche. Einfach Orange. Ohne Fruchtfleisch. Orangensaft. Und Schokolade.

Das verwirrt mich. Wirklich. Wieso tut man so etwas?

Und doch ist es nur eines von einer Million kleiner, unbedeutender, kaum beachteter „Was soll's, wen stört's"-Nichtigkeiten, die unsere Ehe zu dem machen, was sie ist. Er provoziert mich mit seinem Orangensaft zum Schokoladenkuchen, fordert mich heraus, und er fordert mich auf, die Welt anders zu sehen. So, wie sie noch sein könnte, und nicht, wie sie sein sollte.

Und ich verdanke ihm mein Leben. Dieses Leben, das wir uns aufgebaut haben. Diese Welt, die wir geschaffen haben, in der nur er und ich leben.

Eine Welt voller Kissen und weicher Plätze zum Landen. Mit Decken, die wir uns über den Kopf ziehen und unter denen uns niemand finden wird. Eine Welt, in der man tut, was man liebt, und in der man ist, was man liebt, weil es das ist, was man sein kann, und nicht das, was man sein sollte. In der man herausgefordert wird. In der man Dinge und Menschen anders sieht, als sie auf den ersten Blick erscheinen.

Ich verdanke alledem mein Leben.

209

An unserem Hochzeitstag standen wir gemeinsam vor unseren Freunden und unserer Familie und versprachen uns „Für immer!". (Und natürlich war die Hochzeitstorte aus Schokolade, darauf kannst du wetten! Sie symbolisierte alles, wofür Schokolade steht.)

16. Die schwere Last, die wir nie tragen wollten

Ich ertappe mich oft dabei, dass ich zwei Gebete spreche – in einem Satz, ohne Ironie und im gleichen Atemzug.

Gott, ich habe zu viel. Gott, wann wirst du mir mehr geben?

Auf der einen Seite habe ich das Gefühl, dass ich ersticke. Hustend und keuchend, unfähig zu atmen, weil so viel auf meiner Lunge lastet. Es ist, als hätte sich eine zwei Tonnen schwere Aufgabenliste auf meine Brust gehockt und bewegt sich nicht, bis ich sie mit endlosen Häkchen beglücke. Manchmal fühle ich mich, als würde ich ertrinken, atemlos in der Hektik eines überplanten, überfüllten, überorganisierten Lebens, das ich selbst geschaffen habe. Es ist alles zu viel. Aber es ist auch alles zu wenig. Und das ist genau der Moment, in dem ich um mehr bitte.

Gott, wann gibst du mir, was die anderen haben? Wann wird mein Leben so aussehen wie ihres? Du bringst alles durcheinander, Gott, und ich weiß es besser als du. Bitte gib mir weniger, Gott. Aber bitte, oh bitte, Gott, wann wirst du mir mehr geben?

Goldie konnte einen ganzen Golden-Delicious-Apfel in einer langen, ununterbrochenen Spirale schälen, ohne auch nur einmal abzusetzen.

Es war hypnotisierend.

Sie saß in ihrem Schaukelstuhl, eine Schüssel auf dem Schoß, ein Messer in der einen Hand, das Obst in der anderen, und wir teilten uns einen Apfel. Ein Schnitz für sie, ein Schnitz für mich. Und wir redeten über das Leben.

Sie erzählte mir zum hundertsten Mal, wie ein Hund sie gebissen hatte, als sie noch ein kleines Mädchen gewesen war. Er packte ihre Hand und ließ sie nicht mehr los, und als man ihn von ihr wegzog, biss er sie beinahe durch. Und dann zeigte sie mir wie immer die Narbe auf ihrer Handfläche, und ich fuhr mit meinen eigenen kleinen Fingern über die glänzende, weiße Haut und spürte, wie die erhabenen Linien ihre eigene Geschichte zu schreiben schienen. So wie es diese unerwarteten Grausamkeiten immer tun, wenn sie sich tief in ein junges Leben eingraben und nicht mehr loslassen.

Das letzte Mal, dass ich Goldie sah, war an Thanksgiving. Ihren letzten Atemzug tat sie zehn Monate später. Zu diesem Zeitpunkt hatten wir unser Foto-Business bereits vier Jahre lang aufgebaut, und es lief gut. Wir reisten durch das ganze Land und sogar um die Welt, fotografierten Menschen an ihren glücklichsten Tagen und brachten anderen Fotografen bei, wie sie das Gleiche tun konnten. Wir sprachen auf Konferenzen in großen Sälen und hatten sogar unsere eigene Tour quer durchs Land zusammengestellt – von New York nach Los Angeles mit zwölf Zwischenstopps. Nur wir, ein Soundsystem und ein Anhänger, der hinten an unseren brandneuen SUV angehängt war.

Wir befanden uns in einer Phase unserer Karriere, in der die Leute wussten, wer wir waren, wenn wir einen Raum betraten – vorausgesetzt, dieser Raum war zufällig mit Leuten gefüllt, die in der gleichen Branche arbeiteten. Sie hatten unseren Blog gelesen, kannten unsere Arbeit und fragten, ob sie ein Foto mit uns machen dürften. Ein paarmal haben die Leute sogar geweint, als sie uns trafen und uns erzählten, was unsere Beiträge und unsere Tipps für sie bedeutet hatten. Es war unwirklich. Und es war wie ein kühlendes Gel für jede knisternde, brutzelnde Synapse in meinem verzweifelt um Wichtigkeit und Bedeutung ringenden Gehirn. Es war beruhigend und belebend zugleich und gab mir das Gefühl, wieder atmen zu können. Eine wohltuende Salbe der Bedeutsamkeit auf meine sehr alten, klaffenden Wunden.

Wir waren also gerade dabei, uns wichtig zu machen, als es Goldie schlechter ging. Ein paar Mikro-Schlaganfälle hier und eine oder zwei Infektionen dort, und man beschloss, sie in das Gästezimmer bei Tante Lynn zu verlegen, damit sie rund um die Uhr überwacht werden konnte. Dort wartete sie auf uns, als Justin und ich an Thanksgiving nach West Virginia kamen.

Wir verbrachten zwei Tage mit Goldie, aßen Truthahn und spielten Brettspiele. Wir haben sogar eine Pizza geholt – Peperoni und Paprika, unsere Lieblingspizza – für das, was wir „zweites Thanksgiving" nannten. Zu diesem Zeitpunkt konnte sie das Bett nicht mehr verlassen, also blieben wir einfach bei ihr sitzen. Als es für uns Zeit war zu gehen, setzte sie sich auf die Bettkante, nur noch Haut und Knochen in einem übergroßen Sweatshirt, und wir machten ein Foto von uns beiden.

Sie hatte so viel Gewicht verloren, und man hatte ihr die Haare so kurz geschnitten, dass ihre Ohren besonders weit abstanden. Gleichzeitig hatten die Medikamente, die sie bekam, ihre dicken Apfelbäckchen noch mehr anschwellen lassen. Sie war beides: Goldie und doch nicht Goldie. Eine Karikatur der Frau, die mich mit aufgezogen hatte. Wir lächelten in Schwarz und Weiß – ich mit Schal und Mütze, in Gedanken bereits mit der Abreise beschäftigt –, und etwas in mir wusste bereits, dass dies das letzte Bild war, das wir zusammen machen würden.

213

Und ich hatte recht.

Auch wenn es noch zehn Monate dauern sollte, bevor sie von uns ging.

Trauer macht seltsame Dinge mit einem Herzen. Sie überzeugt dich von Dingen, von denen du weißt, dass sie nicht wahr sind. Vielleicht nicht an der Oberfläche, aber tief in der Seele und in den Eingeweiden, wo Schuldgefühle sich winden und aufgewühlt werden und hochsprudeln. Dort verlangt das wahre Gewissen danach, gehört zu werden. Aber der Kummer flüstert lauter. Er zischt und säuselt dir ins Ohr und lullt dich in Versionen von dir selbst ein, die du nie werden wolltest.

Der Kummer sagt dir Dinge wie: „So willst du sie in Erinnerung behalten. Du willst nicht bis ganz am Ende dabei sein. Es wird zu hart sein, sie so zu sehen. Es wird jede gute Erinnerung kaputt machen, die du an sie hast, wenn es mit einer so schrecklichen Erinnerung endet."

Und so blieb ich weg. Und ich war sehr damit beschäftigt, beschäftigt zu sein, damit ich nicht daran denken musste, wie mein Herz brach. Ich habe natürlich oft mit ihr telefoniert. Selbst als sie ins Krankenhaus verlegt wurde. Und selbst dann noch, als so viele Schläuche in ihrem Mund und Hals steckten, dass ich kaum noch ein Wort verstehen konnte, das sie sagte.

Selbst als sie mich bat zu kommen.

Ich blieb weg. Weg, weg, weg.

Und eines Tages war sie auch weg.

Die Trauer und die Entfernung machten den Herzschmerz noch schlimmer. Jede gute und schöne Erinnerung war mit dem Schmerz überzogen, den es verursachte zu wissen, dass ich nie wieder ihre warmen, weichen, vernarbten Hände spüren würde. Nie wieder würde ich ihr dabei zusehen, wie sie einen Apfel in einer langen, ununterbrochenen Spirale schälte. Nie wieder würde ich sehen, wie sie so laut lachte, dass ihr die Tränen übers Gesicht liefen und ihr ganzer Körper bebte.

Jetzt herrschte nur noch Stille.

Und der schwere, schwarze Rauch des Bedauerns stieg auf, der sich um jede Erinnerung legt und ihr goldenes Licht verdunkelt.

Dieses „Nie wieder" wurde noch viel schlimmer, weil ich nicht mehr zu ihr gekommen war, solange sie noch lebte.

Zehn Monate, nachdem wir unser letztes gemeinsames Foto gemacht hatten, tat Goldie ihren letzten Atemzug. Ich erhielt den Anruf, während ich eine Hochzeit fotografierte – am Morgen, während die Brautjungfern gerade über irgendetwas lachten. Meine Mutter war dran.

„Mary, deine Oma Goldie ... Schatz, sie hat uns verlassen."

Ich ging in ein leeres Zimmer, schloss die Tür und weinte genau fünf Minuten lang heftig um meine Großmutter. Dann wischte ich mir das Gesicht ab und lächelte den Rest des Zwölfstundentages durch. Drei Tage später hielt ich in dem kleinen, mit rotem Samt dekorierten Beerdigungsinstitut vor einem nur halb gefüllten Saal die Trauerrede für Goldie. Einigen der Anwesenden wäre es vielleicht lieber gewesen, wenn ich einfach weggeblieben wäre.

Ich trauerte ein ganzes Jahr lang um meine Oma Goldie, bis ich nicht mehr völlig am Boden zerstört war. Danach dauerte es noch Jahre, bis ich mir ihre Briefe wieder durchlesen konnte. Und durch all das habe ich Folgendes gelernt:

Die Trauer ist eine Lügnerin und ein Ozean. Gerade wenn man denkt, dass man das Ufer erreicht hat, erhebt er sich wieder und verschlingt einen ganz. Wochen können vergehen, ohne dass man überhaupt weint, und dann kann eine Karte, die unerwartet in einem Buch steckt, einen mit der Tödlichkeit eines Tsunamis überfluten. Und deine Kehle brennt und du spuckst und würgst, du ertrinkst in einem Strom von Salzwasser, während du nach Luft schnappst und verzweifelt versuchst, aus diesem Albtraum aufzuwachen. Dann ist die Flutwelle vorbei, und dein Schluchzen wird zu einem leisen Wimmern, wie Schaum, der im Sand versickert, während die Realität dich wieder umspült. Bis dir nichts anderes übrig bleibt, als dich aufzurappeln und wieder ans Ufer zu schwimmen, wohl wissend, dass die nächste Welle nicht weit hinter dir ist. Sie ruft nach dir wie eine Sirene. Sie fordert dich auf unterzugehen. Sie lädt dich ein, in den Tiefen der Abwesenheit zu ertrinken. Die Trauer ist ein Ozean und eine Lügnerin.

Aber sie ist auch auf ihre eigene, gebrochene Weise schön.

Der Verlust von Goldie hat mich gelehrt, dass wir den Schmerz nicht vermeiden dürfen, wenn wir das Gute behalten wollen. Dass das Gute nur so gut ist wie die härtesten Zeiten, durch die wir uns gegenseitig nach Hause begleitet haben. Und wenn jemand wissen will, wie wirkliche Liebe aussieht, dann wird er sie an unseren Narben erkennen.

Jahre nachdem wir Goldie verloren hatten, fanden Justin und ich uns im kalten, fluoreszierenden Licht einer Tierarztpraxis wieder, wo wir uns unerwartet von Cooper, unserem zwölfjährigen Hund, verabschieden mussten. Wir hatten ihn als Welpen bekommen, und so lange, wie es „Justin und Mary" gab, gab es auch „Justin, Mary und Cooper". Ohne ihn hatten wir keinen Sinn mehr.

Als ich mein Gesicht in seinem dichten goldenen Fell vergrub und meine Tränen die rasierte Stelle an seiner Pfote benetzten, wo die Nadel gesetzt werden würde, musste ich an Goldie denken und an alles, was sie mich gelehrt hatte.

216

Goldie verließ diese Welt in der gleichen Haltung, in der sie die meiste Zeit ihres Lebens verbracht hatte: Sie kämpfte verbissen für ihre Familie, auch wenn das bedeutete, schwere Dinge zu tragen, die sie nie hätte tragen sollen. Sie war die Erste, die mir von Jesus erzählte, aber sie verbrachte ein ganzes Leben damit, mich seine Wege zu lehren, wofür sie nur dann Worte benutzte, wenn es nötig war.

Und sowohl in ihrem Leben als auch in ihrem Tod hat sie mich dies gelehrt: Wir weichen dem Schmerz nicht aus, obwohl das einfacher wäre. Wir beugen uns ihm, denn das ist es, was die Liebe tut.

Und das ist eine der wichtigsten Aufgaben, die wir zu bewältigen haben.

Unser Hund Cooper verließ diese Welt eingewickelt in eine warme Decke und erhielt Medikamente, sodass er keine Schmerzen spürte. Er hatte eine Familie, die ihn liebte, die ihn umarmte und küsste und ihm sagte, dass er ein sehr guter Bursche war, während sie ihn festhielten und sanft gehen ließen.

Wir durften sein ganzes Leben miterleben, von Anfang bis Ende. Wir hielten ihn im Arm, als wir ihn zu uns nach Hause brachten, und wir hielten ihn im Arm, als wir ihn gehen ließen. Er wurde vom ersten bis zum letzten Tag zutiefst geliebt.

Und ich kann dir Folgendes sagen:

Das bittere Ende hat all das Schöne, das vorher kam, nicht ungeschehen gemacht.

Ich werde den Rest meines Lebens damit verbringen, mir zu wünschen, ich hätte dasselbe für Goldie getan.

17. Gepflanzt in falscher Erde

„Atticus" heißt mein Lieblingsbuchladen und -café in New Haven. Es befindet sich beim High-Street-Eingang zum Alten Campus, und dort gibt es die zweifellos beste schwarze Bohnensuppe, die du jemals irgendwo finden wirst. Eines Tages, als wir darauf warteten, dass unser Tisch abgewischt wurde, blätterte ich in einem lustigen Bilderbuch mit dem Titel „T-Rex Trying", das auf dem Regal mit den Empfehlungen des Hauses auslag. Es handelte von all diesen scheinbar gewöhnlichen Dingen, die viel schwieriger werden, wenn man sich vorstellt, wie ein Tyrannosaurus Rex sie mit seinen winzigen Armen macht. Der T-Rex versucht, den Brautstrauß bei einer Hochzeit zu fangen, oder versucht, Seil zu springen. Am besten hat mir gefallen, wie traurig der T-Rex war, als er versuchte, Bassgitarre zu spielen, und wie glücklich er war, als er eine Ukulele fand.

Jahre später dachte ich wieder an das T-Rex-Buch, als ich mich auf unbekanntem Terrain wiederfand und mit Gott auf eine neue Weise sprach. Meine Freundin Karen, die damals auch Fotografin war, wollte im Herbst 2012 eine Konferenz für kreative christliche Frauen starten. Und sie suchte nach Rednerinnen. Ich war jetzt eine Rednerin, also meldete ich mich bei ihr.

Als meine Finger über der Tastatur schwebten und ich mich selbst dazu einlud, auf ihrer Konferenz zu sprechen, wusste ich, dass ich mich eigentlich für meine Kühnheit hätte schämen müssen. Stattdessen war es eher eine außerkörperliche Erfahrung – meine Finger tippten Worte, die mein Gehirn noch nicht verarbeitet hatte, als ob ich etwas tun würde, was ich schon immer hätte tun sollen.

Ich hatte in meinem Leben schon einige solcher Erfahrungen gemacht – Gelegenheiten, bei denen ich nicht genau erklären konnte, warum ich etwas tat, aber ein Gefühl des Friedens überkam mich und sagte mir, dass ich genau da war, wo ich sein sollte. Ich spürte es in dem Sommer am College, in dem ich eigentlich für den Zulassungstest für Jura lernen sollte. Aber meine Hände hatten andere Vorstellungen. Sie klappten das Arbeitsbuch so schnell und so plötzlich zu, dass ich mich selbst erschreckte. Stattdessen nahm ich mir ein Jahr Auszeit, um in England zu studieren, und es wurde zu einem der besten Jahre meines Lebens.

Ich spürte es an jenem warmen Tag im Juni, als ich in ein Café fuhr, um einen braunäugigen jungen Mann zu treffen, mit dem ich mir gerade auf Match.com zugezwinkert hatte und der später mein Ehemann wurde. Ich spürte es, als wir Angebote von Anwaltskanzleien in London und New York im sechsstelligen Bereich ausschlugen, um gemeinsam ein neues Unternehmen zu gründen. Und ich spürte es, als wir ein heruntergekommenes Haus aus den 1880er-Jahren mit massiven Wasserschäden und einem ernsthaften Schimmelproblem betraten und ich sofort wusste, dass wir gerade nach Hause gekommen waren.

In der Bibel heißt es nicht umsonst, dass Gott „Frieden, der jedes Verständnis übersteigt" schenkt.

Als ich damals diese E-Mail an Karen geschickt hatte und der Klang des Versendet-Signals mir sagte, dass es zu spät war, sie zurückzunehmen, musste ich nicht lange auf eine Antwort warten.

„Mary! Ich bin so froh, dass du mir geschrieben hast! Es ist verrückt, denn ich hatte das Gefühl, dass ich mich auch an dich wenden sollte, aber ich war mir einfach nicht sicher, wo du beim Thema Gott gerade so stehst."

Sie war sich nicht sicher, wo ich beim Thema Gott stehe.

Das ergab Sinn.

Bis zu diesem Zeitpunkt hatte ich meinen Glauben nämlich meist für mich behalten. Nicht weil ich ihn verheimlichen wollte, sondern weil er mir so selbstverständlich erschien. Zu glauben, war für mich wie atmen. Etwas, das ich einfach tat, nicht etwas, über das ich sprach. Und doch hatte ich immer gedacht, dass man irgendwie erkennen konnte, dass ich ein Herz für Gott hatte, so wie man ja auch erkennen konnte, dass ich atmete – wenn man genau hinsah. Es war ein Teil von mir – so wesentlich wie das stetige Heben und Senken meines Brustkorbs, aber die Bewegung war subtil und unauffällig. Man musste sich zu mir beugen, wenn man es sehen wollte, nah genug herankommen, um es zu sehen und zu hören. Einatmen, ausatmen.

Es war keine laute Kundgebung, sondern ein Flüstern.

Ich habe mich bei Karen für diese Konferenz beworben, weil ich dachte, dass ich etwas Hilfreiches weiterzugeben hätte. Ich bot eine meiner Fähigkeiten – reden kann ich gut – für eine wirklich gute Sache an. Es ging mir darum, anderen zu helfen. Nicht, mir helfen zu lassen.

Erzähl Gott deine Pläne und schau, wie er lacht.

Vom ersten Moment an, als ich einen Fuß auf den Campus in Georgia setzte, wo die Konferenz stattfand, wusste ich, dass ich es falsch verstanden hatte. Gott hatte mich an diesen Platz gebracht, um mein Leben für immer zu verändern.

Unser erster Abend begann mit etwas, was im Programm als „Anbetung" aufgeführt war. In all den Kirchen, in denen ich je gewesen war, hatte ich noch nie etwas erlebt, das Anbetung genannt wurde, also nahm ich einfach an, dass es bedeutete, dass jemand predigen würde. Vielleicht würden wir einen Choral singen. Aber die meiste Zeit würden wir wohl einfach nur dasitzen, die Hände ordentlich im Schoß gefaltet. So stellte ich mir das jedenfalls vor.

Umso überraschter war ich, als eine Band die Bühne betrat und die ersten Gitarrenriffs den Saal erfüllten. Und du kannst dir meine noch größere Überraschung vorstellen, als alle um mich aufstanden und die Hände erhoben. Sie sangen und weinten und schwankten, beide Hände hoch über dem Kopf, als wollten sie mit den Fingerspitzen die Dachsparren berühren. Sie waren ungehindert, hemmungslos und ganz frei, als sie ihre kindlich offenen Hände dem Himmel entgegenstreckten.

Ich hingegen stand in der Dunkelheit ganz hinten, die Ellbogen fest an die Seiten gepresst, als hätte ich Angst, ich könnte Schweißflecken unter den Armen haben, und hielt die Hände kaum höher als meine Schultern. Wie ein verängstigtes Tier schaute ich hin und her und fühlte mich gehemmt und gelähmt.

Wie ein T-Rex, der versucht anzubeten.

Anbetung war jedoch nicht das Einzige, was ich auf der Konferenz kennengelernt habe.

In all den Jahren, in denen ich zur Kirche gegangen war, wurde ich nicht ein einziges Mal, soweit ich mich erinnern kann, über Dinge wie die persönliche Zeit mit Gott oder das Lesen der Heiligen Schrift gesprochen ... oder gar darüber, dass wir als Christen zur Freude berufen sind.

Aus irgendeinem Grund hatten wir viel Zeit damit verbracht, über antike Menschen mit seltsamen Namen wie Nebukadnezar zu sprechen. Mir wurde suggeriert, dass dieser Typ in meinem Leben noch eine Rolle spielen würde. Aber bis zu diesem Zeitpunkt war er nie ein Thema für mich.

Um ehrlich zu sein, hatte sich der Begriff „Freude" immer nach einer Party angehört, zu der ich nicht eingeladen war. Eine Maske, die sich falsche Leute aufsetzten und dahinter versteckten. Ein Kostüm, das zu der Figur passte, die wir alle spielen sollten. Freude war ein strategisches, halb offenes Lachen auf einem Foto. Ein Kästchen zum Ankreuzen, damit man in den richtigen Kreisen ist. Eine wächserne Religion, die nach dem Motto funktioniert: „Man erkennt uns nicht an unseren Narben, sondern an unserem Lächeln." Etwas, das nur strahlende, glückliche Menschen haben oder empfinden.

Freude fühlte sich wie ein Geheimbund an, und ich war kein Mitglied. Es fühlte sich auch wie etwas an, für das ich nicht geschaffen war. Ganz tief in mir drin.

Als ob meine Arme nicht stark genug wären, um diese speziellen Fäden zu ziehen.

Und während es für alle anderen scheinbar ganz einfach und normal war, wurde es für meine gebremsten Hände immer schwieriger.

Nachdem der Gottesdienst zu Ende war, kam eine andere Rednerin zu mir, die ein paar Reihen hinter mir gesessen hatte, und setzte sich neben mich.

„Weißt du, ich bete schon eine ganze Weile für dich." Sie legte mir ernsthaft die Hand auf die Schulter.

Ich blinzelte sie verwirrt an. Mir war nicht bewusst gewesen, dass ich einen besonderen Gebetsbedarf gehabt hatte.

Für mich klangen ihre Worte wie eine Anklage.

„Es ist einfach so, dass du und Justin so tolle Sachen macht." Bei diesem Teil lehnte sie sich dicht an mich heran, als wolle sie mich in ein Geheimnis einweihen oder mich in einen Geheimbund einladen.

„Ich glaube einfach, wenn ihr Gott mehr in euer Business und eure Message einbinden würdet, wärt ihr nicht mehr aufzuhalten." Ihre Augen weiteten sich bei diesem letzten Teil ihrer Rede. Sie war begeistert von den Möglichkeiten, die sich vor ihrem inneren Auge abzeichneten.

Das war es also.

Wie sich herausstellte, gab es eine spezielle christliche Version von Leistung, Belohnungssternchen und einer Checkliste für mehr Erfolg. Offensichtlich war es möglich, eine Eins Plus im „Christlichsein" zu bekommen.

Und offenbar hatte ich bislang mit einer soliden Drei Minus gearbeitet.

Ich ging mit heißen Wangen hinaus in die kühle Herbstluft Georgias – halb entrüstet, halb gedemütigt, so wie man sich fühlt, wenn man herausfindet, dass seine Freunde über einen gesprochen haben, als man nicht da war. Diese Frau redete mit Gott über mich.

Ihre Schlussfolgerung war, dass ich *mehr* von etwas – vielleicht mehr von allem – sein müsste, wenn ich in seinem Namen sprechen wollte.

Okay, ich sollte also Gott mehr erwähnen, an Lautstärke zulegen, mehr fromme Slogans und mehr „Christensprech" verwenden.

Mit anderen Worten und wie es sich damals für mich anfühlte: mehr vom Gleichen.

Wenn ich zu den Christen passen wollte, die offen über ihr Christsein sprachen, musste ich genauso sein wie sie.

Und das war besonders schwer für ein Mädchen, das sich immer *anders* gefühlt hatte. Ein Mädchen, das immer das

Gefühl gehabt hatte, irgendwie nicht dazuzugehören. Ein Mädchen, das sich insgeheim die ganze Zeit gefragt hatte, ob sie auch für Gott nicht genug war.

Ich erinnere mich an das erste Mal, als ich beschloss, mehr Freude in meinem Leben zu haben.

Als wäre Freude eine Parfümprobe, die ich im Einkaufszentrum kurz getestet hatte und die mir gut gefallen hatte. Wenn ich einen Raum betrat, roch ich nach destillierter Gerechtigkeit. Und so beschloss ich, eine Flasche davon zu kaufen, damit ich sie immer bei mir tragen konnte. Eine kurze Anwendung deckte vieles ab. Ein Duft, der stark genug war, um mich über alle Arten von schlechten Tagen hinwegzumogeln und meinen Schritten Flügel zu verleihen.

Ich konnte mir sogar das Werbeplakat für dieses Parfüm vorstellen. Es hing über einem Metallregal, das voller verzierter Geschenksets war. *Nur für eine begrenzte Zeit erhalten Sie beim Kauf dieses Parfums „Freude" eine Packung „Wohlstand" und „Frieden" sowie diese praktische Tragetasche aus Stoff gratis dazu.* Eine Tasche, die ich unweigerlich mit nach Hause nehmen und an den Griff meiner Schranktür hängen würde, zu den anderen zwanzig Stoffbeuteln, die ich bereits besitze.

Auf dem Plakat sitzt eine Schauspielerin, deren Filme ich noch nie gesehen habe, in einem bauschigen Kleid mit einem halb lachenden Gesicht inmitten eines Feldes voller rosa Wildblumen. Nur dass an ihnen überhaupt nichts Wildes ist. Jede einzelne ist eine Zwangsblüte aus einem temperaturkontrollierten Gewächshaus. Wunderschöne Blüten in allen Schattierungen und Sorten – solange sie alle brav blassrosa sind –, gepflanzt in diesem grünen falschen Steckschaum.

Nicht einmal in echtem, erdigem Dreck.

Eine Zeit lang hatte ich das Gefühl, dass ich überall auf diese Botschaft stieß: dass gute Christen die anderen Menschen mit dem Geruch ihrer Freude überwältigen müssten, wo sie gehen und stehen. Es wäre sogar noch besser, so schien es, wenn man uns schon riechen könnte, bevor man uns überhaupt kommen sieht. Wie eine Douglas-Filiale, die man im Einkaufszentrum ja auch schon aus hundert Metern Entfernung riecht. Wenn wir dann noch Belüftungsanlagen hätten, die den Duft unseres Glaubens nach außen tragen und ihn für jeden Passanten verstärken würden, dann würden wir sicherlich mehr Menschen anlocken.

Beim ersten Mal, als ich beschloss, so ein Freudenspektakel zu veranstalten, fuhren Justin und ich zu einer Glaubenskonferenz, auf der ich am nächsten Morgen die Eröffnungsrede halten sollte. Bis dahin hatten wir an diesem Tag bereits alle möglichen Arten von schlechtem Verkehr, schlechtem Wetter und, nun ja, schlechten Manieren erlebt – und wir waren erst auf halbem Weg dorthin. Wir beschlossen, eine Pause einzulegen und ein paar dringend benötigte Maisbrot-Muffins zu essen. Und während Justin in den Laden ging, um uns etwas zu holen, beschloss ich, mich ins kühle Gras zu legen und zu versuchen, meine Freude wieder in Gang zu bringen. Ich würde ein glückliches Gesicht aufsetzen, wenn ich musste. Das ist nun mal das, was Leute, die Eröffnungsreden auf Glaubenskonferenzen halten wollen, einfach tun müssen, oder?

Und dann passierte es.

Kaum hatte ich mich ins Gras gesetzt, kaum hob ich den Blick zum blauen Himmel über mir, da schnellte etwas hoch und stach mich. Es war eine Biene. Und sie hat mich genau in den, sagen wir mal, oberen hinteren Oberschenkelbereich gestochen.

Ja, das stimmt. Als ich das erste Mal versucht habe, mir

Freude überzuziehen, als wäre sie etwas, das man trägt, wurde ich in den Hintern gestochen.

Das passiert, wenn wir versuchen, die Freude als Maske oder Vertuschungsmittel zu missbrauchen statt zum Heilen.

Jetzt, wo ich darüber nachdenke, habe ich in Yale wahrscheinlich versucht, ein anderes Parfüm aufzutragen. Vielleicht den Duft der Weltläufigkeit, um dazuzugehören. Oder den Ruch, tiefgründig und intellektuell genug zu sein, um beiläufig Jean-Jacques Rousseau in ein Alltagsgespräch einzubauen.

Es ist so, dass ich in meinem Leben schon viele verschiedene Parfums ausprobiert habe. Solche, die mich glücklich wirken lassen, solche, die mich schlau wirken lassen, solche, die mir das Gefühl geben dazuzugehören. Und nicht zu vergessen die Parfums, die wie billige Vanillepansche aus dem Supermarkt riechen, um den sehr realen Geruch von Schimmel zu überdecken.

Wie auch immer, so macht man niemandem etwas vor.

Und so funktioniert wahre Freude nicht.

Wahre Freude ist nicht aufdringlich. Sie überlagert nicht alles, bis wir das Einzige sind, was man im Raum riechen kann. Wahre Freude ist wie ein Hauch von frischer Luft. Sie ist die Erlaubnis, leichter zu atmen. Sie ist eine freundliche Einladung und kein Frontalangriff auf die Sinne.

Sie ist auch kein überdesigntes, überinszeniertes, massentaugliches Bild der Perfektion. Für mich ist wahre Freude wie ein Baum, der am Wasser steht. Er gibt mehr Sauerstoff ab, als er verbraucht. Er spendet Schatten und bietet denen Schutz, die sich für eine Weile bei ihm niederlassen wollen. Er ist ein Ort des Willkommens und der Zugehörigkeit. Eine dringend benötigte Ruhepause für die Erschöpften. Ein Ort, an den man kommen und seine müde Seele ausruhen lassen kann.

Eine meiner Lieblingsbibelstellen ist Jeremia 17,8. Meine Freundin Erin hat mir diesen Vers geschickt, als wir in einer unserer schwersten und herzzerreißendsten Verlustzeiten bis zum Hals im Schlamm steckten. Als ich dachte, ich würde nie wieder atmen können. Als meine Lunge bei der bloßen Vorstellung brannte weiterzumachen. Als kein noch so heftig parfümierter Glaube mich hätte retten können. In dem Vers heißt es: „Sie sind wie Bäume, die am Wasser stehen und ihre Wurzeln zum Bach hin ausstrecken. Sie fürchten nicht die glühende Hitze; ihr Laub bleibt grün und frisch. Selbst wenn der Regen ausbleibt, leiden sie keine Not. Nie hören sie auf, Frucht zu tragen." (GN)

Freude war nie nur für diejenigen gedacht, die lachend auf einer Blumenwiese liegen. Sie ist auch für die, die sich weinend im dicksten Gestrüpp verstecken. Freude zu haben, bedeutet nicht, dass die Dürre nicht kommen wird und die Stürme nicht wüten werden. Es bedeutet nur, dass man weiß, wo man hingehört, wenn sie kommen. Dass du weißt, wo du verankert bist. Und glaub mir, wenn das passiert, wirst du froh sein, dass es kein Blumensteckschaum war, in dem deine Wurzeln steckten.

18. Von nun an bist du sicher

Trotz der merkwürdigen Begegnung mit der anderen Rednerin gefiel mir diese erste Konferenz, die meine Freundin Karen organisiert hatte. Also ging ich immer wieder hin, manchmal mehrmals im Jahr. Und zum ersten Mal in meinem Leben begann sich etwas viel Tieferes in meinem Glauben festzusetzen. Ich lernte Menschen kennen, die mir zeigten, wie man sich in die Heilige Schrift vertieft und ernsthaft über Dinge betet, wie man eine innigere Beziehung zu Gott aufbaut. Ich lernte, dass wahre Freude nicht wie ein aufpoliertes Plastiklächeln aussieht, das nur Menschen auf der Sonnenseite des Lebens vorbehalten ist. Dass Gott keine Angst vor unseren Fragen oder unseren Tränen hat, sondern sich über jede Form des Gesprächs freut.

Als ich zum dritten Mal auf dieser Konferenz war, begegnete ich Kim. Kim ist Coach und lebt in der Nähe von Atlanta. Sie ist sehr gut darin, Menschen zu zeigen, dass es beim Thema „Lebensziele" nicht so sehr darum geht, was wir erreichen, sondern darum, wer wir dabei werden. Ich lernte Kim durch meine Freundin Hannah kennen, die mit ihr zusammengearbeitet hatte, als sie ihr jüngstes Buch schrieb. Hannah wusste, dass ich auch ein Buch schreiben wollte, und so kam es zu einer kurzen Vorstellung per E-Mail. Ein paar Wochen später kam Kim zu der Konferenz, um sich persönlich mit mir zu treffen. Wir saßen zusammen in einem leeren Nebenraum in der Lobby neben einem altmodischen Popcornwagen.

Und während ich nervös Mauern aus weißen, fluffigen Popkörnern errichtete, die auf dem Tisch zwischen uns lagen, gestand ich ihr jede meiner inneren Mauern.

Ich erzählte ihr von einem Film, den ich kurz zuvor gesehen hatte und in dem jemand über Pekannussbäume gesprochen hatte. Er sagte, dass ein Pekannussbaum, wenn er sich selbst überlassen wird, zu viele Früchte trägt, bis seine Äste so schwer werden, dass der Baum sich schließlich in der Mitte spaltet. In seinem ständigen Streben nach mehr bricht er sich selbst das Herz.

„Ich bin wie ein Pekannussbaum", sagte ich zu Kim und blinzelte durch salzige Tränen. „Ich breche mir selbst das Herz, nur um zu zeigen, dass ich etwas wert bin. Und das hält mich zu sehr im Griff – viel zu sehr, um die Dinge zu tun, zu denen ich mich wirklich berufen fühle."

Kim dachte einen Moment lang darüber nach. Sie nahm einen Bissen Popcorn und dann noch einen. „Ich glaube, dein Problem ist, dass du einfach Angst davor hast, die Früchte zu verschenken."

Meine Augen weiteten sich. Noch nie hatte mir jemand einen solchen Schlag verpasst – so schnell, so sanft. Ich fühlte mich, als hätte man mir den Wind aus den Segeln genommen. Und das gefiel mir irgendwie.

„Ähm ... wie meinst du das?"

„Ich meine, du glaubst an die Lüge, dass es für Menschen wie dich, die eine harte Geschichte hinter sich haben, nur eine begrenzte Anzahl von guten Dingen gibt, die dir im Leben passieren werden. Eine Menge X an positiven Dingen, die Gott für dich hat, und wenn sie weg sind, sind sie weg. Und wenn du sie jetzt loslässt, selbst die, die du eigentlich nicht mehr brauchst, riskierst du, dass dir nie wieder etwas neues Gutes widerfährt."

Es klang, als ob sie nach jedem Wort einen Punkt setzte.
Nichts. Gutes. wird. dir. jemals. wieder. passieren.

Ich starrte auf den Tisch und nickte, meine Tränen fielen auf weiße aufgepoppte Maiskörner.

„Du hast dich mit geballten Fäusten an diesen Dingen festgehalten. Aber die Wahrheit ist, dass du sie nur an den Ästen verrotten lässt, wenn du versuchst, sie festzuhalten, oder?"

Ein Bild von einem Apfelbaum und Goldies Gesicht tauchte in meinem Kopf auf. Schnell, wie ein Dia, das vom Projektor ins Licht geschoben wird und dann wieder weg ist.

Goldie hatte mir eingetrichtert: *„Bedürftige Menschen lernen, unerwartete Gaben, die Gott ihnen schenkt, nicht zu verschwenden, Mary Ellen."*

Sie hatte schon immer an eine Version von Gott geglaubt, die mit guten Dingen ziemlich geizig war.

Und nun schien sich herauszustellen, dass ich Goldie noch ähnlicher war, als ich dachte. Ich war immer auf das Schlimmste gefasst. Immer in der Erwartung, dass jeden Moment eine schlechte Nachricht an die Tür klopfen könnte.

Kim fuhr fort: „Mein Opa baut Pekannüsse an. Weißt du, was jedes Jahr passiert, wenn sie die Äste zurückschneiden? Seine Nachbarn bekommen jede Menge Pekannüsse zu essen. Die Sache ist die: Du machst dir Sorgen, ob du genug Vorräte hast. Du machst dir Sorgen, weil du den Schmerz des Zurückschneidens vermeiden willst. Aber denk nur an all die Menschen, die davon satt werden könnten, wenn du deine Gaben verschenkst!"

Sie ließ diese letzten Worte noch eine Weile in der salzigen, abgestandenen Luft zwischen uns hängen. Vertraute ich auf die guten Dinge in meinem Leben oder auf den, der sie überhaupt erst wachsen ließ?

„Dein Problem ist, dass du dein Vertrauen in die Früchte setzt."

Ich habe Kim sofort als meinen Coach gebucht.

Das Erste, was wir in unserem gemeinsamen Jahr in Angriff nahmen, war die Entschärfung dieser tickenden Zeitbombe, die ich mein ganzes Leben lang als „meinen Glauben" bezeichnet hatte und die mir einredete, dass ich nur so gut sei wie meine letzte Leistung. Wenn ich einen Raum betrat, erzählte ich immer von meinen neuesten Erfolgen und Errungenschaften, um mich vorzustellen – wie ein persönlicher Butler, der jeden Gast ankündigt.

In meiner Vorstellung trägt mein Butler einen Zylinder, eine Weste, einen Frack, ein Halstuch und Hosenträger. Und er geht vor mir her in jeden Raum und verkündet, warum ich ein Mensch bin, mit dem es sich zu reden lohnt. Nicht wegen meines angeborenen Werts als Mensch. Nicht weil ich eine gute Geschichte zu erzählen habe. Nicht einmal wegen meines scharfen Sinns für Humor, meiner alten Seele oder meines freundlichen Herzens. Sondern weil ich etwas getan oder etwas erreicht habe, was mich zu einem wertvollen Menschen macht, den man kennenlernen sollte. Ich kann den anderen von Nutzen sein, Verbindungen schaffen, sie bekannt machen. Deshalb, und nur deshalb, bin ich es wert, dass man mir Aufmerksamkeit schenkt.

Um es ganz klar zu sagen: Mein Butler kündigt niemand anderen an, der sich im Raum befindet. Die anderen Menschen um mich herum sehe ich nie so, dass sie meine Zeit nur wert sind, wenn sie beeindruckend und gut vernetzt sind. Tatsächlich drifte ich in jedem sozialen Zusammentreffen immer an den Rand, zu den Mauerblümchen und den Introvertierten. Das sind meine Leute. Aber die Wahrheit ist, dass wir oft Dinge über uns denken, die wir über andere nie denken würden.

Manchmal erscheint mein Butler nicht zur Arbeit.

Und dann habe ich das Gefühl, dass es meine Aufgabe ist,

die Leute wissen zu lassen, dass sie ihre Zeit nicht mit mir verschwenden. Ich bin zum Beispiel mitten in einem Gespräch mit jemandem, der total nett zu mir ist, und ich spüre, wie etwas in mir hochsprudelt wie ein saurer Reflux. Zuerst in meiner Speiseröhre – ein brennendes, bitteres Gefühl in der Mitte meiner Brust. Und dann in meinem Rachen – der saure Geschmack von Unsicherheit, wie Orangensaft und Batteriesäure und drei Tage alte Milch in einem Glas. Ich tue mein Bestes, um es runterzuschlucken. Die hervorsprudelnden Angebereien schnell zu zerkauen und auszuspucken, bevor jemand etwas merkt.

Aber trotz meiner Bemühungen kommen sie unweigerlich aus mir herausgebrochen.

Als Erstes muss ich Yale erwähnen, aber auch, dass ich keine Anwältin geworden bin. Als Nächstes kommt vielleicht eine Bemerkung über all die Plätze auf der Welt, an denen wir schon fotografiert haben. Oder die Kurse, die wir geben, und wie erfolgreich das läuft. Die Orte, an denen ich Vorträge halte. Ach, und habe ich schon erwähnt, dass ich jetzt Autorin bin? Dann erzähle ich von dem Mädchen im Trailer, aber nur, damit mein Gegenüber sehen kann, wie sehr ich mich seitdem weiterentwickelt habe. Und dass ich definitiv nicht mehr dieses Mädchen bin.

Sind Sie schon beeindruckt, sind Sie schon beeindruckt, sind Sie schon beeindruckt?

Bin ich schon genug?

Bin ich schon jemand, der es wert ist, geliebt zu werden?

Als ich Kim dies alles erzählte, fragte sie mich: „Was ist die Wahrheit?"

Und wir gerieten in eine hitzige Debatte über Wert und Begabungen, darüber, wem viel gegeben wird, was von wem erwartet wird und woher unsere wahre Identität kommt. So nah kamen wir einem Streit nie wieder.

Ich sagte ihr, dass es für Menschen wie mich lebenswichtig ist, etwas zu erreichen.

Leistung ist unser Sauerstoff.

Perfektionismus ist die Strafe, die wir zahlen, um irgendwo einen Platz einnehmen zu dürfen.

Wir haben uns nicht ausgesucht, dass wir unbedingt etwas erreichen müssen, und wir tun es nicht, um uns besser zu fühlen als andere. Wir tun es, weil irgendwo, irgendwie ein Schalter in uns umgelegt wurde. Etwas ist in uns zerbrochen. Und zwar auf einer sehr tiefen Ebene. Und wir können nicht mehr zurück. Wir sind in eine Million Stücke zerbrochen. Wie ein Spiegel, mit dessen Reflexion wir nicht klarkamen. Und jeden Tag, den wir da draußen sind und Dinge auf einer Liste abhaken, versuchen wir, uns wieder zusammenzusetzen. Scherbe für Scherbe.

„Ich renne dem Erfolg nur nach, um dem Misserfolg zu entkommen." Das sagte ich mit einer distanzierten Trockenheit in meiner Stimme, die ich nicht wiedererkannte.

„An dem Tag, an dem ich den Trailer verlassen habe, habe ich angefangen zu rennen, und ich habe seitdem nicht mehr damit aufgehört."

Ich legte meinen Kopf zurück und starrte an die Decke. Mein Leben spielte sich in verzerrten Szenen auf dem Putz über mir ab.

Wenn ich hier einen Witz machen wollte, würde ich sagen, dass mein Haschen nach Erfolg genau so aussah wie bei Forrest Gump im gleichnamigen Film. Dem drückten sie einfach einen Football in die Hand und riefen: „Lauf, Forrest, lauf!" Und er lief. Nur dass ihm nie jemand sagte, wann er anhalten sollte. Also pflügte er einfach über das Spielfeld und aus dem Stadion hinaus und rannte immer weiter. Sieg um Sieg.

Aber so ist es bei mir nicht.

Ich bin ein Mädchen in einem roten Umhang, barfuß und schlammverschmiert, das aus dem tiefen, dunklen Wald flieht. Äste krallen sich in ihre Haut, zerreißen ihre Kleidung und lassen Stücke von ihr zurück wie Brotkrümel. Irgendetwas jagt sie, hetzt sie, dicht hinter ihr, und kommt schnell näher. Der große böse Wolf, der sich an ihre Fersen heftet.

Sie rennt, weil sie weiß, dass es sie töten wird, wenn sie stehen bleibt.

Ich bin das Mädchen mit dem roten Umhang.

Aber wenn ich mich umdrehe, um über meine Schulter zurückzuschauen, atemlos und mit weit aufgerissenen Augen, sehe ich es:

Ich bin auch der Wolf!

Und diese Stimme in meinem Kopf, die mir sagt, ich soll rennen und niemals anhalten, und die mir versichert, dass es niemals sicher für mich sein wird, innezuhalten?

Diese Stimme ist meine eigene!

Als ich Kim das erzählte, seufzte sie schwer und ging dann mit einem blauen Marker zu einem Papieraufsteller auf meiner weißen Kücheninsel. Sie schrieb meinen Namen groß oben drauf und listete dann jedes große Ziel auf, das ich mir für das kommende Jahr gesetzt hatte.

„Also, selbst wenn nichts von diesen Dingen eintritt, wenn kein einziges wahr wird, was bleibt dann noch?" Sie tippte fest auf meinen Namen. „Wer ist Mary ohne eines dieser Ziele?"

Ich wusste, was sie vorhatte. Ich wusste, dass ich etwas darüber sagen sollte, dass ich ein Kind Gottes bin, das von seinem Schöpfer bedingungslos geliebt wird und von Natur aus wertvoll ist.

Aber stattdessen war ich sogar selbst erschrocken darüber,

wie schnell und laut das Wort „NICHTS!" aus meinem Mund kam.

Wir starrten uns eine lange Minute lang mit großen Augen an, dann lachten wir nervös. Wir mussten lachen, sonst hätten wir weinen müssen.

Mein Leben bestand bis zu diesem Zeitpunkt aus Laufen.

Und niemand hatte mir jemals gesagt, dass es völlig in Ordnung ist, damit aufzuhören. Dass es sicher ist.

Erfolg war mein Sauerstoff.

Aber ich kann dir sagen, dass man so nicht atmen kann.

„Sie ist die bestorganisierte, fähigste Person im Raum."

Das ist die Lüge, die wir uns selbst einreden, um uns einen Platz irgendwo zu verdienen. Ob es nun die Kleidung ist, die wir tragen, oder das Haus, das wir besitzen, oder die Teile von uns, die wir so freizügig weggeben, indem wir Ja sagen, obwohl wir eigentlich Nein sagen wollen – es geht uns nur um den polierten Anschein. Der Hochglanzlack von Selbstbewusstsein und Fähigkeit. Den äußeren Schimmer.

Und das ist der Grund: Es ist so viel einfacher, als vorgetäuschte Version von uns bewundert zu werden, als uns als die chaotische, gebrochene Person mit allen Ecken und Kanten lieben zu lassen, die wir in Wirklichkeit sind.

Hochglanzlack ist wie eine Abwehrgeste. So kann man die Leute auf Abstand halten. Weit genug weg, damit die Narben nicht zu sehen sind, die immer noch von der Erinnerung an die alten, tiefen Wunden brennen. So kann niemand aus nächster Nähe sehen, welchen Dreck wir noch unter den Fingernägeln haben vom letzten Mal, als wir uns aus dem Schlamm gewühlt haben.

Glanz ist sicher. Glanz ist zuverlässig.

Glanz ist aber auch eine faule Ausrede.

Wir sind wirklich gut darin, uns für die Welt da draußen mit allem möglichen Zeug zu verkleiden. Wenn ich an die Masken denke, die wir tragen, kann ich nicht anders, als mir Mrs Doubtfire aus dem gleichnamigen Film vorzustellen, wie sie ihr Gesicht in eine Torte drückt, um nicht erkannt zu werden.

Wir legen immer mehr Schichten auf – wie süße Buttercreme, nicht wahr? Wir nehmen die Teile von uns, die weich und zart sind und zu zerbröseln drohen, und dann gießen wir noch drei Beutel Tortenguss darüber. Wir sagen uns, dass wir mehr tun und mehr sein müssen, wenn wir jemals würdig sein wollen und wenn die Welt uns jemals lieben soll.

Das ist anstrengend.

Und ich denke, wir sollten uns alle darauf verständigen, damit aufzuhören – uns selbst und den anderen zuliebe.

Denn was wäre, wenn das weiche, verletzliche, zarte, teilweise bröckelnde Zentrum, das unseren Kern ausmacht, genau das ist, was die Menschen sowieso erreichen wollen? Ist es nicht so, dass wir in dieser Welt, in der wir uns keine Zeit mehr nehmen, um wirklich miteinander zu reden, eigentlich nur unser wahres Ich sehen wollen? Dein wahres Wesen, das sich hinter all den Schichten verbirgt, von denen du glaubst, dass du sie haben müsstest, um gut auszusehen.

Die Buttercremeschicht ist einfach nur im Weg, und die meisten von uns können sie ohnehin nur in sehr kleinen Portionen vertragen.

Sie ist einfach viel zu süß, um echt zu sein.

Wir gehen in die Welt hinaus in der Rüstung der Angepassten, mit dem Schwert und dem Schild der Übereifrigen und dem Umhang, der alle unsere geheimsten Identitäten verdeckt. Stein für Stein bauen wir eine Fassade auf, von der wir glauben, dass sie genau das ist, was die Welt sehen will.

Aber wenn wir dann einen Schritt zurücktreten, um unser Werk zu bewundern, stellen wir fest, dass wir kein Monument gebaut haben, das zeigt, wie weit wir gekommen sind, sondern eine Mauer, die nun zwischen uns und anderen Menschen steht. Diese Umhänge und Masken, die wir tragen, sind nicht nur Barrieren, die alle anderen fernhalten, sie sind auch ein Gefängnis der Perfektion, das uns einmauert.

Und wir sind am Ersticken.

Aber die Sache ist die: Die wahre Verbindung, nach der wir uns zutiefst sehnen, geschieht von Angesicht zu Angesicht. Sie entsteht, wenn wir die Masken ablegen. Wenn die Mauern fallen. Wenn wir endlich den Umhang ablegen und sagen: „Es hat sich herausgestellt, dass ich doch nicht über hohe Gebäude fliegen kann. Wirst du mich trotzdem lieben?"

Ehrlich gesagt, wenn ich mir vorstelle, dass ich mit Gott spreche, sehe ich ihn genau so vor mir. Er sitzt mir mit gekreuzten Beinen auf dem Boden gegenüber, zunächst viel zu nah, als dass ich mich wohl dabei fühle. Unsere Knie berühren sich fast. Er schaut mir so lange und so intensiv ins Gesicht, dass ich weiß, dass er jeden Makel sehen könnte, wenn er wollte, jede Falte, bevor sie sich überhaupt gebildet hat. Ich weigere mich, Augenkontakt zu ihm aufzunehmen. Jeder harte, schmutzige Teil von mir ist da zu sehen, und es hat keinen Sinn, ihn zu verstecken.

Er weiß alles.

Ich lasse den Kopf hängen, das Gewicht der Schande und der Enttäuschung ist so schwer, dass mein Herz es kaum tragen kann. Aber statt meine Hände wegzuschlagen, zählt er sanft jedes Haar auf meinem Kopf. Er hebt mein Gesicht in das Licht seines eigenen. Ich fühle die Wärme, die mich durchströmt, als ich mich wirklich erkannt und geliebt fühle.

Er geht nicht weg.

Er wendet sich nicht ab.

Er wird mich nicht verlassen, weil ich irgendwie nicht genug war, um ihn zum Bleiben zu bewegen.

Er hält meine Hände in den seinen, und ich weine harte, bittere Tränen über ein ganzes Leben voller Dinge, die ich mir noch nicht erlaubt habe zu betrauern. Ich zerfalle in winzige Scherben vor dem Schöpfer des Universums, jedes einzelne meiner Atome dreht sich in der Umlaufbahn seiner Gegenwart. Und er beugt sich einfach näher zu mir. Still. Er lauscht auf die Worte, die ich sagen muss. Als ich ihm alles erzählt habe, über jeden Schmerz und jede Angst geweint habe und über all die Arten, wie ich versucht habe, irgendwo dazuzugehören, und dabei gescheitert bin, legt er einfach eine kühle, tröstende Hand auf meine Stirn, und sofort beginnt der Schmerz zu vergehen.

„Es ist in Ordnung", sagt er mir. „Du hast nur für eine Weile vergessen, wer du warst. Und jetzt bist du sicher und kannst dich ausruhen."

19. Gnade ist ein Grundwort

Goldie liebte eine Version von mir, die nicht existierte. So hat es sich jedenfalls immer angefühlt. Wenn sie mich ansah, sah sie jemanden, der viel besser war als ich. Besser, als ich tatsächlich war. In ihren graublauen Augen war ich süßer, klüger, freundlicher, rücksichtsvoller und besser erzogen als jede reale Version von mir, die ich je gekannt habe. Es war, als hätte sie eine Art rosarote Spionagebrille auf, die einer Cornflakespackung als Bonusgeschenk beigelegt war. Aber statt streng geheime Dokumente zu entschlüsseln oder die Dinge dreidimensional erscheinen zu lassen, filterte diese Brille alles aus mir heraus, was egoistisch und hochmütig, neidisch und gemein, selbstverliebt und faul war. Bis nur noch die guten Dinge übrig blieben. Gute Dinge, von denen ich ziemlich sicher war, dass sie gar nicht vorhanden waren. So wie sie mich manchmal beschrieb, wenn sie mich jemandem vorstellte, musste ich manchmal über meine Schulter zurückschauen, um mich zu vergewissern, wen sie wohl meinte. Wenn Goldie mich ansah, konnte sie nichts Falsches erkennen.

Und ehrlich gesagt habe ich mich dabei sehr unwohl gefühlt.

Mit der Gnade verhält es sich bei mir ähnlich.

Ich glaube, ein Grund dafür, dass es mir so schwerfällt, die Gnade zuzulassen und sie wirklich in meinem Herzen zu verankern, ist, dass ich das Gefühl habe, Gott betrachte mich durch diese rosarote Brille. Er liebt eine Version von mir, die es gar nicht geben kann.

„Du weißt nicht, wie selbstsüchtig ich sein kann, Gott", möchte ich zu ihm sagen. „Du weißt nicht, wie viel Stolz ich mir heute geleistet habe. Und lass mich dir sagen, es war ein Wahnsinnsmonat voll Neid."

Es ist, als würde ich Gott vor einer Enttäuschung schützen wollen und dafür sorgen, dass er sich nicht betrogen fühlt. Es ist, als wäre ich ein Auto, für das er gerade einen sehr hohen Preis bezahlt hat, und ich möchte sicherstellen, dass er weiß, dass es ein Rückgaberecht gibt. *Du kannst mich zurückgeben, wenn ich nicht das bin, was du dir vorgestellt hast, Herr.*

Wenn ich es genau betrachte, ist es meiner Meinung nach Folgendes: Es ist mir unangenehm, etwas umsonst zu bekommen, was ich nicht zurückzahlen kann.

Papas Lektion von Opa Bill hallt in meinen Gedanken immer wieder nach: „Junge, du nimmst nur das, was du bezahlen kannst."

Jedes Mitochondrium meines Wesens dröhnt diese Wahrheit heraus, mit der ich seit meiner Geburt aufgewachsen bin: *Man muss hart für das arbeiten, was man bekommt. Es wird schwierig sein. Wenn es nicht hart ist, hast du es wahrscheinlich nicht verdient. Wahrscheinlich bist du es dann nicht wert.*

Und dann drehe ich mich um und sehe, dass mir die Ewigkeit umsonst angeboten wird.

Da ist Gott, der mich anschaut und nichts Falsches sieht. Er stellt mich als sein Kind vor, und zwar auf eine Weise, die mich dazu bringt, über meine Schulter zu blicken, um zu sehen, von wem er spricht. Auf seinen Lippen ist eine lange Liste von guten Dingen über diese Version von mir, die er jetzt sieht.

Gesegnet.

Auserwählt.

Angenommen.

Geliebt.

Und das soll ich einfach so annehmen?

Wenn Gott mich mit den Augen der Gnade ansieht, sieht er kein Unrecht. Er sieht jemanden, der viel besser ist als ich. Besser, als ich tatsächlich bin.

Und ehrlich gesagt, ich fühle mich dabei unwohl. Deshalb habe ich viel zu viel Zeit meines Lebens damit verbracht, so zu tun, als sei das Konzept der Gnade viel zu gut, um wahr zu sein.

Ein Gimmick in der Cornflakespackung eines anderen.

Ein Geschenk, das ich nicht verdient habe und von dem ich daher glaube, dass es nicht für mich ist.

Es gibt ein Foto von Mama und mir, als ich noch ein Baby war.

Donaldsons Gemischtwarenladen in Richwood holte ein- oder zweimal im Jahr einen Fotografen ins Haus. Sie stellten im Lagerraum Kulissen mit Naturszenen auf, hinter denen sich die Regale mit Dr.-Pepper-Limo und Waschmittel verbargen, dazu ein paar Latten Holzzaun zum Anlehnen und eine Kiste zum Sitzen auf einem Stück Kunstrasen. Und mit diesen ganzen Accessoires konnte man sich für nur zwanzig Dollar fotografieren lassen.

Auf dem Foto bin ich in diesem Stadium, in dem ich meinen Kopf noch nicht selbstständig halten kann, und sehe etwas teigig aus, was wahrscheinlich an den vier zusätzlichen Kinnen lag, die ich zu dieser Zeit noch hatte. Und Mama sitzt da – wunderschön in einer hochgeschlossenen Bluse mit einer Schleife, ihr kurzes dunkles Haar hat sie aus dem Gesicht gestrichen – und hält meinen Kopf sanft mit einem dezent unter meinen vielen

Kinnchen platzierten Zeigefinger hoch. Es ist ein sehr süßer Moment.

Aber wenn man ein bisschen genauer hinsieht, ist da noch etwas anderes.

Goldie war die Erste, die mich darauf hinwies. Ein zusammengefalteter Zwanzig-Dollar-Schein, den sie mit ihren anderen vier Fingern umfasst hat. Goldie sagte, dass Mama wahrscheinlich wochenlang gespart hat, um genug Geld für dieses Bild zusammenzubekommen, und dass sie so viel Angst hatte, es zu verlieren, dass sie es nicht aus den Augen ließ. Nicht einmal, als das Bild aufgenommen wurde.

Ich glaube, wir haben oft diese Augenblicke im Kopf, an die wir uns erinnern. Wie es war, als wir aufwuchsen. Aber wenn wir nur ein bisschen genauer hinschauen, gibt es ein Bild im Bild. Eine Geschichte hinter der Geschichte. Es gibt immer etwas mehr.

Nachdem meine Mutter weggegangen war, tat ich viele Jahre lang so, als hätte sie jeden Teil von mir, der ihr jemals ähnlich gewesen war, eingepackt und im Auto mitgenommen, als sie wegfuhr. Als wäre meine DNA zerteilt. Eine dicke Markierung mit einem schwarzen Filzstift durch alles, was mich an sie erinnerte. In jeder Hinsicht wurde ich die Tochter meines Vaters. Ich schrieb ihm alles zu, was gut an mir war. Es war, als wäre Mama eine Art Nebel, eine schwache Erinnerung vor einem Aquarellhintergrund. Verstreute Bilder von dem, wie wir waren.

Aber die erwachsene Wahrheit ist, dass ich ihr sehr ähnlich bin.

Manchmal gehe ich im Flur an einem Spiegel vorbei, und für eine Sekunde sehe ich ihr Spiegelbild dort, wo meines sein sollte. Oder ich sage etwas und schwöre, dass ich stattdessen ihre Stimme höre. Ich bin genauso stur wie sie. Ich habe meinen Ehrgeiz von ihr geerbt. Gelegentlich werde ich wütend und stürme aus dem Zimmer, so wie sie es immer getan hat.

Aber ich habe auch ein gutes Herz wie sie. Ich sehe das Beste in den Menschen, und ich weiß, wie ich sie dazu bringen kann, es zu zeigen. Ich bin eine geborene Führungspersönlichkeit, und ich helfe Menschen zu entdecken, wozu sie fähig sind, weil ich meiner Mutter jahrelang dabei zugesehen habe, wie sie das tat. Ich habe einen schrulligen Humor. Ich kenne das passende Filmzitat für jede Gelegenheit. Ich liebe leidenschaftlich. Ich gebe gerne. Ich würde jedes einzelne Tier der Welt retten, wenn das möglich wäre. Und ich will meiner Familie ein besseres Leben bieten als das, das ich in meiner Kindheit hatte.

Und wenn ich diese Dinge in mir wahrnehme, sehe ich meine Mama.

Jahrelang habe ich mir selbst eine Geschichte über eine Mutter erzählt, die mich verlassen hat. Über eine Mutter, die weit weg von mir sein wollte.

Aber wenn man etwas genauer hinsieht, ist da immer noch etwas mehr.

Als ich das Mädchen *nach* dem Trailer wurde, fragte ich meine Mutter eines Tages, warum sie damals fortgegangen ist.

Sie begann mit den praktischen Dingen: Durch den Job war sie krankenversichert und konnte die Rechnungen zu einer Zeit bezahlen, als das Holzfällerunternehmen nicht genug einbrachte. Ihr Job ermöglichte mir Dinge, die sie selbst als Kind nie hatte: Spielsachen. Aktivitäten. Klassenausflüge. Fließendes Wasser.

Ich erkannte, dass diese Gründe wirklich gut waren. Aber ich drängte sie weiter. Tiefer.

„Selbst wenn der Teil mit den Rechnungen stimmt, war es nicht vielleicht auch so, dass du etwas wolltest, das nur dir gehört? Wolltest du vielleicht mehr sein als nur meine Mutter oder Papas Frau?"

Sie zögerte. Wir wussten beide, dass an dieser Vermutung etwas dran war.

„Ja, ich denke, in gewisser Weise war das ein Teil davon."

Ich wartete und ließ zu, dass diese Worte, die schon ein Leben lang über unseren Köpfen schwebten, endlich ankamen und sich festsetzten.

Sie fuhr fort: „Weißt du, ich wollte mir immer ein gutes Leben aufbauen. Schon als ich klein war, habe ich mir das vorgenommen. Und ich dachte, dass ich genau das mit meinem Weggehen tue."

„Ich verstehe das", sagte ich. „Ich kenne dieses Gefühl. Ob du es glaubst oder nicht, für mich ergibt das einen Sinn."

Und ich meinte es ernst. Das tue ich wirklich.

Ich weiß aus erster Hand, wie stark der Drang sein kann, ein besseres Leben zu führen. Wie er in deine roten Blutkörperchen eindringt und dich nicht mehr loslässt. Wie er durch deine Adern fließt und dein Gehirn mit kleinen Sauerstoffstößen versorgt bei jedem Mikroschritt, den du dem Leben näherkommst, von dem du träumst. Wie dieser Wunsch deinen Herzschlag beschleunigt. Eine innere Atomuhr, die dir zuruft, dass dir die Zeit davonläuft.

Ich sage nicht, dass ich dieselbe Entscheidung getroffen hätte. Ich sage nur, dass ich weiß, was für ein Sirenengesang der Traum vom „besseren Leben" sein kann.

„Aber ich kann dir jetzt sagen", fuhr sie fort, „dass ich es sehr bereue, dich verlassen zu haben.

Daraufhin brach sie zusammen. Und ich hörte still zu, wie sie am anderen Ende der Leitung weinte.

In den Tränen liegt Wahrheit.

„Ich dachte, ich würde gehen, um meiner Familie zu helfen, aber tatsächlich war es so, dass ich dabei meine Familie verlor."

Sie weinte noch heftiger. Ich nahm einen tiefen Atemzug. Eine Flut von Sauerstoff füllte meinen Geist, und endlich konnte ich wieder atmen.

„Es ist noch Zeit", sagte ich ihr. „Ich bin noch da und du bist noch da."

Es ist immer noch Zeit für dich und mich.

Wir sind beide noch hier.

Und wir sind immer noch eine Familie.

Gnade ist ein Grundwort.

Vor nicht allzu langer Zeit schickte mir Kim diese Predigt, die ich mir anhören sollte. Der Prediger sprach darüber, dass Gott nicht nur möchte, dass wir Botschafter der Gnade sind, sondern dass wir sie verkörpern. Er will nicht, dass wir nur intellektuell darüber reden – uns hinter unseren Ellbogenschützern und schönen Gedanken verstecken und ein formelhaftes Lippenbekenntnis darüber ablegen, was es bedeutet, alle Arten von Unrecht zu vergeben –, sondern dass die Gnade uns tatsächlich voll erwischt, uns verändert, uns von innen heraus verwandelt. Eine innere Abrechnung, die über jede Form und Logik hinausgeht.

Die Gnade versucht, etwas in uns zu bewirken.

Kim erzählte mir, dass sie mir diese Predigt geschickt habe, weil sie starke Argumente dafür lieferte, warum Beziehung und Versöhnung immer einen Kampf wert sind.

Aber ich glaube, sie hat sie mir auch geschickt, weil sie wusste, dass meine Worte nie die Bedeutung haben würden, die ich mir wünschte, solange die Gnade nicht tief in mein Herz eingedrungen ist.

In der Schule habe ich Geometrie immer geliebt. Ich war richtig gut darin.

Mit all ihren Lehrsätzen und Beweisen war sie eine Sprache, die ich verstand. Schließlich ist ein Lehrsatz per Definition eine Aussage, die bewiesen werden kann. Und ein Beweis ist einfach ein Argument, das mit dem beginnt, was man weiß, dann eine Reihe von logischen Ableitungen durchläuft und mit dem endet, was man zu beweisen versucht hat.

Ich bin gut darin, Dinge mit dem zu beenden, was ich zu beweisen versuche.

Sogar die Geometrie selbst bedeutet, wenn man sie auf ihren Wortsinn herunterbricht: Vermessung der Erde. Die logische Untersuchung der Dinge dieser Welt, die ohne den Schatten eines Zweifels bewiesen werden können.

Geometrie verstehe ich.

Gnade ist manchmal eine andere Geschichte.

Ich bin gut darin, nachvollziehbar über Gnade zu sprechen. Ich kann Beweise dafür liefern, warum sie wichtig ist. Aber bis ich der Gnade erlaubte, tief in jede Kammer meines Herzens einzudringen, bis ich mich selbst darauf einschwor, die Liebe regieren zu lassen, wo vorher die Logik das Sagen hatte, waren diese Worte nur eine Theorie.

Gnade hat die Kraft, alles zu verwandeln. Sie hat die Kraft, Wunden zu heilen, die so tief sind, dass man dachte, sie würden sich nie wieder schließen.

Aber es funktioniert nur dann, und du wirst nur dann die Früchte ernten, wenn du bereit bist, sie Wurzeln schlagen zu lassen.

Ich hatte einmal einen Traum, in dem ich vor dem Trailer stand, in dem ich aufgewachsen bin.

Nur war er nicht auf unserem Berg, wo er in der Realität steht. Stattdessen stand er allein in einer weiten, gefrorenen Landschaft. So weit das Auge reichte, gab es nur Eis und Schnee und Leere. Und in der Mitte, wie eine kleine Oase, wie ein Zufluchtsort im Sturm, stand dieser braune Trailer. Der Wind peitschte den Schnee vor sich her, der mit einem hohen, einsamen Klang gegen die Aluminiumseiten des Trailers prasselte.

Es war ein unregelmäßiger, treibender Rhythmus, der mich nach Hause rief.

Plötzlich veränderte sich die Szene, und ich stand im früheren Schlafzimmer meiner Eltern. Es hatte sich nichts verändert. Auf der einen Seite der Kommode lagen Stapel von Pullovern und die goldene Lieblingskette meiner Mutter. Auf der anderen Seite der Inhalt der Taschen meines Vaters, die er jeden Abend ausleerte: zwei Haufen Münzen und Schrauben, Unterlegscheiben und Dreckklumpen. Artefakte aus den Ausgrabungen seines Alltags.

Als ich dort stand, begann sich der gefrorene Boden unter mir zu bewegen und nachzugeben. Der Trailer schaukelte hin und her, wie ein Schiff, das im Eis festgesteckt hatte und sich nun losreißt, um über den Nordatlantik zu fahren. Mit jedem Schaukeln neigte der Trailer sich mehr zur Seite, und das unbarmherzige Wasser strömte herein und griff mit seinen eisigen Fingern nach meinen Beinen.

Ich bekam Angst, alles zu verlieren, und so ergriff ich einen Müllsack und begann, ihn mit Dingen zu füllen. Verrottete Plüschtiere und muffige alte Kleidung. Meine Hände konnten sich nicht schnell genug bewegen, um alles einzupacken. In diesem Moment hörte ich eine Stimme, die mir sagte, dass ich noch Zeit hatte. Dass es noch nicht zu spät war.

Aber erst musste ich bereit sein, den ganzen Kram loszulassen. Diesen Ballast, an dem ich so hartnäckig festgehalten hatte. Diese Überreste meines Lebens, die nicht mehr für das standen, was ich ihnen zugemessen hatte. Diese vermeintlichen Beweise für etwas, das mir immer gefehlt hatte; ein Mangeldenken, das nicht mehr zu mir passte.

Ich lauschte noch einen Augenblick lang dem Schneetreiben, das gegen die Fensterscheiben prasselte, und nahm auf einmal die Akkorde einer Melodie wahr, die ich gerade erst zu erkennen begann. Es war ein Weckruf, eine Hymne, die einmal im Traum zu mir gekommen war. Sie sang mir zu, dass es Freiheit bedeutet, die schweren Dinge abzulegen, die wir nie tragen sollten. Freiheit ist Erlösung von den Dingen, die versuchen, uns unter Wasser zu ziehen. In den letzten Momenten zwischen Traum und Aufwachen flüsterte mir das rauschende Tosen des eisigen Wassers zu:

Nimm jeden Sturm, den diese Welt dir beschert, und verwandle ihn in ein Lied.

20. Der Zerbruch war von Anfang an Teil des Plans

Es gibt ein berühmtes Sprichwort, das besagt: „Gerade als die Raupe dachte, die Welt ginge unter, wurde sie zum Schmetterling."

Ich weiß, das soll inspirierend sein. Aber jedes Mal, wenn ich diesen Spruch irgendwo sehe, denke ich nur: *Ich wette, für die Raupe ist das sehr schmerzhaft.*

Ich habe einmal auf einer Konferenz einen Vortrag zu diesem Thema gehalten. Als ich zu dem Teil mit dem Schmetterling kam, beschwor ich Szenen aus den X–Men-Filmen herauf. Ich schilderte sehr drastisch, was passiert, wenn einem Flügel aus dem Rücken wachsen. Federn, die durch rohe, zerstörte, blutige Haut brechen. Die Durchtrennung der sich ablösenden äußeren Schichten, die nicht mehr zu passen scheinen, während diese neue Version von dir aus Leibeskräften versucht durchzubrechen. Wie ein Messer im eigenen Rücken, das zusticht, um die natürliche Neigung zum Fliegen möglich zu machen. Das war nicht schön. Und dann kommen in dem Film die anderen Menschen. Diejenigen, die dir sagen, du sollst deine frisch entwickelten Flügel verstecken, weil sie dich wie einen Freak aussehen lassen. Wohlmeinende Freunde und Familienangehörige, die dir sagen, du sollst dich bedecken, dich anpassen und normal wirken. *Tu so, als ob sich nichts verändert hätte, damit du niemanden mit deiner neuen Flügelspannweite in Verlegenheit bringst. Was auch immer du tust, wage es nicht, der Schwerkraft zu trotzen.*

Ich wette, es ist auch für den Schmetterling schmerzhaft.

Nachdem mein Vortrag zu Ende war, kam der Tontechniker zu mir, um mir aus der Verkabelung zu helfen.

„Wissen Sie, es ist lustig, ich habe gerade einen Artikel über Raupen gelesen und was bei der Verwandlung zum Schmetterling mit ihnen passiert. Denen wachsen eigentlich gar keine Flügel aus dem Rücken."

Er hatte die Art von aufrichtigen, freundlichen, haselnussbraunen Augen, bei denen sich das Wort „eigentlich" nicht wie ein Angriff anfühlte.

Großartig. Das war's dann wohl mit meiner Analogie.

„Was tatsächlich mit ihnen passiert, ist, dass sie sich zunächst vollständig auflösen. Wenn man einen Kokon aufschneidet, wäre alles, was man finden würde, eine Art Raupensuppe. Aber dann entsteht daraus ein völlig neues Wesen. Diesmal eins mit Flügeln."

Der Tontechniker schickte mir später einen Link zu dem Artikel, und er hatte recht. Und ich habe auch noch ein wenig weiter recherchiert. Wenn die Raupe stirbt, um wiedergeboren zu werden, bildet sich ein winziges Leichentuch über ihrem zerbrochenen Körper im Inneren ihres Grabes. Ein Trauerflor über dem, was verloren wurde, bevor die Hoffnung wieder aufkeimt. Das Sterben eines Selbst, um etwas Neues zu werden. Eine Metamorphose aus der zerstörtesten Zeit unseres Lebens.

Es stellte sich heraus, dass der Zerbruch der Raupe von Anfang an Teil des Plans war.

Ich habe in letzter Zeit viel über Transformation nachgedacht.

Wie ist es, jemand Neues zu werden? Die Person, die wir schon immer sein sollten?

Und jetzt kommt das, was ich mir dazu ausgedacht habe. Es ist bahnbrechend. Bist du bereit?

Ich glaube, Transformation ist sehr schmerzhaft.

Nicht umsonst heißt es in der Bibel, dass Gold im Feuer geläutert wird und Ton erst unter dem Druck der Hände des Töpfers Form annimmt. Ohne Fleiß kein Preis sozusagen.

Aber es ist nicht nur das.

Manchmal kann es sich so anfühlen, als würde unsere eigene Veränderung auch die Menschen um uns herum verletzen.

Ein Grund, warum es mir manchmal so schwergefallen ist, das Mädchen *nach* dem Trailer zu werden, ist, dass sich diese Neuwerdung wie ein Verrat an dem anfühlte, was ich einmal war. An den Menschen und den Orten, die mich großgezogen haben.

Ein Cousin von mir hat mir mal über jemanden gesagt: „Sie hält sich für besser als ihre Herkunft."

Dabei ging es nicht um mich, aber ich habe seine Worte als Warnung verstanden. Eine Ermahnung im Voraus.

Es schien mir auch so zu sein, dass es eine Art angeborene Deckenhöhe über jedem Menschen gibt, und wenn wir diese durchbrechen wollen, riskieren wir, dass das ganze Haus einstürzt. Oder wir spucken zumindest denjenigen ins Gesicht, die das Fundament des Hauses gelegt haben.

Wie kann man gehen, ohne damit zwischen den Zeilen zu sagen, dass es sich nicht gelohnt hat zu bleiben?

Wie kann man nach mehr streben, ohne damit auszudrücken, dass immer etwas gefehlt hat?

Wie kann man versuchen, Dinge zu verändern, ohne zu signalisieren, dass man sie für irreparabel kaputt hält?

Kann man beides haben? Kann man sowohl stolz auf seine Herkunft sein als auch fest entschlossen, etwas Neues aufzubauen?

Ich glaube inzwischen, das geht.

Ich glaube, du kannst auf dein Leben schauen – auf alles, was du geworden bist, und alles, was du sein wirst – und ohne Zweifel wissen, dass du es nicht *trotz* dieser schweren Geschichten geschafft hast, die du tragen musstest, sondern in vielerlei Hinsicht *wegen* ihnen. Und gleichzeitig glaube ich, dass du entscheiden kannst, die Ketten der Generationen zu durchbrechen, die deinen Familienstammbaum geprägt haben, damit sie dich in der Zukunft nicht mehr beeinflussen sollen. Ich glaube, du kannst losgehen und dir mit deinen eigenen Händen ein schönes Leben aufbauen, wohl wissend, dass sie dabei schmutzig werden könnten und dass du auf dem Weg dorthin vielleicht mehr als nur ein paar Narben davonträgst.

Bau es trotzdem.

Aber baue es in dem Wissen, dass deine Hände bei der Errichtung von etwas Schönem schmutzig und vernarbt werden, weil jemand anderes zuerst bereit war, bei der Errichtung von etwas Schönem – nämlich dir – schmutzig und vernarbt zu werden.

Und das macht dieses andere Leben, das wir uns jetzt aufbauen, zu einem Loblied der Erlösung und niemals zu einem Verrat.

Mein Dad JR Bess hatte einen großen Traum: Er wollte nach Hawaii reisen.

Ich bin mir nicht sicher, wann genau dieser Witz mit Hawaii angefangen hat. Aber in jeder Weihnachtserinnerung, die ich aus den spinnwebenverhangenen Ecken meines mit Lametta zugehängten Gehirns hervorzaubern kann (ich möchte, dass du dir jetzt bitte einen dieser Lamettaklumpen vorstellst, der sich im Staubsauger festsetzt, bis der gequälte Apparat diesen hohen Fiepton von sich gibt und der ganze Raum sich mit einem schrecklichen Brandgeruch füllt), bekam Papa ein Scherzgeschenk, das etwas mit Hawaii zu tun hatte.

Am Anfang war es eigentlich seine Schuld. Jedes Jahr, wenn ihn jemand fragte, was er sich zu Weihnachten wünsche, sagte er immer das Gleiche:

„Ach, weißt du, nur ein Erste-Klasse-Ticket nach Hawaii. So gut wie nichts, in der Tat."

Er sagte es mit einem scherzhaften Unterton, aber seine Augen sahen müde aus.

Und so begannen die Witzgeschenke. In einem Jahr bekam er ein Plastikflugzeug, mit dem er in der ersten Klasse über den Ozean fliegen konnte. In einem anderen Jahr bekam er ein paar Blumenketten aus Plastik, die er zum Weihnachtsessen tragen konnte. Es gab ein Jahr, in dem er Monopoly-Geld bekam, um sich ein Ticket zu kaufen. Und dann war da noch das Jahr, in dem ihm jemand eine Hawaii-Barbie schenkte. Ich bin mir ziemlich sicher, dass mindestens einmal zusätzlich ein Strohröckchen unter dem Weihnachtsbaum lag.

Es war ein Scherz. Aber mit jedem Jahr, das verging, wurde es irgendwie weniger lustig. Als ob Dads Träume mit jedem Jahr, das er älter wurde, in weitere Ferne rückten. In dem Jahr, in dem er die Hawaii-Barbie bekam, steckte sie in einem größeren Karton zusammen mit seinen richtigen Geschenken: dicke Socken, ein paar Flanellhemden und ein neues Paar Stiefel. Damit er wieder in den Wald gehen und arbeiten konnte.

Ich war acht, vielleicht neun, aber selbst ich fand, dass das herzzerreißend war.

Im Laufe der Jahre wurde dieser Scherz zu meinem eigenen Traum. Solange ich mich erinnern kann, fragte mich Papa jedes Jahr am Weihnachtsmorgen, ob ich ihm eine Reise nach Hawaii schenken würde. Und jedes Jahr haben wir darüber nur gelacht. *Hahaha. Sehr witzig.*

Das ist das Einzige, was er sich je gewünscht hat. Und wahrscheinlich hätte er nie gedacht, dass dieser Traum wahr werden würde. Aber irgendwo im tiefsten Inneren meines Herzens begann ich, die Tage zu zählen, bis ich ihm zu Weihnachten in die Augen schauen und auf seine obligatorische Hawaii-Frage mit „Ja!" antworten konnte.

Das Weihnachtsfest, an dem es endlich passierte, hatte fast zwanzig Jahre auf sich warten lassen. Er öffnete eine Schachtel mit einem weiteren Plastikflugzeug und lachte pflichtgemäß. Aber als er das Spielflugzeug umdrehte, hatten wir auf der Unterseite echte Tickets aufgeklebt. Ich wünschte, du hättest sein Gesicht sehen können.

Nur wenige Wochen später bestiegen Justin, Papa und ich ein Flugzeug nach Oahu.

Hier ist das Erste, was du über diese Reise wissen musst: Papa war zuvor noch nie in seinem Leben geflogen. Nicht einmal mit einem Kleinflugzeug. Sein erstes Mal war also ein elfstündiger Nonstop-Flug nach Honolulu.

Wir mussten sein Handgepäck doppelt überprüfen, bevor wir durch die Sicherheitskontrolle gingen, und am Ende holte ich zwei übergroße Flaschen Mundwasser und eine Kettensäge aus seiner Tasche. (Das mit der Kettensäge war nur ein Scherz, aber das mit dem Mundwasser ist wahr.) Ich habe noch nie jemanden gesehen, der bei den Sicherheitsansagen so gut aufgepasst oder so oft aus dem Fenster geschaut hat. Elf Stunden lang kündigte er mir jede vorbeiziehende Wolke an und zeigte auf jeden Berg.

Und als sie die Tüten mit den Erdnüssen herumreichten, nahm er zwei.

In unserer ersten Nacht auf Hawaii aßen wir unter dem Sternenhimmel zu Abend, und Papa wurde sehr nachdenklich.

„Mary, weißt du, ich hatte ein gutes Leben, ich kann mich nicht beklagen. Und ich habe das Bäumefällen geliebt, das habe ich wirklich. Aber es fängt an, mich ein wenig zu stören, dass ich nichts zurücklasse, wenn ich nicht mehr bin."

Dabei nahm er einen Schluck von seinem „GOA"-Saft – Guave, Orange, Ananas –, den er sehr schnell zu schätzen gelernt hatte.

„Weißt du, ich verdiene meinen Lebensunterhalt damit, Sachen umzuhauen. Und es stört mich einfach, dass, wenn ich nicht mehr bin, nichts mehr da ist, auf das du oder Justin oder deine Kinder eines Tages zeigen und sagen können: ‚Das hat Opa gebaut.'"

Wir saßen alle eine Minute lang schweigend da, keiner von uns wusste so recht, was er sagen sollte.

„Ich finde es einfach toll, wie du und Justin allein durch die Tatsache, dass ihr fotografiert, etwas hinterlasst, das noch lange nach eurem Tod weiterleben wird."

Er kratzte mit einem schmutzigen, rissigen Daumennagel am weißen Tischtuch. Seine Augen wurden feucht. „Ich wünschte, ich hätte so etwas."

Hier ist die zweite Sache, die du über diese Reise wissen musst: Papa war in seinem ganzen Leben noch nie schwimmen.

Wir haben die gesamte Reise mit Aktivitäten vollgepackt. Hubschrauberflüge, Fahrten auf den Gipfel eines Vulkans, French Toast bei Lulu's und – sein Favorit – einen ganzen Tag, an dem er in Pearl Harbor herumschlenderte, wo er vermutlich jeden Tag hätte verbringen können und glücklich gewesen wäre, wenn ich ehrlich bin.

An einem unserer letzten Tage auf Hawaii buchten wir eine Kombination aus Walbeobachtung und Schnorchelausflug. Wir dachten, er würde den ersten Teil mit uns genießen und den zweiten Teil einfach auf dem Boot verbringen. Aber als wir in der Nähe einer flachen Bucht ankerten, setzte er sich auf den Rand des Bootes und fing an, sich Schwimmflossen und eine Maske anzuziehen.

Er wollte reingehen.

Ich möchte noch einmal betonen, dass Papa in seinem ganzen Leben noch nie schwimmen war. Er konnte nicht schwimmen. Soweit ich weiß, war er bis zu diesem Zeitpunkt nur knöcheltief im Wasser gewesen. Und jetzt ging er aufs Ganze.

Als es darum ging, mit Flossen ins Wasser zu gehen, ließ uns die Crew zwei Möglichkeiten: Wir konnten uns entweder auf die hintere Plattform setzen und uns sozusagen ins Wasser schieben ... oder wir konnten die Rutsche vom Oberdeck nehmen und ins Wasser fliegen.

Papa wählte die Rutsche.

Als er wieder auftauchte, Salzwasser durch seinen Schnorchel pustete und sich an die Schaumstoff-Rettungsweste klammerte, die sie ihm gegeben hatten, hatte er ein breites Grinsen im Gesicht und zeigte mit dem Daumen nach oben. Er blieb die ganze Zeit da draußen. Er war der Letzte, der zurück auf dem Boot war.

Später fragte ich ihn: „Also, Papa, was war denn da los? Ich dachte, du magst das Wasser nicht."

Er lachte nur. „Nun, Mary, es ist so: Wenn du fünfzig Jahre deines Lebens damit verbringst, dir einzureden, dass dieser eine Traum niemals in Erfüllung gehen wird, dass es nie passieren wird, und dann passiert es doch ..." Er suchte nach Worten. „... dann bringt dich das dazu, alles zu überdenken, von dem du dir dein ganzes Leben lang eingeredet hast, dass du nie die Chance dazu haben wirst."

Ein ganzes Leben voller Zweifel reduziert auf einen einzigen Satz.

Niemand sagt dir im Voraus, wie schwer es ist, deine Eltern älter werden zu sehen.

Wenn man jung ist, kann man nur daran denken, erwachsen zu werden, das Haus zu verlassen und seinen eigenen Weg in der Welt zu gehen. Und dann wacht man eines Tages auf und hat es geschafft: Man ist erwachsen, hat ein Haus und eine eigene Familie. Obwohl man sich nie ganz sicher ist, wann das eigentlich passiert ist.

Wenn du ärmlich aufgewachsen bist, hast du vielleicht die letzten Jahre damit verbracht, dir ein schöneres, wärmeres, hübscheres, glücklicheres und besser eingerichtetes Zuhause zu schaffen, als du es als Kind hattest. Vielleicht hängen Bilder an der Wand. Eine übergroße Uhr mit römischen Ziffern oder schlaue Sprüche auf künstlich verwittertem Holz. Vielleicht hast du eine schöne Kücheninsel in deiner Wohnung. Weißer Quarz – weil du dir Marmor nicht leisten konntest – und goldene Pendelleuchten, die du einst auf deine Liste für die ideale Küche gesetzt hattest. Du hast früher einmal um die Dinge gebetet, die du jetzt tatsächlich besitzt. Vielleicht hast du viel zu viel Geld für Deko-Kissen ausgegeben. Unglaublich viele Kissen. (Niemand hat dir im Voraus gesagt, dass Deko-Kissen im Erwachsenenleben so eine große Rolle spielen werden.)

Aber während du erwachsen wirst, werden deine Eltern immer älter.

Wenn ich zurückblicke, gab es in den Wochen vor meinem Auszug zu Hause einen Streit nach dem anderen mit Papa. Der instabile Zusammenbruch zweier komplexer Moleküle, die einst miteinander verbunden waren. Ich hatte Jahre damit verbracht, ihn davon zu überzeugen, dass wir unser Leben verbessern konnten. Wenn es schon kein richtiges Haus sein konnte, dann wenigstens ein sauberes. Wenn wir schon nicht mehr besitzen konnten, sollten wir doch wenigstens das in Ordnung halten, was wir hatten.

Als ich dreizehn war, ging ich allein hinaus in den Schnee und hängte bunte Lichterketten an unseren Trailer. Die Seitenwand entlang und dann um die wuchernden Büsche an der Vorderseite. Ein Regenbogen aus Glühwürmchen, die immer wieder aufblitzten, als wären sie Funken, die den Winterhimmel erleuchteten. Es war fast wunderschön.

Als meine letzte Tasche für das College gepackt war, hatte ich auch alle falschen Vorstellungen, die ich von unserem gemeinsamen Leben gehabt hatte, sorgfältig weggepackt. Das Leben, das ich wollte, musste ich mir selbst aufbauen. Aber ich wollte nicht, dass mich der Trailer verfolgte, während ich mir diese neue Existenz aufbaute.

An dieser Stelle muss ich ein wenig unangenehm ehrlich sein. Die Wahrheit ist, dass ich damals den Holzfäller-Betrieb für alles verantwortlich gemacht habe.

Die Firma war das bedürftige Geschwisterchen, das ich nie hatte haben wollen und das ständig Papas Aufmerksamkeit auf sich zog. Der Betrieb war das Problemkind mit Ehrenurkunde, und Dad verbrachte den größten Teil seines Lebens damit, rund um die Uhr zu arbeiten, ohne dass er je etwas vorzuweisen hatte. Er musste sich ständig Geld leihen, um gerade so über die Runden zu kommen.

Nach einem besonders schlimmen Streit stürmte ich aus dem Trailer und knallte die Tür hinter mir zu. Aber nicht ohne mich umzudrehen und zu sagen: „Lass mich das klarstellen: Wenn ich einmal weg bin, bin ich weg. Wage es nicht, mich auch nur um einen Dollar für die Firma zu bitten. Dieser Betrieb nimmt nur und gibt nichts."

Wie sich herausstellte, war das keine schöne, aber eine prophetische Aussage.

In den folgenden Jahren musste die Holzindustrie einen Schlag nach dem anderen einstecken, und Papa spuckte so viel Blut, dass es überall auf Goldies grünem Teppich seine Spuren hinterließ. Dennoch musste die Rate für den Bulldozer bezahlt werden, sonst würden sie kommen und ihn wieder abholen. Anscheinend ist es das, was Bulldozer-Firmen tun: Leute überrollen. Also habe ich die Rate bezahlt. Und im Monat darauf auch. Und im darauffolgenden Monat wieder.

Wir sagten Dad, er solle ihnen das Ding doch einfach überlassen, vielleicht sei es endlich an der Zeit, dass er sich zur Ruhe setzte. Wir versprachen ihm, dass wir ihm helfen würden. Aber er sagte, er wüsste nicht, wer er sei, wenn er keine Bäume mehr fällen würde. Er sagte, er habe das Gefühl, dass er seine Vorfahren verraten würde, wenn er jetzt aufhörte. Das sei eben die Art der Holzfäller: zur Arbeit erscheinen, auch wenn man sich nicht danach fühlt, durch den Schmerz hindurcharbeiten und genau das tun, was man versprochen hat.

Seine Entschlossenheit war irgendwie beeindruckend. Aber trotzdem gefiel es mir nicht.

Ich fand es schrecklich, die Taschen eines großen Baumaschinen-Unternehmens zu füllen, noch dazu für etwas, was Papa letztendlich gar nicht helfen würde. Ich bezahlte, damit er weiterarbeiten konnte, obwohl ich wusste, dass er nicht mehr dazu in der Lage war. Das wollte ich nicht, weil ich mehr als alles andere befürchtete, dass die Arbeit ihn schneller umbringen würde als der Krebs.

Ich wollte das nicht.

Aber ich habe ihn geliebt.

Und ich kenne keinen Menschen, der nicht schon einmal mit dieser Spannung konfrontiert war: Wir hassen die dummen, sturen Entscheidungen, aber wir lieben den Menschen, der sie getroffen hat.

Und ob wir die Schulden bezahlen oder nicht, ist nicht wirklich der Punkt. Es geht nicht um das Geld. Wir wissen, dass das Geld sowieso nicht wirklich uns gehört. In Wirklichkeit geht es darum, was wir mit unserer Gnade tun.

Es geht darum, sich für die Liebe zu entscheiden, wenn es so viel leichter wäre zu verurteilen.

Die Sache ist die:

Du lebst dein Leben und fängst an zu denken, dass die richtige Couch oder das richtige Auto oder die richtige Kleidung deine Erlösung sein wird. Dass die glückliche Ehe, die 2 Komma 3 Kinder, der Kredit, der SUV und die richtige Nachbarschaft mit den glutenfreien Cupcakes dich irgendwie befreien werden.

Das tun sie aber nicht. Nichts davon ändert deine Geschichte. Und du musst einen Weg finden, dich damit abzufinden, sonst wird es dir für den Rest deines Lebens zum Verhängnis.

Man wird älter und merkt, wie schwierig es ist, erwachsen zu sein. Man wird älter und wird so alt, wie seine Eltern waren, als man geboren wurde, als man seine ersten Schritte machte, als man in den Kindergarten kam.

Wenn man älter wird, merkt man, dass die ganze Zeit, in der man heranwuchs, vielleicht auch sie einfach versucht haben, erwachsen zu werden. Zwei Menschen, selbst noch Kinder, die ihr Bestes taten.

Wenn man älter wird, macht man Fehler. Eine Menge.

Du erkennst, wie oft auch du Gnade brauchst. Und Mitgefühl flutet wie warmes, goldenes Licht dorthin, wo einst die karge Winterlandschaft der Bitterkeit lag. Kleine Funken des Verständnisses, die den Nachthimmel erhellen und dir den Weg zurück nach Hause weisen.

Und irgendwann sieht man die Dinge zum ersten Mal aus der Perspektive seiner Eltern. Chaotisch und schwierig, düster und unvollkommen. Den Teil kanntest du schon. Aber jetzt leuchtet ein neues Kaleidoskop von Farben in der Dunkelheit und wirft bunte Szenen deines Lebens auf ein weißes Leintuch aus unberührtem Schnee. Ein Streifen Gnade, der einen anderen Teil der Geschichte beleuchtet. Eine Geschichte von Liebe und Aufopferung und davon, dass sie es immer so gut gemacht haben, wie sie eben konnten. Manchmal sind sie gescheitert, genau wie du, aber nie, weil sie es nicht versucht hätten. Und niemals aus fehlender Liebe. Wenn man das einmal wahrgenommen hat, kann man gar nicht mehr wegsehen.

Es ist hypnotisierend.

Es macht demütig.

Es ist bewegend.

Es ist fast ... wunderschön.

21. Endlich schlägt die Freiheit Wurzeln

Ab einem bestimmten Punkt hört man auf wegzurennen.

Atemlos und endlich erschöpft kippst du vornüber vor Schmerz über ein ganzes Leben, das du damit verbracht hast, etwas zu beweisen. Du bist so lange und so schnell gelaufen. Du bist so weit in die Welt hinausgegangen, nur um dich immer wieder am Anfang wiederzufinden. Du hast ein Leben damit verbracht, neu anzufangen, dich loszureißen, um frei zu sein, nur um immer wieder gefangen genommen zu werden. Diese eine Wahrheit zerrt immer noch an deinen Füßen wie die schweren Ketten, die du nie tragen wolltest. Egal, wie sehr du dich anstrengst, du kannst dich nicht entziehen.

Du kriechst eine Weile vorwärts, keuchend vor Schmerzen, und dann rollst du dich kapitulierend zusammen und legst deine Wange auf den kühlen, harten Boden. Das ist der Tod dieses alten Lebens, das du einst kanntest. Man trauert um das, was man verloren hat, bevor die Hoffnung einsetzt. Das Selbst muss sterben, um ein neues Ding zu werden – diesmal eines mit Wurzeln und Flügeln.

„Gott, befreie mich von mir."

Deine Finger finden die Erde unter dir, und sie graben sich hinein. Du spürst, wie die Erde auf einmal weich wird und nachgibt, um dich willkommen zu heißen, damit dein neues Ich Wurzeln schlägt. Ein wildes, ungezähmtes Ding. Diese Ranke, die dich jetzt trägt, ist keine Fessel. Diese Ranke ist Farbe und Freiheit und Feuer und Dreck. Du spürst eine neue Art von Stärke, die dich durchströmt. Du hast jetzt Kraft, und du erhebst dich.

Steh auf.

Du wendest dein Gesicht dem Licht zu und begrüßt das Feuer. Denn selbst in Dürrezeiten werden diese Blätter grün bleiben. Du weißt, wo du verankert bist.

Diese Narben und Wunden, diese rohen Nervenenden, die nach der Verbrennung noch schwelen – du versteckst sie nicht länger. Stattdessen streckst du die Arme hoch zum Himmel. Du lässt Luft an sie heran. Eine kühle, sanfte Brise, die das Brennen endlich lindert.

Und die Schande fällt auf einmal von dir ab wie Asche. Sie ist nur noch Staub im Wind.

Aus Staub wurde sie geboren, und zum Staub wird sie zurückkehren.

Du stehst da, endlich auf festem Boden, nicht mehr auf der Flucht. Und deine gebrochenen, vernarbten Äste werden zu einem Lobgesang. Sie sind jetzt hoch erhoben. Ungehindert, ungehemmt, unverschämt. Du streckst kindlich offene Hände gen Himmel. Und du wiegst dich sanft und in Frieden hin und her. Aufrecht stehend zwischen den Riesen. Du kannst wieder atmen, du kannst dich ausruhen.

Endlich kommt die Freiheit nach Hause und schlägt Wurzeln. Du weißt, wer dich hält. Wer dich immer gehalten hat.

Du wurdest als wildes Ding geboren.

Und du bist endlich frei.

Vor nicht allzu langer Zeit hörte ich einen Prediger sagen, dass wir oft rückwirkend frei werden.

Das hat mich wirklich beeindruckt. Er sagte, dass wir manchmal zuerst zurückschauen und uns erinnern müssen, um voranzukommen. Mir ist klar, dass es ihm darum ging, sich daran zu erinnern, wie weit Gott uns gebracht hat, und dass er das gute Werk vollenden wird, das er in uns begonnen hat. Und das ist so gut und so wahr.

Aber ich denke, das gilt auch für unsere Erinnerungen selbst.

Einer der größten Befreiungsschläge meines Lebens war, dass ich mir erlaubte, Mitgefühl für das Mädchen im Trailer zu empfinden. Ich hatte so lange versucht, sie in Sicherheit zu bringen, ihr gesagt, sie solle wegrennen und nicht anhalten, noch schneller rennen und nicht zurückblicken, überleben, sich abhärten, sich mehr anstrengen, herauskommen, etwas schaffen und noch mehr erreichen. Leistung und Leistung und Leistung, bis ich ihr endlich sagte, dass es jetzt in Ordnung ist, damit aufzuhören. Ich rannte hinter ihr und neben ihr, manchmal auch vor ihr und zog sie mit, wenn es sein musste. Ich schrie sie immer wieder an, dass sie sich mehr anstrengen, mehr leisten und mehr sein müsse, wenn die Welt sie jemals lieben solle.

Und eines Tages sagte ich schließlich: genug.

Und ich setzte mich mit gekreuzten Beinen ihr gegenüber auf dem Boden, so nah, dass sich unsere Knie berührten. So nah, dass ich ihre Hände hätte nehmen können, wenn ich gewollt hätte. Aber dieses Mal entschied ich mich dagegen. Stattdessen schaute ich in das Gesicht meines vier Jahre alten Ichs und zählte sanft jedes Haar auf ihrem Kopf. Ich hob ihr Gesicht ans Licht und sagte ihr, dass mir jede Verletzung und jeder Schmerz leidtat. Jedes einzelne Mal, wenn ich ihr gesagt hatte, dass sie es nicht wert sei, so geliebt zu werden, wie sie war. Alles, wovor ich sie nicht schützen konnte. Ich ertappte mich dabei, wie ich vor der kleinsten Version von mir zusammenbrach, und sie legte mir einfach eine kühle, tröstende, winzige Hand ans Gesicht und wischte mir mit ihren offenen Handflächen die Tränen von den Wangen. Und mit einem Mal ließ der Schmerz nach, und ich hatte endlich Frieden mit der Kraft, die immer in unserer Geschichte gewesen war.

„Ist schon in Ordnung", sagt mein vierjähriges Ich. „Ich denke, es ist jetzt für uns beide sicher."

Sie spielt jetzt. Sie ist frei. Sie tanzt durch den Raum auf einer Welle aus Unschuld und Sicherheit.

Zwischen den Drehungen ergreift sie meine Hand und flüstert: „Und nur, damit du es weißt, ich bin so stolz auf das, was aus uns geworden ist."

Die erste Welle der Freiheit, die ich spürte, war Mitgefühl für die kleine Mary.

Aber die zweite Welle, die mich überschwemmte, war, als ich dasselbe Mitgefühl auch für die jüngeren Versionen von Papa und Mama empfand.

Ich sah sie beide als so kleine Kinder, wie ich es einmal gewesen war. Frei. Unbelastet. Ein bewegtes Bild, das sich in Zeitlupe abspielte, als ob selbst die Zeit und die Schwerkraft diese Szene nicht zu unterbrechen wagten. Ich sah ihre sommersprossigen Gesichter, ihre selbst geschnittenen, schiefen Ponys und ihre aufgeschürften Knie, als sie durch den Wald rannten. Ich sah Papas Ohren, die ein wenig zu groß für seinen Kopf waren, und die Zahnlücke, durch die all der Ärger reinkam, und er lächelte ohne einen Anflug von Sorge oder Müdigkeit. Für einen kurzen Moment sah ich, was sie als kleine Kinder sahen. Was sie durchlebt hatten. Was sie für ihr Kind eines Tages besser machen wollten. Sie waren nicht perfekt in ihren Bemühungen. Aber das sind selbst die besten Helden nie.

Kim sagte mir vor nicht allzu langer Zeit, dass das Finden der Freiheit ein Prozess ist, der noch nicht abgeschlossen ist. Es ist ein Kampf, den zurückgewonnenen Grund auch wirklich zu erobern. Die Freiheit ist bereits da, der Boden wurde bereits für uns beansprucht, unser Land ist bereits geräumig. Wir müssen nur genug Vertrauen haben, um es mutig zu betreten. Kim sagte, dass jede Generation auf den Fortschritten und der inneren Heilung aufbauen kann, die die Generation vor ihr errungen hat, und dass die kommenden Generationen den Boden besser nutzen werden, den wir jetzt zurückerobern.

Die meisten Leute hören die Geschichte, wie ich von einem primitiven Trailer nach Yale gekommen bin, und interessieren sich für meinen rapiden Aufstieg. Ich interessiere mich inzwischen mehr für den Funken des Wandels, den die Generation *davor* auslöste.

Und wenn ich gedanklich zurückkehre und meine Geschichte aus dieser Perspektive betrachte, an einem Ort, den die Gnade mit warmem, goldenem Licht flutet, dann hat sich durch diesen Funken alles verändert.

Ich erinnere mich an das, was ich vergessen hatte. Ich erkenne das, was ich nie wusste.

Ich wurde rückwirkend befreit.

Und wie sich herausstellte, war das für mich der einzige Weg nach vorn.

In den Jahren zwischen Yale und Papas Krankenhausaufenthalt habe ich das getan, was ich mir immer vorgenommen hatte: mir ein Leben aufzubauen, das sich von dem im Trailer unterschied.

Justin und ich hatten ein Haus in New Haven gekauft – ein hundert Jahre altes, renovierungsbedürftiges Haus am Meer –, das wir bei einer Zwangsvollstreckung erworben hatten, als die

Immobilienblase platzte, genau wie das Wasserrohr im dritten Stock, wodurch alle drei Stockwerke überflutet wurden. Danach stand das Haus sechs Monate lang in der Hitze des Sommers leer, bis es völlig von Schimmel zerfressen war und verrottet roch.

Als ich es betrat, fühlte ich mich wie zu Hause.

Wir ließen den Schimmel entfernen und verbrachten dann weitere sechs Monate damit, das Haus bis auf die Grundmauern zu entkernen. Bevor man etwas Neues bauen kann, muss man erst einmal das ganze alte Gift loswerden. Als die Bauunternehmer die ursprüngliche Konstruktion –Massivholzbalken – entdeckten, sagten sie uns, dass das Haus nur deshalb noch stand, weil es aus diesem Material gebaut wurde. Die Integrität, der Charakter, das Erbe, die Sorgfalt, mit der es errichtet worden war, all das machte es möglich, dass das Schlechte nicht wirklich eindringen konnte.

„Schneide nicht nur die Blätter an der Oberfläche ab, Mary Ellen. Du musst tief graben, um an den guten Teil zu kommen." Goldies Worte, die sie mir vor einer halben Ewigkeit zur Bärlauch-Erntezeit gesagt hatte, hallten in meinem Kopf wider.

In der ersten Nacht, die Justin und ich in dem Haus verbrachten, aßen wir auf dem Boden sitzend. Alles um uns herum war mit Planen abgedeckt, eine blaue Plastiktonne diente uns als Tisch und ein paar Kerzen spendeten Licht. Draußen tobte ein Sturm über dem Wasser. Es war die Art von erdbebenartigem Furor, die sich anfühlt, als würde der Herr höchstpersönlich die Hand direkt gegen dich erheben. Der Wind tobte so stark, dass er an den Fenstern rüttelte und die Wände zum Schwanken brachte.

Aber das Fundament wurde nicht erschüttert.

Wir hielten uns aneinander fest, Justin und ich.

Und trotz des Sturms um uns herum war ich sicher, sicher, sicher.

Seit nunmehr zehn Jahren haben wir dieses Haus zu unserem Zuhause gemacht. Aber der beste Moment war, als das neue Dach fertig wurde. Jetzt war es ein richtiges Haus.

Ich war endlich zu Hause.

Mein innerer Projektor spulte jetzt im Schnelldurchlauf vor und beschleunigte die Zeit.

Szenen eines ganzen Lebens liefen in den entlegensten Winkeln von Papas Krankenhauszimmer ab. Sie verschwammen und gingen ineinander über; meine Vergangenheit, Gegenwart und Zukunft verschmolzen zu einer Einheit.

In der flackernden, grünen, piepsenden Dunkelheit gingen das Mädchen *im* Trailer und das Mädchen *nach* dem Trailer zum Bett meines Vaters. Wohl wissend, dass sie beide viel früher hier hätten erscheinen sollen.

Müde von den einst fest genähten Säumen – die Art von harten Trennlinien, die nun Löcher offenbaren, wenn man sie gegen das Licht hält – beschlossen diese zwei getrennten Leben von mir schließlich, sich zu einem einzigen zu entwirren. Diese beiden Versionen von mir, von denen ich einst dachte, dass ich sie werden müsste, um dazuzugehören, sah ich nun als rote Fäden, die sich parallel durch dieselbe Geschichte zogen. Zusammengefügt in einem Patchwork-Muster, wie die gequilteten Sterne im Himmel, die sich nachts um die Schultern des Fenwick Mountain legen.

Eine Frage stand noch im Raum.

Soweit ich wusste, hatte mein Vater in seinem ganzen Leben noch nie für etwas oder jemanden gebetet. Und ich hatte keine

Ahnung, warum er jetzt damit anfangen sollte. Also fragte ich ihn erneut, wann er zu beten begonnen hat.

„Oh, es gab viele Male, wenn ich oben im Wald war und ein kleines Gebet gesprochen habe, dass er mich sicher da rausholt oder mir hilft, einen Baum zu fällen, ohne ihn zu zerstören."

Er blieb eine Minute lang still.

„Aber ich glaube, das erste Mal, dass ich wirklich zu Gott betete und eine Antwort erwartete, war eines Nachts, als du etwa zwei Jahre alt warst", sagte er. „Ich öffnete die Tür zu deinem Zimmer im Trailer, und ein kleiner Lichtstrahl fiel auf dein Gesicht. Und ich hatte nicht gewusst, dass ich jemanden so sehr lieben könnte. In diesem Moment habe ich gebetet."

Er musste nicht über diese Worte nachdenken, denn er hatte sie seitdem tausendmal gesprochen: *„Gott, es ist mir egal, was du mit meinem Leben anstellst, aber mach etwas Gutes mit ihrem."*

In den folgenden Wochen wurde Papa dreimal operiert und schließlich aus dem Krankenhaus entlassen.

Im selben Sommer wurde die Stadt Richwood von einem Sturm verwüstet, wie es ihn nur einmal in tausend Jahren gibt. Er fegte in Wellen und Böen dahin, erschütterte die Berge und überflutete die Hauptstraße. Alle Experten sagten, die Stadt würde sich nie wieder von dieser Zerstörung erholen. Aber in den Bergen, wo ich herkomme, wächst und gedeiht ein unbeugsamer Geist. Derselbe Geist, der in Papa lebt.

Diese Hartnäckigkeit, etwas zu schaffen, von dem andere Leute sagen, es sei nicht machbar.

Es dauerte lange, aber mein Vater erholte sich wieder vollständig. Und er begann, in eine kleine Baptistengemeinde in der Nähe von Richwood zu gehen. Dieselbe kleine Baptistengemeinde, in der ich mit fünfzehn Jahren Gott gefunden hatte.

Dieselbe Kirche, in die auch Mama ging, als sie in diesem Alter war. Und dieselbe kleine Kirche, in der meine Eltern geheiratet hatten.

Die Vergangenheit hat die Angewohnheit, sich zu wiederholen.

An einem kalten, verschneiten Sonntagnachmittag fragte ein neuer Prediger – ein Landpastor mit einem guten Herzen – meinen Papa, ob er sein Leben Gott anvertrauen wolle.

Und er sagte „Ja!".

Papa hat mir damals auf Hawaii erzählt, dass er das Gefühl hat, nichts zu hinterlassen. Dass es, wenn er nicht mehr da ist, nichts geben wird, das beweist, dass er hier war.

Aber mein Leben ist der Beweis. Dieses schöne Loblied des Lebens, das ich jetzt singe.

Es gibt ein Bild von den Händen meines Vaters, das ich aufbewahre. Schwarz und weiß. Schlammig, vernarbt und gebrochen. Es ist ein Bild der Aufopferung. Als ich aufwuchs, gab es eine Zeit, in der ich mich für diese Hände schämte. Ich bat Papa damals, doch zu versuchen, ob er sie sauberer bekommen oder die Narben verstecken könnte. Jetzt sind sie mir nicht mehr peinlich.

Er sah mich mit den Augen unerschütterlicher Liebe an. Er hat sein Leben hingegeben, damit ich frei sein kann. Sein zerbrochener, geschundener Körper wurde an meiner Stelle geopfert.

Und wenn das keine erstaunliche Gnade ist, dann weiß ich auch nicht.

Dies sind die Hände meines Vaters.

Dies sind die Hände, die mich geformt haben.

Epilog

Wir standen zusammen in der Mitte eines Ballsaals – eine weiße Stuckdecke über uns, ein großes steinernes Herrenhaus um uns herum, eine weiter Blick auf das Salzwasser am Horizont – und für einen Moment verschwand all das. Ich steckte in einem ausladenden elfenbeinfarbenen Hochzeitskleid, und Papa trug einen Smoking, den er am liebsten direkt wieder ausgezogen hätte. Eine Stunde später – Stunden vor Ende des Empfangs – tauschte er ihn tatsächlich gegen Jeans, T-Shirt und Hut, die er in seinem roten Pick-up mitgebracht hatte. Aber in diesem Augenblick waren wir allein – inmitten einer Menschenmenge –, zwei Menschen aus zwei verschiedenen Welten, die sich auf der Tanzfläche umkreisten, während die ersten Töne von Dolly Partons „I Will Always Love You" dem Firmament des Raumes entgegenschwebten.

Wenige Stunden zuvor hatte er mich in einer kleinen weißen Kirche zum Altar geführt, wo Justin und ich uns unter einem Baldachin aus Holz, den mein Vater zugeschnitten und Justins Vater zusammengebaut hatte, das Jawort für die Ewigkeit gaben. Josh hielt die Lesung, und die Binghams-Crew war begeistert, zusammen mit Tante Lynn Teil einer richtigen amerikanischen Hochzeitsgesellschaft zu sein. Mama saß in der ersten Reihe neben Papa, und die beiden weinten gemeinsam. Goldie, die zu diesem Zeitpunkt schon zu krank war, um dabei zu sein, ließ es sich nicht nehmen, einen Auftritt hinzulegen:

Der Prediger machte eine große Show daraus, sie zu Beginn der Zeremonie auf dem Handy anzurufen, und sie hörte sich das Ganze mit Tränen in den Augen vom Krankenbett aus an. Justin und ich hatten Menschen aus allen Lebensbereichen eingeladen, die uns zu dem gemacht haben, was wir sind: unsere neuen Fotografenfreunde, seine Kumpels von zu Hause, meine Freunde aus Yale, unsere Familien. Und nun standen sie alle um uns herum, während ich mit meinem Vater tanzte. Und kein Auge im Raum blieb trocken.

Ich hielt Papas Hand, und die Szene wurde in meinem Kopf schwarz-weiß, wie es so ist, wenn man in einer Erinnerung lebt, von der man schon weiß, dass man sie nie vergessen will – nicht so sehr, wie sie aussah, sondern wie sie sich *anfühlte*. Und in der Abwesenheit von Farbe sah ich, was wirklich wichtig war. Ich sah auf seiner riesigen Hand eine Narbe, die immer noch ein M bildete. Ich sah den Dreck unter seinen Fingernägeln, der immer da war, egal, wie sehr er an diesem Morgen versucht hatte, sie sauber zu schrubben. Ich sah die Risse und Schwielen, die er sich im Laufe seines Lebens beim Bau des meinen zugezogen hatte.

Meine Gedanken schweiften zurück in die Vergangenheit zu einem Mädchen mit ungezähmtem, wild gelocktem braunem Haar, das jetzt frei und ohne Angst lebt. Sie tritt unter einem hölzernen Baldachin hervor, der wie eine indigoblaue Decke über ihr schwebt; jetzt ist nur noch der Himmel ihre Grenze, und endlich sieht sie es:

Er hätte sein Leben dafür gegeben, diese Sterne nur für sie aufzuhängen.

Ich hatte immer geglaubt, dass mein Vater so gelebt hat, wie er gelebt hat, weil er keine andere Wahl hatte. Doch das stimmt nicht.

Er hat eine Entscheidung getroffen.

Alles, was er tat, geschah, weil er wollte, dass ich anders werde als er.

Aber die Wahrheit ist, dass ich bin wie er.

Und dieser Tatsache verdanke ich mein Leben.

Dieses wilde, wunderbare, harte, düstere, kaputte und schöne Leben. Nenn es Gnade, nenn es Opfer. Aber für mich ist das Größte davon die Liebe. Es ist ein Lied der Erlösung, eine Versöhnung mit den Wurzeln, die mich groß gemacht haben, eine Melodie, die aus den schlammigsten Teilen meiner Geschichte geboren wurde.

Und es begann alles im Dreck.

Anmerkung der Autorin

Diese Geschichte ist vor allem ein Lied über eine Befreiung. Wie die meisten Geschichten, die es wert sind, erzählt zu werden, hat sie schwierige Stellen, und ich habe mein Bestes getan, um sicherzustellen, dass ich mich beim Erzählen nicht nur auf meine eigene Erinnerung verlasse. Anhand von stundenlangen Recherchen, Gesprächen mit den Menschen, die in diesem Buch vorkommen, digitalen Beweisen, Fotos und Tagebucheinträgen habe ich alles überprüft, was gewesen sein könnte, mich an Vergessenes erinnert und Dinge erfahren, die ich noch nicht wusste. Ich habe einmal gehört, dass die Entwürfe und Vorstufen eines Buches von „wahr" über „wahrer" bis hin zu „am wahrsten" gehen sollten. Dieser endgültige Entwurf ist die wahrhaftigste Version meiner Geschichte, die ich kenne, zum großen Teil, weil die Menschen auf diesen Seiten bereit waren, sowohl über das Schöne als auch über das Kaputte zu sprechen. Dafür bin ich ihnen ewig dankbar.

Die meisten Namen und Merkmale der Personen in diesem Buch wurden nicht geändert. In einigen wenigen Fällen habe ich jedoch Namen oder entscheidende Details geändert oder weggelassen, um die Anonymität der Personen zu wahren und die Unschuldigen zu schützen – oder die Schuldigen, je nachdem. Bestimmte Ereignisse wurden kombiniert oder in eine andere Reihenfolge gebracht, um den Bogen des Buches nicht zu überspannen, aber nur, wenn dies keinen Einfluss auf den Wahrheitsgehalt der Geschichte hatte.

Es gibt einen Teil, in dem ich über die Entscheidung meines Vaters spreche, Holzfäller und nicht Bergmann zu werden, aber ich möchte klarstellen, dass ich vor beiden Berufen großen Respekt habe. Beides sind harte, undankbare, unglaublich gefährliche Tätigkeiten, bei denen diese Männer ihr Leben aufs Spiel setzen, um ihre Familien zu ernähren. Beide waren lange Zeit das Rückgrat meines Heimatstaates, und ich bin stolz darauf, dass sich in meinem Familienstammbaum eine lange Reihe von Holzfällern und Bergarbeitern findet.

Dank

Ich habe mir vorgenommen, ein Buch über die Orte zu schreiben, an denen man anfängt. Und dabei habe ich mich an einem ganz neuen Ort wiedergefunden. Ein weitläufiger Ort, an dem Einfühlungsvermögen, Gnade und Erlösung herrschen.

Zwischen dem ersten und dem letzten Entwurf dieses Buches, die unterschiedlicher nicht hätten sein können, klaffte eine große Lücke – eine weite Kluft, die es zu überwinden galt – zwischen dem Ort, an dem mein Herz so lange in Unversöhnlichkeit gefangen war ... und einem Herzen, das nun weit offen ist. Ich habe mir angewöhnt, diese Brücke zwischen diesen zwei verschiedenen Versionen des Buches und diesen zwei verschiedenen Versionen meiner selbst „... aber Gott" zu nennen. Als „Erstentwurfsmensch" würde ich immer noch im Sumpf meines eigenen Mists ertrinken ... aber Gott! Seine Gnade verändert alles. Und deshalb ist der erste Dank, den ich ausspreche, immer an ihn gerichtet.

Es gibt einen Grund, warum Autoren oft mehrere Seiten für die Danksagungen brauchen, und zwar den, dass diese eine Person vielleicht ein Word-Dokument erstellt, aber es braucht eine ganze Mannschaft von Leuten, um ein Buch daraus zu machen. Und ich habe zufällig das beste Team, das man sich wünschen kann.

Justin, du bist die Liebe meines Lebens und mein allerbester Freund. Danke, dass du bereit bist, genauer hinzusehen, um die

Punkte zu verbinden, wenn du eine komplizierte Konstellation entdeckst. Danke, dass du mein weicher Landeplatz bist, der Orangensaft zu meinem Schokoladenkuchen, mein unnormales Leben. Du hast jedes einzelne Wort mehrmals gelesen und dir ich weiß nicht wie viele Versionen angehört. Danke, dass du mir gesagt hast, dass es gut werden wird. Danke, dass du mir einen endlosen Vorrat an Snacks mitgebracht hast. Und danke, dass du mich daran erinnert hast, nett zu deiner Frau zu sein, wenn ich keinen Ausweg mehr sah. Vor allem aber danke ich dir, dass du die Seiten dieses schönen Lebens mitgeschrieben hast, das wir gemeinsam führen dürfen.

Kim, vor einigen Jahren saßen wir an einem Tisch mit Popcorn, und ich habe dir gesagt, dass ich ein Buch schreiben möchte. Und seitdem gab es keinen Tag, an dem du mich nicht dabei begleitet hast, dieses Buch zum Leben zu erwecken. Von der Lektüre all der Entwürfe bis hin zu täglichen Kontrollbesuchen hast du mich dazu gebracht, um etwas Besseres als den ersten Entwurf zu ringen und daran zu glauben, dass Gnade und Versöhnung immer einen Kampf wert sind. Danke, dass du alles auf einer Pinnwand festgehalten hast, damit ich es endlich sehen konnte: Diese beiden Teile – das Mädchen *davor* und das Mädchen *danach* – wurden immer durch „… aber Gott" zusammengefügt. Jetzt werde ich das nie wieder vergessen. Danke, dass du mir geholfen hast, den Wolf, der hinter mir her war, zum Schweigen zu bringen. Danke, dass du mir geholfen hast, wieder Boden unter den Füßen zu spüren.

Kelsey, vom ersten Moment an, als wir uns trafen, wusste ich, dass ich das größte Glück hatte, dich als Lektorin zu bekommen. Und jetzt noch mehr, weil ich dich mittlerweile auch eine „Freundin fürs Leben" nennen darf. Danke, dass du von Anfang an etwas in diesem Buch gesehen hast und so hart dafür gekämpft hast. Danke, dass du mich dazu gedrängt hast, es auf meine Art zu erzählen und nicht wie alle anderen zu sein. Danke, dass du mich daran erinnert hast, den Lesern zu vertrauen und nichts zurückzuhalten.

Das gesamte unglaubliche Team von Revell und der Baker Publishing Group: Ihr macht mich komplett!

Unsere besten Freunde, Erin und Peter, ihr wart bei jedem Schritt des Weges dabei. Vom ersten Tag an, an dem wir das Exposé verschickt haben, über die ersten Anrufe, die Buchparty, das Cover bis hin zur letzten Überarbeitung – ihr habt euch all meine Verarbeitungsprozesse angehört. Danke, dass ihr die Art von Freunden seid, die immer wieder aufkreuzen und dableiben. Das verändert alles.

Unsere Familien. Danke an Papa für die unzähligen Opfer, die er gebracht hat, für die Gebete, die erhört wurden, und dafür, dass er die Bäume gefällt hat, aus denen meine Zukunft gebaut wurde. Ich bin wie du, und das ist das größte Geschenk. Mama, danke, dass ich deine Stärke und den Dickkopf geerbt habe, der niemals aufgibt. Danke, dass du etwas Besseres für deine Familie wolltest. Ich bin auch wie du, und auch das ist ein großes Geschenk. Danke an euch beide, dass ihr bereit seid, neben dem Schönen auch das Harte zu akzeptieren, das diese Geschichte erzählt. Danke an Goldie, dass sie immer das Beste in mir gesehen hat, für tausend geschälte Äpfel, fürs *I Love Lucy*-Schauen und dafür, dass sie mir beigebracht hat, wie es aussieht, sich jemandem liebevoll zuzuneigen. Du warst meine beste Freundin und ich vermisse dich jeden Tag. Und ich danke meiner neuen Familie – Nancy, Dan, Derek und Melinda – dafür, dass sie die Liebe meines Lebens großgezogen haben, dass sie mich als eine Marantz angenommen haben und dass sie mich zu einem Teil dieses wunderbaren Vermächtnisses glücklicher Ehen gemacht haben.

Und schließlich die Leser. An jeden von uns, der eine harte, schöne Geschichte zu erzählen hat. Du sollst wissen, dass Gott sagt: „Ich sehe dein Chaos und habe keine Angst davor. Dein Zerbruch wird mich nicht dazu bringen, mich von dir abzuwenden." Danke, dass du diese Seiten mit mir gelebt hast.

Ein beeindruckendes Zeugnis!

„Was für ein Lebensbericht! Das Buch erzählt die Geschichte einer Frau, die unglaubliches erlebt und Frieden in Gott gefunden hat. Lest das Buch!"

Leserstimme

Maria Fischers Leben verlief alles andere als geradlinig. Nach dem Tod beider Eltern wächst das „Schwarzwaldmädel" bei seinen strengen Großeltern auf. Später flieht Maria mit ihrer großen Liebe nach Amsterdam. Doch ihr Traummann entpuppt sich als gewalttätiger Zuhälter.

Nach jahrelanger Suche findet Maria das, wonach ihr Herz sich sehnt: bedingungslose Liebe und wahre Freiheit. Fortan kann sie nicht anders, als von diesem Gott zu erzählen, der den wahren Wert und die Würde in jeder Frau sieht. Und der die Macht hat, aus aller Scham und Schuld zu befreien.

Fischer / Lachmann • Weil Liebe unbezahlbar ist
Broschur • 224 Seiten • ISBN 978-3-95734-613-1

Gott macht frei!

„Mich hat das Schicksal der Autorin zutiefst berührt und ihre Geschichte ist ein unglaubliches Glaubenszeugnis!"

Leserstimme

Marie ist neun Jahre alt, als in ihrem Heimatland Ruanda der Völkermord ausbricht. Unzählige Tutsi verlieren ihr Leben – darunter auch ihre Familie. Durch wundersame Fügungen gelingt ihr die Flucht bis nach Deutschland. Trotz schwerster Traumatisierung wächst Marie hier nach außen hin zu einer selbstbewussten jungen Frau heran. Eines Tages hört sie plötzlich wieder diese leise Stimme: Gott führt sie ein zweites Mal in die Freiheit - dieses Mal endlich auch in die innere.

Eine Lebensgeschichte, die betroffen macht und staunen lässt – über einen Gott, dessen leise Stimme lauter ist als jedes Kriegsgeschrei, und über seine unfassbare Kraft der Vergebung, die immer das letzte Wort spricht.

Kresbach / Lachmann • Steh auf, mein Kind und geh!
Klappenbroschur • 192 Seiten • ISBN 978-3-95734-729-9